JN045950

内田博文
春日　勉
大場史朗
【編】

省察 刑事訴訟法

歴史から学ぶ構造と本質

法律文化社

はしがき

歴史から学ぶとはどういう意味か。なぜ，われわれは，歴史に学ばなければいけないのか。

周知のように，世界史的に大きな出来事の一つに近代社会の扉を開いたフランス革命がある。このフランス革命というのは，パリ市民がバスティーユ監獄を襲撃したことが契機となった。なぜ，パリ市民がバスティーユ監獄を襲ったかというと，アンシャンレジームの「悪」のなかでも最悪のものを市民は，刑罰制度に認めたからである。この刑罰制度を人間の理性と人道性にのっとって根本的に改革する。これが市民革命の大きな柱の一つとされた。

犯罪と刑罰の改革は，近代社会の扉を開ける大きな動因となった。フランス革命の一大成果とされる1789年のフランス人権宣言の中で，刑事法に関する基本原則が謳われることになった。有罪が確定するまでは無罪として扱うとか，拷問は禁止するとか，犯罪の認定に当たっては適正な手続を保障しなければいけないとか，犯罪と刑罰は予め法律で規定しておかなければいけないとか。これらの原則は，近代の人権理解にとって核心部分に位置する。この原則を否定することは，近代的な人権論を否定し，われわれを前近代の社会に引き戻すことを意味するといっても過言ではない。

フランス革命によって犯罪と刑罰は抜本的に改められたが，積み残された課題も少なくなかった。死刑の廃止，再審による誤判の救済等が重要な課題となった。その後の近代の人権の歩みは，この課題に立ち向かう歩みだったともいえる。

死刑の廃止は，21世紀に入って，ようやく実現されることになった。国連総会は，1989年12月，「死刑廃止条約」（正式名は「死刑廃止を目指す市民的及び政治的権利に関する国際規約第２選択議定書」）を採択し，条約は1991年７月に発効した。爾来，30年が経過し，今や死刑を廃止した国は世界の３分の２以上の144か国に上っている。

日本は世界でも数少ない有力な死刑存置国ということから，国連は繰り返し，日本に対し死刑制度の廃止や一時停止などを勧告している。しかし，日本政府は，死刑制度を容認する国内世論を理由にして勧告を一貫して拒否している。世論が論拠とされているが，それでは，われわれは，死刑の問題を考えるに当たって，上述したような世界史的な歴史をふまえて議論しているのか。

日本は，戦後，国際社会に復帰するに当たって，世界に対し，過ちを再び繰り返さないという誓いを立てた。1946年11月３日に公布された日本国憲法も，前文の中で，この誓いを次のように記している。

「われらは，平和を維持し，専制と隷従，圧迫と偏狭を地上から永遠に除去しようと努めてゐる国際社会において，名誉ある地位を占めたいと思ふ。われらは，全世界の国民が，ひとしく恐怖と欠乏から免れ，平和のうちに生存する権利を有することを確認する。われらは，いづれの国家も，自国のことのみに専念して他国を無視してはならないのであつて，政治道徳の法則は，普遍的なものであり，この法則に従ふことは，自国の主権を維持し，他国と対等関係に立たうとする各国の責務であると信ずる。」

1952年４月に発効したサンフランシスコ講和条約も，米英仏など西側諸国だけとの単独講和ないし片面講和という問題を残したものの，その前文のなかで，この誓いを次のように謳っている。

「日本国としては，国際連合への加盟を申請し且つあらゆる場合に国際連合憲章の原則を遵守し，世界人権宣言の目的を実現するために努力し，国際連合憲章第55条及び第56条に定められ且つ既に降伏後の日本国の法制によって作られはじめた安定及び福祉の条件を日本国内に創造するために努力し，……連合国は，前項に掲げた日本国の意思を歓迎するので，よって，連合国及び日本国は，この平和条約を締結することに決定……した。」

死刑の問題を考えるに当たって，われわれはこのような国際公約を考慮しているのか。国際公約を棚にあげて，世界的な「孤立の道」に再び踏み出そうとしているのではないか。今の日本は，世界の人たちから，「第二次世界大戦での日本の敗北を顧みず，（平和憲法という）遺産の修正に専心している」（フランス・ルモンド紙）と論評されるような状況にある。このことを，われわれは正しく認識しているのか。世界の人たちが歴史を忘れない中で，日本人だけが歴史を忘れてもよいのか。

もっとも，こういうと，犯罪と刑罰の問題は国内的な問題であって，日本独自の考え方，制度とその運用があっても構わない，国際的な議論になじまない，こういった反論があるかもしれない。日本政府も，このような考え方に立っている。この考え方に基づいて，刑事司法の世界型から離反した日本型「改革」を推進している。

刑事訴訟法等の一部を改正する法律（平成28年法律第54号）も2016年５月に成立し，2019年６月から全面施行された。日本型刑事司法の中核をなす「検察司法」の一段の強化策が，「時代に即した新たな刑事司法制度の構築」というスローガンのもとに法制化された。「捜査機関が十分にその責務を果たせるようにする手法を整備すること」（刑の減免制度，協議・合意制度及び刑事免責制度，通信傍受の対象犯罪の拡大等の具体的検討），「公判廷に必要な証人が出頭して証言するとともに，被告人の供述を含め，真正な証拠が顕出されることの担保」（証人の勾引要件の緩和，証拠隠滅等の罪等の法定刑の引き上げ，被告人の虚偽供述に対する制裁を設けることなど）がその主な内容であった。

いろいろな国々にはいろいろな歴史といろいろな文化がある。それらの多様性は確かに認められるべきである。しかし，そのことと，「多様性」を口実に「基本的人権の尊重」を自国の自由裁量にしたり，人権の内容を変質させたりすることとは意味が異なる。

第二次世界大戦後の世界は，二度の世界大戦でおびただしい犠牲者を出したことへの反省に鑑み，人権を国内問題から世界的な問題に引き上げた。1948年12月の第３回国際連合総会で採択された世界人権宣言は，その前文で，「すべての人民とすべての国とが達成すべき共通の基準として，この世界人権宣言を公布する」と謳っている。第二次世界大戦後の世界では，「基本的人権の尊重」は最重要の国際問題とされている。これも，歴史の教訓に基づく。

世界人権宣言でも，犯罪と刑罰について多くの条項が割かれている。何人も，拷問又は残虐な，非人道的な若しくは屈辱的な取扱若しくは刑罰を受けることはない（５条）。何人も，ほしいままに逮捕，拘禁，又は追放されることはない（９条）。犯罪の訴追を受けた者は，すべて，自己の弁護に必要なすべての保障を与えられた公開の裁判において法律に従って有罪の立証があるまでは，無罪と推定される権利を有する（11条１項）。何人も，実行の時に国内法又は国際法により犯罪を構成しなかった作為又は不作為のために有罪とされることはない。また，犯罪が行われた時に適用される刑罰より重い刑罰を課せられない（２項）。

ここでも，フランス人権宣言と同様，犯罪と刑罰に関する原則は人権の中心に据えられている。誤った刑罰は国家による人権侵害の最たるもので，「基本的人権の尊重」にとってはこれを防ぐことが依然として中心的な問題になる。こう考えられている。バスティーユ監獄を襲撃したパリ市民の精神は今も脈々と世界の人々によって受け継がれている。

それでは，われわれは，どうか。フランス人権宣言を「血肉」にしているか。世界人権宣言を「血肉」にしているか。していないとすると，再び過ちを犯すことにならないか。

第二次世界大戦後，日本は，過ちを繰り返さないと誓った。この誓いに基づいて，日本国憲法が制定された。しかし，戦後の1949年１月から施行された新刑事訴訟法は，日本国憲法に沿うものではなかった。過ちを繰り返さないという反省を意図的に棚上げにして，「悪法」の悪名高い戦前の治安維持法などを引き継いだ。日本国憲法と乖離した刑事司法が温存され，見直しどころか，その強化が図られ，今も図られ続けている。

これも，われわれが歴史に学ぶことを怠ってきたからである。歴史から学んでいないために，そのような問題があることすら知らないし，知らされてもいない。

しかし，社会の国際化がますます進展する21世紀の世界にあって，われわれだけが，問題の存在さえも知らないというようなことでよいのか。答えはいうまでもない。国が歴史に学ぶことの重要性をわれわれに教えようとしないのであれば，われわれはそれをわれわれ自身の力で学び取る必要があるのではないか。

本書が編まれたのもそのためである。世界に通用する刑事司法に改革していきたい。歴史を教訓にして，そのための羅針盤を提供したい。本書を出版する意図も，この点にある。

同じく法律文化社から刊行された拙著『刑事判例の史的展開』（2013年）や『更

生保護の展開と課題』(2015年) も同様の問題意識によるもので，本書を読まれるにあたって参照していただければ幸甚である。

本書の刊行については，法律文化社の梶谷修氏に格別の助言，支援をいただいた。出版事情が厳しい折り，氏の尽力がなければ本書の刊行は難しかった。記して，改めて謝意を表したい。

2023年４月

執筆者を代表して　内田 博文

〔Web資料〕
付録として，以下の資料を法律文化社ウェブサイト
(本書紹介ページまたは「教科書関連情報」) にて公開している。

①刑事裁判統計 (2023年版)
②年表 (戦前)
③年表 (戦後)
URL：https://www.hou-bun.com/01main/ISBN978-4-589-04283-5/index.htm

目　次

第5章　捜索・差押え・検証

第6章　防御権

第9章　証 拠 法

第10章　裁　判

第11章　上訴・再審

凡　例

■本書では，以下の改正法（一部未施行）の内容も反映している。

*「懲役」と「禁錮」を一本化し「拘禁刑」を創設すること等を内容とした刑法等の一部を改正する法律（令和4年6月17日法律67号）

*犯罪被害者等の情報保護のための措置等を導入するとともに，被告人等の公判期日等への出頭を確保するための措置等の導入を内容とした刑事訴訟法等の一部を改正する法律（令和5年5月17日法律28号）

*強制わいせつ罪・強制性交等罪等を不同意わいせつ罪・不同意性交等罪等とし，これらの罪の公訴時効を延長すること等を内容とした刑法及び刑事訴訟法の一部を改正する法律（令和5年6月23日法律66号）

■判　例

大連判	大審院連合部判決
大判	大審院判決
最大判（決）	最高裁判所大法廷判決（決定）
最判（決）	最高裁判所判決（決定）
高判（決）	高等裁判所判決（決定）
高支判	高等裁判所支部判決
地判（決）	地方裁判所判決（決定）

■判例集

刑録	大審院刑事判決録
刑集	最高裁判所刑事判例集
民集	最高裁判所民事判例集
最裁集刑	最高裁判所裁判集刑事
高刑	高等裁判所刑事判例集
東高刑時報	東京高等裁判所判決時報（刑事）
刑月	刑事裁判月報
判時	判例時報
判タ	判例タイムズ

■法　令

*かっこ内の表記は，「刑事訴訟法」は原則として条文番号のみを示し，それ以外の略語は以下のとおりとした。なお，かっこ内の条文番号をつなぐ「・」は準用関係を示す。

*〔　〕は本文中での略記。

刑訴	刑事訴訟法〔刑訴法〕
規	刑事訴訟規則〔刑訴規則〕
刑	刑法
警	警察法

刑事収容	刑事収容施設及び被収容者等の処遇に関する法律〔刑事収容法〕
刑補	刑事補償法
憲	日本国憲法
検察	検察庁法
検審	検察審査会法
裁	裁判所法
裁限	裁判官分限法
裁構	裁判所構成法
裁判員	裁判員の参加する刑事裁判に関する法律〔裁判員法〕
捜査規範	犯罪捜査規範
犯罪被害保護	犯罪被害者等の権利利益の保護を図るための刑事手続に付随する措置に関する法律
弁護	弁護士法
民訴	民事訴訟法
旧刑訴	大正11年法律75号刑事訴訟法〔旧刑訴法〕
旧々刑訴	明治23年法律96号刑事訴訟法〔旧々刑訴法〕
戦特	戦時刑事特別法
応急	日本国憲法の施行に伴う刑事訴訟法の応急的措置に関する法律〔刑訴応急措置法〕

■Web資料

付録として，以下の資料を法律文化社ウェブサイト
（本書紹介ページまたは「教科書関連情報」）にて公開している。

①刑事裁判統計（2023年版）
②年表（戦前）
③年表（戦後）
URL：https://www.hou-bun.com/01main/ISBN978-4-589-04283-5/index.html

序　章

始まらない日本刑事司法の「戦後」

◉ Introduction

前近代の刑事裁判は，拷問による自白強要に支配され，数多の冤罪誤判を生み出した。個人の自由保障を国制改革の第一原理とする近代国家は，その歴史を教訓として，刑事司法の使命を「無罪の発見」つまりは「無辜の不処罰」に求め，自白依存司法／自白偏重裁判との訣別を試みた。しかし，日本刑事司法の自白依存／自白偏重の色彩はいまなお濃厚で「ガラパゴス化」も指摘される一方，自白依存／自白偏重を通奏低音とする刑事手続はときに精密司法とも称され，長い伝統を有する日本の法文化だとして積極的に評されることもある。もっとも，その原型は戦時体制下における非常時の刑事司法であり，その実相は思想国防のための思想司法――思想検察を中心とする治安維持法による政治犯弾圧――であった。この戦時刑事司法は自白依存を極限まで推し進め，その残照は現行刑訴法下の刑事裁判にも及んでいる。本章では，この自白依存／自白偏重という日本刑事司法の痛憤・痛恨の記憶を確認しよう。その歴史に学ぶことが，現行刑訴法下のあるべき刑事司法を探るために不可欠だからである。

1 ●―― 日本刑事司法の岩盤：密室司法＆人質司法

1-1　日本のジョーシキは世界のヒジョーシキ!?

近代自由主義国家の刑事裁判は，「**無辜の不処罰**」を指導理念とし，「**無罪の発見**」を第一の使命とする。その実現には自白依存／自白偏重との訣別が不可欠であり，自白依存／自白偏重を脱するための現実的で具体的な制度構築が自由主義国家の刑事手続の特徴をなすといってもよい。したがって「無罪推定」や「疑わしきは被告人の利益に」といった刑事裁判の鉄則は単なるスローガンではなく（第１章），被疑者・被告人の防御権保障の充実もまた同様である（第６章）。しかし，日本の刑事手続には大きくかつ深刻な「？」が付せられる。

例えば，2013年５月にジュネーヴで行われた国連拷問禁止委員会での日本政府報告書審査の際にも，各国委員から，取調べに弁護人の立会いが認められていない，取調べ時間に制限がない，身柄拘束が長期に及ぶ，有罪証拠の多くが拷問によって獲得された供述である，拷問について裁判官の研修がない等々の発言が相次ぎ，虚偽自白の強要に対する懸念が表明された。日本刑事司法は「中世」の段階に止まり「国際標準」に合致しないという痛烈な批判もあった。元モーリシャス最高裁判事の委員による指摘である。

「有罪判決を得るために，日本の制度はあまりにも被収容者の自白に頼り過ぎている。これは中世のやり方……中世の名残といえるのかもしれない。……日本の刑事手続を国際標準に合わせる必要があると思う[*1]」

これに対し，日本政府代表の人権人道大使は「日本はこの（刑事司法）分野では最も先進的な国の一つだ」と反論したが，会場に押し殺したような笑いが広がると，「笑うな。なぜ笑っているんだ。シャラップ，シャラップ！」と応じ，「この分野では，最も先進的な国の一つだ。それは，もちろん我々の誇りだ」と繰り返したという[*2]。笑えない幕間狂言である。

たしかに日本の身柄拘束実務をみると，逮捕・勾留による身柄拘束の多くが法務省管轄の刑事施設（拘置所）ではなく，警察署に付属する留置施設＝「**代用刑事施設／代用監獄**」で行われている。捜査機関と身柄拘束機関の厳格な分離が国際標準だが，日本の実務はこの要請に反している（第４章，第12章）。また，日本の身柄拘束は長期に及び，特に否認事件では，接見禁止処分が付されて家族等との面会も禁じられ，身柄拘束期間を通じて外部との接触が遮断されることも多い。捜査機関は，この長期の身柄拘束期間を自白採取のための取調期間としてフルに活用する（**密室司法**）。さらに，身柄拘束期間中は**取調べ拒否権**がなく**取調べ受忍義務**を負うとされ，実質的に**黙秘権**保障が及ばないという問題もある。同じく被疑者段階では**権利保釈**の制度がなく，黙秘や否認の場合には実務の現実として，一般に起訴後も保釈が認められず勾留が続くという問題がある（**人質司法**）。上述の接見禁止による外部との接触遮断はこの間も続く。

自白追及のためのこうした身柄拘束実務は，人間の尊厳に反して被疑者・被告人を単なる取調べや訴訟の客体に貶めるものでしかない。拷問禁止委員会のみならず国連人権委員会でも繰り返し是正を求められるのは当然であろう。

1-2 自白依存／自白偏重への警鐘

たしかに，日本の刑事司法／刑事裁判の風土は欧米のそれとはずいぶん異なる。刑事手続の重点を占めるのは自白採取のための取調べを中心とする捜査であり，捜査過程で作成された調書を主たる証拠として事実を認定するという点で，公判は形骸化せざるをえない（**調書裁判**／書面審理司法）。原則として証拠を公開の法廷で直接見聞した事実に限定する**公開主義・直接主義・口頭主義**に対し，日本の刑事裁判は**秘密主義・間接主義・書面主義**だとの批判は免れない。戯画化していえば，自白依存／自白偏重の調書裁判は江戸時代のお白州における裁きのデジャブでもある。なるほど，お白州の裁きにも証拠は必要だったが，

「その方，某月某日，阿波屋方に押入り主人家族ほか奉公人８名を殺害のうえ，金200両を強奪せしこと調べにより明白なるが，左様相違ないか」

というときの「調べ」によって獲得された証拠とは，自白――あるいは共犯者の供述――を書き録った調書であった。中世的な**糾問構造**による裁きは，閉ざされた牢屋式での――ときには激しい責苦（拷問）を伴う――取調べによって自白を獲得し，調書を読み上げては「左様相違ないか」と糺（ただ）して有罪を認定する調書裁判であった。このような裁判方式は多くの冤罪誤判を生み出した。洋の東西を問わず，苦くて重い歴史の事実である。日本刑事司法に対して「中世のやり方」「中世の名残」といった激しい批判が寄せられるのは，自白依存／自白偏重それ自体が糾問構造の名残だからである。問われているのは，自白依存／自白偏重による耐え難い刑事司法という痛憤・痛恨の歴史への省察であろう。

もちろん，日本刑事司法における自白依存／自白偏重の現実に対して，懸念や警鐘の表明がなかったわけではない。例えば，有罪率99％超という驚くべき（異常な！）数字もまた，日本刑事司法の自白依存／自白偏重が生み出す必然的結果だとされる。「書面の証拠に依存する度合い」が高まり「本来の狙いである公判中心主義が，どうしても形骸化せざるをえない」結果だというのである。

「……こうして書面依存でゆっくり，それもだいたい有罪で決まるということになると，いわば公判を中心とした当事者主義は，ある意味ではかたちだけのものであって，

……当事者による手続きよりは実体的真実の発見という目的を重視したものになってしまった。これが日本的特色である，とそういわれているわけです[*3]」

歴史の教訓によれば自白は最も危うい証拠だが，自白依存／自白偏重は**実体的真実主義**と不即不離であり，糺問的な**調書裁判**が日本的特色をなしているという警鐘／批判である。このような日本刑事司法の現実を「絶望的である」として，参審制あるいは陪審制の導入に言及する「診断」もある。

「現行刑事訴訟法は，欧米の刑事訴訟法……の『文化的水準』に比べると，かなり異常であり，病的でさえあるように思われる。……ではこのような訴訟から脱却する道があるか，おそらくは参審か陪審でも採用しない限り，ないかもしれない。現実は，むしろこれを強化する方向に向かってさえいるように思われる。わが国の刑事裁判はかなり絶望的である[*4]」

法務省の諮問機関である法制審議会でも，自白依存／自白偏重は「現在の刑事司法が抱える構造的な問題」であり，

「取調べ及び供述調書への過度の依存は，本来公判廷で事実が明らかにされるべき刑事司法の姿を変容させ，取調べを通じて作成された供述調書がそのまま公判廷でも主要な証拠として重視される状況を現出させ，刑事裁判の帰すうが事実上捜査段階で決着する事態となっているとも指摘される」

として，自白依存／自白偏重という日本刑事司法のガラパゴス化とともに「それに伴うひずみもまた明らかになってきた」と指摘している（法制審議会特別部会『時代に即した新たな刑事司法制度の基本構想』2013年１月）。もっとも，この特別部会は証拠捏造等の検察不祥事を契機として発足したものでありながら，不可解なことにその提言は，司法取引等の「新しい捜査手法」の導入等，治安維持の必要性を強調して検察権限の「焼け太り」を許す一方，身柄拘束実務の全面的是正や**全証拠開示制度**の導入には道を閉ざすものでしかなかった。

敗戦前の司法省の「大御所」も自白依存／自白偏重を批判する。平沼騏一郎である。検事総長，大審院長，司法相，首相も務めた平沼は司法省内外に巨大な人脈を築き，司法省部内の検察優位の慣行（「**検尊判卑**」）の確立とともに，司法省閥とも称される検事閥による司法省支配を確立した（第２章）。また，平沼は治安維持法事件を主担する思想検事閥の頂点に位置し，一貫して検察権限の

拡大強化を主張していたが，「自白許（ばか）りに重きを置くのが抑々（そもそも）大問題」で，

「有罪の証拠許りを挙げようとする弊は断然打破しなければならぬ。……百人の有罪者を罰しても一人の冤罪者を出しては何んにもならぬ」

として，自白偏重による必罰主義に警鐘を鳴らしていた。さらに，自白強要は「証拠の信用力を減却」するばかりか，「司法機関全体の信用を失する」とも述べている。[*5] 不法・不当な取調べを繰り返す検察への批判を念頭においた言説ではあろうが，違法な取調べや無辜の不処罰は，司法の許されざる罪である。国家の道義性を重視していた観念右翼の平沼にとって，司法（検察機構）それ自体が道徳的に廉潔でなければならず，虚偽自白の強要という不道徳（反道義性）は赦しがたいものだったのであろう。ただし，思想検察の職責が，「転向」促進と思想醇化による国家道義の維持・顕揚であるとされたことからも明らかな通り，被告人の「道義的悔悟」を促進するための自白追及は，検察官の——道義的——義務でもあった。

1-3 自白追及とモラル司法

虚偽自白の強要による冤罪誤判／無辜の処罰は，たしかに道徳性を欠く司法の罪である。しかし一方で，自白は刑事裁判の道徳的機能と分かちがたく結び付いている。被疑者・被告人に「真実を語ってほしい」。事件報道等でよく耳目に触れるこのフレーズは，被疑者・被告人による「自白」を求める社会の——意識下の——声ともいえる。法的には否認し黙秘する権利があり，無罪推定の法理もある。しかし，罪を自白して反省・謝罪の意を示すことが人間としての道徳的義務だということなのであろう。自白依存／自白偏重を岩盤とする刑事司法は，反省・謝罪を追求するモラル司法でもある。

現に，取調べにおける自白追及によって被疑者の「道義的悔悟」を促進することは取調官の責務であり，「捜査官が被疑者の取調から手を抜くことは国民感情に反する」という主張もある。[*6] 自白追及は「国民感情」に基づく道徳的リゴリズムを根拠とするというのである。そうであれば，若干の修正は必要であれ，自白追及のために形成された上述の「**密室司法**」「**人質司法**」も，日本型**精密司法**という法文化の岩盤として維持されるべきだということになりそうである。

しかし，自白依存／自白偏重との訣別は，歴史の教訓に学んだいわば歴史的課題だったはずである。中世の魔女裁判でも，モラル司法の性格は明らかであった。最後まで否認し自白を拒んだ魔女は生きたまま火刑に処せられた。最後の審判の際に戻るべき身体を奪う厳罰である。一方，――多くは仲間の密告を含めて――自白した魔女は，減刑の恩情に浴して剣による死刑を科され，最後の審判による救済の可能性が残された。現在ではグロテスクに映るこの両者の差異の根拠は道徳的な悔悟・改心の有無であり，その徴となるのは自白であった。治安維持法による政治犯の裁きも同様である。治安維持法裁判は，究極的には「人間改造」を目標とするモラル司法であり，「人間改造」の必須の条件は「転向」を意味する「道義的悔悟」であった。その悔悟・改心の徴は，やはり――多くは仲間の密告を含む――自白であった。

2 ●―― 自白依存司法の系譜

2-1　近代刑事司法改革

前近代の糺問構造による裁判では**法定証拠主義**が採用され，有罪判決には自白（あるいは2人以上の一致する証言）が不可欠であると同時に，そのような証拠があれば，信用性に疑いが残ろうとも有罪判決を下さねばならなかった。買収の効く腐敗した裁判官の無制約な判断を拘束するためである。近代刑事司法は，この前近代の耐え難い刑事司法の歴史を教訓として構築された。

近代刑事司法改革は18世紀後半以降，個人の自由保障を国制の第一原理とする啓蒙思想の影響の下に始まった。なかでも重要なのは**自由心証主義**の採用と**陪審制**の導入である。前者は――自白の信用性審査に加えて――自白以外の証拠による有罪認定を可能とし，後者もまた，調書を原則禁止するとともに陪審員の自由な証拠評価を許すという点で，糺問的な調書裁判との訣別をはかるものであった。例えば，陪審制を採用していたイングランドやスウェーデンにおいて魔女裁判の隆盛がみられなかったのは，調書の証拠能力が認められず，拷問による虚偽自白の強制が行われなかったからである。また，陪審制では――8対4等の特殊過半数によるものも存するが――典型的には有罪評決に全員一致を要し，1人でも有罪に確信がもてなければ，その理由を示すことなく“not guilty”という意思表示によって有罪評決を阻止することができる。陪審制とはまさしく「**疑わしきは被告人の利益に**」の法理を貫徹する制度であるともいえる。

このように近代刑事司法改革は，冤罪誤判の防止／無辜の不処罰を指導理念とし，「**無罪の発見**」を第一の使命とする刑事手続の実現をめざした。そのためには自白依存／自白偏重との訣別が不可欠であったが，明治以降の日本の刑事裁判は当初なお法定証拠主義を維持していた。1873（明治６）年の断獄則例は２種の拷問（「訊杖」「算段」）を規定し，断獄則例の半年後に施行された改定律例（1873年太政官布告206号）は，318条で「凡罪ヲ断スルハ，口述結案ニ依ル」と規定し，自白による法定証拠主義を採用していた（第９章）。

日本における近代法典の編纂に多大な貢献をなしたフランス人法律家のボアソナードが，1875年に司法省（東京上等裁判所）構内で拷問を目撃し，司法卿に「拷問廃止意見書」を提出したのは有名なエピソードだが，*7 政府は翌1876年に改定律例318条を改正して「凡罪ヲ断スルハ証ニ依ル」（断罪依証律）とし，自由心証主義を採用した。それを受けて同年の司法省通達64号は，「被告人ノ真実ノ白状」を含む８つの「断罪証拠」を列挙し，それら証拠採用の可否は裁判官の自由な判断によるものとしたうえ，「白状」に関しては調書も有効な証拠だとしていた。なお，法的な制度としての拷問廃止は３年後の1879年太政官布告42号を待たねばならなかったが，ボアソナードの意見書は，自白依存／自白偏重の糺問裁判を批判し，**自己負罪拒否権**の確立を主張するとともに，政府の実利的な利害のためにも拷問廃止が不可欠だとしていた。不平等条約や領事裁判権の解消である。そのためには，拷問廃止だけではなく，近代的な刑事法制の整備と刑事司法の構築も急務であった。

2-2　明治刑訴法と大正刑訴法

日本の近代刑事訴訟法典は1880（明治13）年の治罪法（1880年太政官布告37号）に始まり，1890（明治23）年の明治刑事訴訟法（1890年法律第96号），そして旧刑訴法である1922（大正11）年の大正刑事訴訟法（1922年法律第75号）へと続く。明治刑訴法はフランス治罪法（1808年ナポレオン刑訴法典）を，大正刑訴法はドイツ帝国刑訴法（1877年）を母法とし，母法とされたこれらの刑事訴訟法は，ともに**自由心証主義**を採用して直接主義・口頭主義を原則とする**陪審制**を導入していた。間接主義・書面主義による糺問裁判と訣別するためである。したがって，自白であれ共犯者供述であれ「調書」の証拠能力は原則として認められず，調書を読み上げては有罪を認定するという魔女裁判――あるいは「お白州」の裁き――に典型的な手続きは，当然に許されるはずもなかった。もっとも日本では，陪審制の導入はボアソナードによる治罪法の草案段階で削除され，大正刑訴法の翌年制定の陪審法（1923年法律第50号）による導入――施行は1928年10月１日――を待たねばならなかった。

明治刑訴法によれば，被告人や証人に対する「訊問」も（93条），訊問のために被告人を強制的に裁判所に連行する「勾引状」の発付も（71条），ともに予審判事の権限であった。予審とは，検察官の起訴事案を公判に付すか否かを決するとともに，公判に必要な証拠の収集保全のために裁判官によって行われる手続きをいう。訊問（取調べ）や勾引（逮捕）といった強制処分権限は，予審判事（裁判官）の専権事項であり，検察官や警察官には付与されていなかった。自白依存／自白偏重に対する抑制的な姿勢である（第３章）。しかし，母法に倣うこの法律の姿勢は実務によって掘り崩されてゆく（詳細は第９章）。

明治刑訴法は，訊問に「現行犯ノ特別処分」という例外を設け，現行犯の場合は検察官等による訊問と調書作成を許容していた。しかし，検察官は現行犯以外の被疑者や証人に対しても訊問を実施し，その供述を「聴取書」「訊問調書」としてまとめ，これに署名押印させるという実務を推し進めた。その過程で聴取書は一問一答の問答形式から現在にいたる独白の物語形式に変化する。大審院は当初，このような調書の証拠能力を認めなかったが，後に「自由任意ノ承諾ニ出タル供述」であるとして，その証拠能力を認めるようになった（大判明36年10月22日刑録９輯26巻1721頁）。強制処分ではなく任意処分だという論理である。この大審院判例も含む実務の定着には，「検尊判卑」ともいわれる司法省部内の判事に対する検察官の優位，検察による司法省支配も影響を及ぼしたのであろう。こうした実務によって，例えば1918年の京都豚箱（京都疑獄）事件におけるように，警察留置場での被疑者の長時間にわたる身柄拘束や拷問による取調べが繰り返された。それは「**人権蹂躙問題**」として帝国議会でも問題とされ，耐え難い刑事司法の改革が必要であるとして，大正刑訴法制定の契機となった。

1922年の大正刑訴法――現行刑訴法前の旧刑訴法――制定に際しても，「焼け太り」ともいうべき検察権限の強化に向けた動きがみられた。明文のないまま実務として定着していた**起訴便宜主義**の明文化，予審廃止，強制処分権限の獲得等である。その結末のみを記せば，起訴便宜主義の規定は設けられたが(279条)，予審は維持され，強制処分権限の獲得も叶わなかった。

大正刑訴法の眼目は，上述の「自由任意」による供述の証拠能力の否定である。同法343条は「法令ニ依リ作成シタル訊問調書ニ非サルモノ」の証拠能力を否定し，有効な証拠となるのは予審判事の作成による「訊問調書」のみであって，検察官等の作成による上述の調書の証拠能力を原則として認めないことを明らかにした。こうして大正刑訴法は，明治刑訴法下における自白依存／自白偏重の実務慣行を否定し，改めて自白依存／自白偏重との訣別の姿勢を示した。もっとも，司法省における検察優位の慣行により検察（官）が予審（裁判官）を支配し，予審調書は検事調書あるいは検事録取書の焼き直しにすぎないことも多かった。歴史の事実は，大正刑訴法下の刑事訴訟も，自白依存／自白偏重の支配下にあったということである。

2-3　刑事司法の戦時体制化

こうしたタテマエばかりの調書制限すら撤廃し，歴史の教訓に反して自白依存／自白偏重に回帰して，これを徹底したのが思想的総力戦体制に向けた刑事司法の戦時体制化であった。その口火を切ったのは国防保安法（1941年法律第49号）と改正治安維持法（1941年法律第54号）である。前者は25条で，後者は26条で，それぞれの法律違反について検察官に被疑者・証人の訊問権限を付与し，その訊問調書を予審判事による調書と同じく有効な証拠とした。

この動きをさらに貫徹して全面化したのが，戦時刑事特別法（1942年法律第64号）——1941年12月8日の太平洋戦争開戦による思想的総力戦体制に即応して刑事司法の戦時体制化を徹底する法律——である。同法25条は上述の大正刑訴法343条による調書の証拠制限を撤廃し，検察官等の作成による調書の証拠能力を全面的に解禁した。なおこの法律によっても，検察官の強制処分権限を国防保安法や治安維持法以外のすべての事件に拡大するという動きは実現しなかった。検察の悲願ともいうべき強制処分権限の獲得が実現するのは，むしろ敗戦後においてである。それでも，検察官等の作成による調書の証拠能力を全面解禁したことで，自白依存／自白偏重が徹底されたことに相違はない。興味深いのは，当時の代表的な研究者も検察官への強制処分権限付与を支持していたことであろうか。その根拠は，人権蹂躙問題のような違法捜査を防止するには，検察官に強制処分権限を付与してその範囲を法律で明確に限定する必要があるというものであった。[*8] 法律を冒す捜査――違法捜査――を実務慣行とする検察も，捜査権限を与えれば法律で縛ることができるという奇妙な論理である。

刑事司法の戦時体制化は，自白依存／自白偏重に対する歯止めを徹底的に排除した。例えば**陪審制**の排斥である。日本に陪審制を導入した1922年の陪審法はきわめて不十分なものであったが，それでも陪審裁判の平均無罪率は15％近くに及んでいた。その陪審法も，国防保安法37条による適用制限を経て，「陪審法ノ停止ニ関スル法律」(1943年法律第88号) によって全面的に停止された。

調書を活用する有罪認定の効率化も図られた。大正刑訴法は，有罪判決中に**証拠説明**として「証拠ニ依リ之ヲ認メタル理由」の説明を求め (360条)，その不備や齟齬を絶対的上告理由とし (419条19号)，誤った証拠採用も上告理由としていた (409条，411条)。しかし戦時刑事特別法26条は，有罪判決の理由説明と法令適用は「証拠ノ標目及法令ヲ掲グルヲ以テ足ル」として，心証形成に関する証拠説明を不要とした (第10章)。戦時を理由とする裁判の負担軽減，簡易・迅速化である。その主たる狙いが，共謀段階をも含む治安維持法違反に対する効率的な有罪認定にあったことはいうまでもない。

以上の通り刑事司法の戦時体制化は，治安維持法違反等の犯罪に対する特別手続として――**弁護権の制限**等に加えて――，検察官に強制処分権限を付与して検察官作成による調書の証拠能力を認め，後には検察官作成による調書の証拠能力をすべての事件に拡大し，さらには証拠説明を不要として有罪認定を簡略化した。検察官に強制処分権限を与え，検察官作成による調書の証拠能力を肯定し，有罪認定に至る裁判官の心証形成過程に関する証拠説明を不要とする，このような裁判の流儀は――驚くべきことに――現行刑訴法にも受け継がれている。

3●―― 憂慮すべき日本刑事司法

3-1　戦後刑事司法改革の蹉跌

敗戦後の刑事司法改革の指導原理は，当然に日本国憲法の理念に求められるはずであった。日本国憲法31〜40条の10か条にわたる詳細かつ具体的な人身の自由の保障規定のうち，刑事手続に関する規定は８か条を占める。日本国憲法が，ファシズム体制下の痛憤・痛恨の記憶を教訓として権威主義国家の暴力的な支配・抑圧との訣別を宣言するものであれば，日本国憲法の下における刑事司法改革もまた，ファシズムの嵐が吹き荒れた戦時体制下の刑事司法との訣別を帰結とせねばならなかったはずである。しかし，戦後刑事司法改革は戦時体制下において拡大強化された検察権限の維持を既定方針とし，その結末は，

「……憲法の刑事手続条項の枠組みの制約があるとはいえ，予審廃止，捜査検察機関の強制捜査権限の拡大・強化，控訴審の簡易化（事後審査審化）など，戦時刑事手続の重要部分を再編しつつ継受することになった[*9]」

後に最高裁裁判官を務めた戦後刑事法学の泰斗・団藤重光の見解がその事情を明らかにしている。団藤は，戦後刑事手続の変革は「単なる政治情勢の変化という以上に，より深い社会的必然性」に導かれ，「社会的要素そのものの近代化という根本の問題と結びつ」いているとしながらも，「実体的真実主義は刑事裁判の生命である」ことには些かの揺るぎもなく，要するに戦後刑事司法における変革は本質というより重点の変化に過ぎないのだという[*10]。ファシズム体制下の耐え難い刑事司法への省察を欠く，残念な歴史認識である。被疑者・被告人の権利を保障して冤罪誤判を防止し，「無罪の発見」を刑事裁判の使命とする近代刑事手続理念を生み出したのは，数多の冤罪誤判を生み出した前近代の耐え難い刑事司法という痛憤・痛恨の記憶に対する深刻な反省なのであって，「社会的要素そのものの近代化」への要求のみではないからである。

ファシズム体制下における刑事手続の戦時体制化とは，「思想的総力戦」体制に背を向け，あるいは反逆する「敵」を「非国民」として簡易・迅速に，かつ重罰をもって裁きうるための手続整備であった。その端的な例は治安維持法による思想国防のための思想司法であったが，治安維持法裁判は，被告人を「非国民」として，その法的権利と道徳的資格の双方を奪い去る場であった――そうであればこそ，裁きの対象は「行為」にとどまらず被告人の「人格」それ自体に及んだのである。そのような裁判において自白とは，魔女の自白が「告白／懺悔」と等しく反省／悔悟を示すものとされたように，被告人の反省／悔悟に

よる「道義的悔悟／改悛」の必須の条件であり，天皇の赤子たるニッポン臣民の道徳的資格を回復するのに必要不可欠な条件であった。この思想司法の論理と心理に明らかな通り，自白依存／自白偏重を貫徹した権威主義国家の刑事裁判は，政治犯裁判の様式を全面化して，被告人に反省と悔悟——つまりは「転向」——を迫りつつ，被告人を法と道徳の両面において断罪する——宗教裁判さながらの——荘厳な儀式であった。現在も演じられる反省・謝罪追求型のモラル司法の原風景である。

3-2　検察官司法

このようなモラル司法が検察権限の拡大・強化によって実現したことは上述の通りである。その意味での**検察官司法**は現在も続いている。多くの無罪判決を言い渡し，上級審で1件も破棄されることがなかった元裁判官の述懐である。

> 「ところで，わが国の刑事裁判システムは，圧倒的に検察官に有利に運用できる仕組みになっています。……勾留期間は長いですし，被疑者・被告人と弁護人の接見交通権も大きく制約されています。公判段階での証拠開示制度もきわめて不備です。さらには，取調べが可視化されていないだけでなく，自白の任意性に関する審査がまことにずさんです。そして，それであるのに，無罪判決に対して検察官が控訴・上告して争うことが認められています。こういうシステムの下では，えてして無辜の人間が冤罪に泣くことがあり得ると思います[*11]」

敗戦後の刑事司法改革において，GHQは刑事裁判方式の全面的・抜本的改革を求め，起訴陪審を含めた陪審制の導入と，それに伴う自白排除等を定める証拠法の制定を働きかけていた。これに対して政府は，「国力が回復した後」に「陪審制」を導入し，それとともに証拠法を整備するとしていた[*12]。しかし，この約束はいまだ実現していない。裁判員制度の導入によっても，調書の証拠制限の欠如は変わらない。それどころか，裁判員裁判導入を含む「司法改革」は，**精密司法**という日本刑事司法のガラパゴス状況を「補正」するものにすぎず，敗戦前後を一貫する刑事司法改革の延長線上にあり，その必然的な帰結だとする主張さえある[*13]。検察官司法への固執は根深い。日本の刑事裁判は，調書の証拠制限や裁判官の自由心証に対する抑制を欠いたまま，日本国憲法下においてなお治安維持法等による戦時体制下の方式で営まれている。日本刑事司法の「戦後」はまだ始まっていない。歴史の省察によれば，改革課題は明らかであろう。

＊1　日本弁護士連合会『国連拷問禁止委員会は日本政府に何を求めたか』日本弁護士連合会，2013年，8頁。
＊2　東京新聞2013年6月5日朝刊等参照。
＊3　田宮裕『変革のなかの刑事法』有斐閣，2000年，351-353頁。
＊4　平野龍一「現行刑事訴訟の診断」平場安治ほか編『団藤重光博士古稀祝賀論文集　第4巻』有斐閣，1985年，423頁。
＊5　以上の引用部は，萩原淳『平沼騏一郎―検事総長，首相からA級戦犯へ』中央公論新社，2021年，92頁によった。
＊6　土本武司『犯罪捜査』弘文堂，1978年，35頁。検察官や警察官僚による同様の主張は多い。
＊7　手塚豊「明治初年の拷問制度　その廃止過程の一研究」同『明治刑法史の研究（下）』慶應大学出版会，1986年，19頁，山中俊夫「明治初期拷問制度とボアソナード」同志社法学19巻4号，1968年，69-70頁等参照。
＊8　小野清一郎『刑事訴訟法講義〔全訂第3版〕』有斐閣，1933年，345-346頁，團藤重光『刑事訴訟法綱要』弘文堂書房，1943年，491-492頁。
＊9　小田中聰樹『刑事訴訟法の史的構造』有斐閣，1986年，208頁。
＊10　団藤重光「新刑事訴訟法と当事者主義」法律時報20巻9号，1948年，10-12頁。
＊11　木谷明『刑事事実認定の理想と現実』法律文化社，2009年，193-194頁。
＊12　渡辺咲子「現行刑訴法中の証拠法の制定過程と解釈―伝聞法則を中心として」河上和雄先生古稀祝賀論文集刊行会編『河上和雄先生古稀祝賀論文集』青林書院，2003年，330頁参照。
＊13　松尾浩也「刑事裁判と国民参加―裁判員法導入の必然性について」法曹時報60巻9号，2008年，16-17頁等参照。

（宮本弘典）

第１章

刑事訴訟法の基本原理――歴史の教訓をルール化

◉ Introduction

日本では，殺人（未遂を含む）事件のうち，実に半分以上の55％は**親族間の殺人**である。親族間の殺人の場合，遺族は，マスメディアが報じるように，「仏壇の前に座って，被告人に死刑が言い渡されるのをひたすら待ち続ける」ことになるのか。われわれは，本当に犯罪被害者・遺族に寄り添っているのか。「自分事」となっていないのは，犯罪被害者・遺族に対してのみならず，被疑者・被告人に対しても同様ではないか。この難問に取り組み，なぜ，「自分事」かを理解するためには，歴史に学ぶ必要がある。

1 ●―― 刑事訴訟法の意義

現代では，有罪・無罪は**法的な概念**だとされている。われわれは，これにのっとって有罪，無罪を考える必要がある。どうして法的な概念だとされているかというと，為政者が国民，市民を勝手に犯罪者にすることができないようにするためである。そのために，**罪刑法定原則**と**適正手続の保障**が樹立されている。罪刑法定原則とは，ある行為を犯罪として処罰するためには，立法府が制定する法令において，犯罪とされる行為の内容およびそれに対して科される刑罰を予め明確に規定しておかなければならないとする原則をいう。他方，適正手続の保障とは，何人も，法律の定める手続によらなければ，その生命もしくは自由を奪われ，またはその他の刑罰を科せられないというものである。

前近代の時代では，為政者によってしばしば犯罪がでっちあげられ，犯罪者がでっちあげられた。自白を獲得するために拷問も頻用された。そこで，パリ市民によるバスティーユ監獄の襲撃にみられるように，国家刑罰権の濫用から市民の自由をいかに守るかということが市民革命の大きな契機の一つになった。1789年のフランス人権宣言も，多くの規定を国家刑罰権の濫用から市民の自由を守ることに割いている。「**無罪推定**」原則もその一つで，フランス人権宣言の９条は，「何人も，有罪と宣告されるまでは無罪と推定される。」と定めている。

「無罪推定」原則は，1948年12月10日の３回国際連合総会で採択された世界人権宣言や，1966年の21回国連総会において採択された国際人権規約でも定められている。犯罪のでっちあげ，犯罪者のでっちあげは現在でもみられるためである。そこでは，「無罪推定」原則は「すべての人民とすべての国とが達成すべき共通の基準」の一つとされている。日本国憲法31条も，「何人も，法律の定める手続によらなければ，その生命若しくは自由を奪はれ，又はその他の刑罰を科せられない」と定めている。「無罪推定」原則はわれわれ，国民，市民が擁護すべき原則とされている。

この「無罪推定」原則に関わって，**近代の刑事裁判**では，検察官が**被告人**の犯罪を証明しなければ，有罪とすることができないとされている。被告人の側で，自らの無実を証明しなくてもよい。疑いを向けられた市民が自らの無実を証明することはとても難しい。検察や警察は，その組織・人員と，**捜索・差押え・取調べ**などの強制力を用いて証拠を集めることができる。これに対し，被告人は自分に有利な証拠を集めるための強制力も組織ももっていない。組織と個人の間には大きな力の差がある。「被告人が自らの無実を証明できない場合は有罪」としてしまったら，多くの無実の市民が有罪とされてしまうおそれがある。無実の市民に対する有罪判決は，その人の自由や権利を不当に奪い，その人生を狂わせる。こうした悲劇を防止するために，被疑者・被告人は無罪と推定され，検察官が犯罪を証明しない限り，有罪とすることができないとされている。**死刑を廃止**した国も多い。

検察官による**有罪立証**についても，**冤罪**（えんざい）を防止するために，原則が定められている。１つめは，**厳格立証**である。犯罪事実は**証拠能力**があり，かつ**適法・有効な証拠調べ**を経た証拠により証明されることが必要だという原則である。捜査官が**違法に収集した証拠**によって有罪を立証することは許されない。また，被告人側に**防御の機会**を保障しなければならない。このために，日本国憲法は，37条３項で，**弁護人による弁護を受ける権利**を被告人に保障している。

２つめは，「**疑わしきは被告人の利益に**」という原則である。法廷で取り調べた証拠に基づいて，常識に照らし少しでも疑問が残るときは，有罪とすることができないという原則である。証拠によってあったともなかったとも確信できないときは，被告人に有利な方向で決定しなければならない。「疑わしい」という程度の証拠しかない場合は，有罪にすることはできない。

しかし，日本では，そうはなっていない。日本国憲法の下でも，捜査官が捜査段階で作成した**自白調書**を刑事裁判で**有罪証拠**として用いることが認められている。この自白調書に記載されている「自白」が「虚偽」でないことを示す程度の別の証拠（**補強証拠**）があれば，この自白調書で有罪判決を言い渡すこともできる。捜査官が違法に収集した証拠を裁判所が排除せず，有罪証拠として用いることもしばしば行われている。

戦前の日本でも，**違法捜査**を誘発しかねないとして，捜査官が作成した自白調書を有罪証拠として用いることは許されていなかった。それが，戦時下，「**悪法の典型**」とされる**治安維持法違反被告事件**等に限って解禁されることになった。有罪判決を言い渡しやすくするためであった。

日本国憲法が制定された以上，元の禁止状態に戻すべきであった。しかし，元の禁止状態に戻すどころか，逆に拡大され，すべての刑事事件について自白調書の使用が許されるようになった。敗戦に伴う未曾有の混乱，治安悪化に対処するためだとされた。

戦後の混乱が収まって，1951（昭和26）年９月に署名されたサンフランシスコ条約によって独立が達成された後でも，元の禁止状態に戻ることはなかった。その結果，戦前の刑事裁判の**無罪率**は５～７％程度であったが，戦後は0.1％にまで低下している。それだけ，冤罪の可能性が高くなったということになる。冤罪の危険性は諸外国の比ではない。[*1]

2004（平成16）年に制定された**犯罪被害者等基本法**では，犯罪防止と犯罪被害者（遺族を含む）の保護が，国だけではなく地方自治体や国民の責務とされ，犯罪被害者は，「その尊厳にふさわしい処遇を保障される権利を有する。」（３条）と明記された。翌2005年には，同法に基づき258項目の支援策を記した**犯罪被害者等基本計画**も策定された。

問題は，それが現実の施策の中で具体化されているかどうかで，否といわざるをえない。極端な偏りがみられる。犯罪被害者対策のための具体的な施策としては，刑事法分野での犯罪被害者への「配慮」の進展だけが目立つ。2000年の刑訴法一部改正や「**犯罪被害者の保護を図るための刑事手続に付随する措置に関する法律**」(平成12年法律75号)により，**犯罪被害者の公判における意見陳述**や**公判記録の閲覧・謄写**が可能となった。それ以降も，犯罪被害者の保護のための刑事法の改正が続いている。2007年には，重大事件の犯罪被害者が**証人尋問**や**被告人質問**等を行えることとするなど，**刑事裁判への参加**を主な内容とする刑訴法等の改正が行われた。**危険運転致死傷罪**の新設や道路交通法の改正による厳罰強化にみられるような各種の厳罰化立法も，犯罪被害者への「配慮」を前面に打ち出している。犯罪被害者対策が刑事法の分野にますます偏っていく傾向が強い。

刑事訴訟法の目的として，**犯罪被害者の保護**が新たに追加されたかのようである。

しかし，被疑者・被告人の憲法上の権利をますます切り詰めるというような状況は，犯罪被害者にとって本当に望ましいものか。適正手続保障が守られなかったために，有罪判決が後に**誤判**だということが明らかになった場合，被告人を犯人だと思い込み，刑事裁判に積極的に参加してきた犯罪被害者も大きく傷つくことになる。怒りや憎しみのやり場を失ってしまうという二次被害も甚大なものとなりうる。厳罰化が，犯罪被害者の望む再発防止に結びつくかも疑問である。受刑者の再犯リスクを高めるという弊害によって，新たな犯罪被害者を生みだすというおそれもある。**被害弁償**をかえって困難にするという副作用もある。ある犯罪被害者は，心に張りついたイメージを，概要，次のように表現している。

高いがけの下に加害者の手で突き落とされた被害者家族がいる。全身傷だらけだ。がけの上では司法関係者やマスコミや世間の人が「被害者がかわいそうに」と言って，加害者とその家族をがけの下に突き落とそうとしている。が，誰１人として「上に引き上げてやるぞ」と，犯罪被害者に手を差し伸べてくれない。高みの見物の人々は，がけの上から加害者をつき落とすことに夢中だから。

こうした**痛切な叫び**を真剣に受け止めることこそが，真の犯罪被害者の救済・保護ではないだろうか。[*2]

傍観者であってならないのは，犯罪被害者の救済・保護だけではない。被疑者・被告人の人権についても傍観者であってはならない。それを傍観することは，自己の人権侵害を許すことにも結びつくおそれが強い。これが歴史の教訓であり，日本国憲法が詳細に刑事手続について規定しているのもそのためである。

2 ●—— 刑事訴訟法の基本原理

2-1 実体的真実主義

現行刑訴法は，その1条で，「この法律は，刑事事件につき，公共の福祉の維持と個人の基本的人権の保障とを全うしつつ，事案の真相を明らかにし，刑罰法令を適正且つ迅速に適用実現することを目的とする。」と規定している。

この規定の特徴は，**迅速な真相の究明による適切な処罰**と，被疑者・被告人の利益を守るための**適正手続の保障**とを併せて刑事訴訟法の目的としているという点である。

そのうち，「事案の真相を明らかにし，刑罰法令を適正且つ迅速に適用実現する」ことは，講学上，**実体的真実主義**と名づけられている。犯罪を行った者が処罰を免れたり，無実である者が処罰されることは正義に反する。このようなことから刑訴法の目的の一つとされる。

この実体的真実主義は，真に犯罪を行った者が処罰を免れないようにすることを重視する**積極的実体的真実主義**（**必罰主義**）の立場と，無実の者が誤って処罰されることほど重大な不正義はないとする**消極的実体的真実主義**（**無辜の不処罰**）の立場に分かれる。日本の特徴は，伝統的に実体的真実主義の意味が積極的実体的真実主義に求められてきたことである。日本国憲法の制定によっても，それに大きな変化はみられない。日本国憲法下の刑事判例においても，その依拠する実体的真実主義は消極的実体的真実主義よりは積極的実体的真実主義を内容とする場合の方が専らである。

国民が刑事裁判に期待するのは必罰主義で，刑事裁判に対する国民の信頼を確保するためには，裁判所は積極的実体的真実主義に基づいた訴訟運営に努めなければならないとされる。支配的な学説でも，積極的実体的真実主義の立場が維持されている。**マスメディアの犯罪報道**では，起訴に際して，しばしば，刑事裁判によって真相を明らかにしてほしい旨の犯罪被害者・遺族の声が大きく取り上げられる。これも積極的実体的真実主義によるものである。

積極的実体的真実主義を実現するには，証拠により認定される事実ができる限り客観的真実に合致するように，十分な証拠が収集され，正しく評価されることが不可欠である。

しかし，**神ならぬ人間**が行うことには限界がある。主観的には十分な証拠を収集したと確信していても，客観的には不十分だという場合も少なくない。**初動捜査**に落ち度があったというような場合には，この不十分さは飛躍的に増大することになる。不十分な証拠しか収集しえなかった場合は起訴しないというのであれば問題は少ないが，検察官も人の子で，判断を誤ることもある。嫌疑十分だとして起訴することもありうる。**検察審査会による強制起訴**のように，嫌疑不十分にもかかわらず起訴するというような場合も生じている。

それでも，刑事裁判において証拠の不十分さが正しく吟味されれば，まだしも致命的な誤りは避けられる。しかし，人の行う刑事裁判には限界がある。刑事裁判における「罪となるべき事実」の証明は，いわゆる**歴史的証明**でしかない。判例でも，「この証明は，自然科学者の用ひるような実験に基づくいわゆる**論理的証明**ではなくして，いわゆる歴史的証明である。論理的証明は『真実』そのものを目標とするに反し，歴史的証明は『**真実の高度な蓋然性**』をもって満足する。言いかえれば，通常人ならだれでも疑を差し挟まない程度に真実らしいとの確信を得ることで証明ができたとするものである。」（最判昭23年８月５日刑集２巻９号1123頁）とされている。そのため，裁判官が証拠の評価を誤る場合も絶無ではない。

まして，現行刑訴法の証拠法規定は，前述したように，必罰主義的な観点からの応急的なものである。現行刑訴法の制定の折りに約束された，誤判を回避するための**本格的な証拠法規定の制定**は，21世紀に入っても約束が履行されないままである。「**危ない証拠**」であっても刑事裁判において証拠として採用できる構造になっている。検察官からの証拠請求を裁判官が退けることは稀である。裁判官はプロ中のプロであるから，「危ない証拠」であっても毒に当たることはない。うまく評価することができる。このような裁判官の自負が，必罰主義とともに，その根拠となっている。日本の刑事裁判では，捜査官作成の自白調書等をはじめとする「危ない証拠」が大手を振って公判廷を闊歩している。

「危ない証拠」であっても毒に当たらないという裁判官の自負は何ら根拠のないものである。それは4件の**死刑確定判決**が再審の結果，無罪とされたことからもうかがい知れよう。このように，必罰主義は無実の者を処罰する危険性を内包している。犠牲者を生み続けているといっても過言ではない。

問題は，「**公共の福祉**」の名の下に，この犠牲者の存在に目をつむってよいかである。日本国憲法によると，もちろん，答えは否である。日本国憲法は**国民主権**，**平和主義**，**基本的人権の尊重を3本柱**としており，基本的人権の尊重という観点から，刑事手続について，世界の憲法では異例ともいえるほど多くの規定をおいているからである。

このようなことから，戦後，学説で有力となったのが消極的実体的真実主義である。無辜の不処罰を回避するためには，真相の究明は適正手続に則って行われなければならない。そのために真相究明に支障が生じたとしてもやむをえない。この考え方を端的に示しているのが，「**10人の有罪者を逃がしても，1人の無辜を罰してはいけない**」というイギリスの法格言である。適正手続保障に違反して収集された証拠は，たとえ真相の究明に欠かせないものであっても裁判で用いてはならない。「危ない証拠」も用いてはならないとされる。

しかし，今や，学説でも，歴史に逆行し，消極的実体的真実主義から積極的実体的真実主義への転向が随所にみられる。歴史に学ぶことがあまりにも少ないためだが，これを追い風に，日本型刑事裁判に対する問題意識の欠如は，検察官のみならず，裁判官において，そして弁護士においてさえも拡がっている。冤罪の可能性は，むしろ高まっている。

この逆行には，国際社会から度重なる警告が発せられている。少し古いが，2017年11月16日に開催された国連人権理事会17回会合において採択された**日本に関する作業部会報告書**でも，例えば，次のように勧告されている。

> 161.136. **代替収容制度の廃止**に向けた第一段階として，被告人に対し，弁護士への速やかなアクセスを認め，訴追（charge）されないままの**勾留期間**を最長48時間に制限すること。（スイス）
>
> 161.137. 代替収容制度（いわゆる「**代用監獄**」）の徹底的な見直しを目的として，司法・刑事手続の分野において現在進行中の改革を継続すること。（フランス）

しかし，今も日本政府は，国連勧告の受け入れを拒否し続けている。日本では，留置施設に比べて刑事施設の数が少なく，増設についても多額の予算を要するなど容易でないことから，代替収容制度は，迅速かつ適正な犯罪捜査を遂行する上でも，また，被疑者と弁護人，家族等との面会の便にも資するとして運用されており，現時点において，代用収容施設を廃止することは現実的ではないと認識している。拒否の理由とされるのは，このようなものである。

2-2　糺問主義と弾劾主義

刑訴法の基本原理を理解するために，**糺問主義**に対して**弾劾主義**という整理が用いられている。

この整理は，複数の場面で用いられている。一つは，**誰が訴訟を開始させるか**ということについてである。裁判所が自ら訴訟を開始させるものが糺問主義で，裁判所以外の者，例えば被害者の訴えを待って訴訟を開始させるものが弾劾主義であるとされる。もう一つの整理は，**訴訟の主体の数**に関するものである。裁判所と被告人しかいない手続構造が糺問主義で，裁判所，被告人のほかに，訴追者がいる手続構造が弾劾主義であるとされる。

この糺問主義対弾劾主義という対概念は，歴史の発達に照応するものである。中世になると，犯人必罰が強調され，この犯人必罰の機能をよく果たすために，刑事手続は糺問主義という構造をとるようになった。糺問主義では，裁判官が職権で手続を開始することが認められた。**訴追と審判が未分化**で，有罪・無罪などを判断する者と犯罪を糺弾する者が分かれていなかった。真実を解明し，犯罪者を処罰するということが裁判官の役割とされた。そこでは，裁判官が被告人を糺問するという訴訟構造が採用され，非公開の書面による手続で審理が進められた。自白をとるために**拷問**も許されていた。

これに対し，近代に入ると，「人権」観念の発達に伴って，糺問主義的な刑事手続は厳しい批判を受けるようになった。無実の者を誤って処罰することほど重大な不正義はないということが市民のコンセンサスとされることになった。拷問による自白の獲得にも強い非難が向けられた。

糺問主義に代わって，弾劾主義が考案され，制度化されることになった。**訴追手続と審判手続は分離**され，訴追機関の訴追をまって訴訟手続が開始されることになった。捜査で得た検察官の心証（有罪心証）を裁判官が引き継ぎ，裁判官が予断をもって訴訟手続に入ることは禁止された。裁判官が偏見をもって審理に臨むことを防ぐため，公判が始まるまで，裁判所（裁判官）が予め事件の内容に触れず，白紙の状態を保つことを要請する原則を「**予断排除の原則**」という。この原則から，**起訴状一本主義**（256条），冒頭陳述における陳述の範囲の規制（296条ただし書）などが定められている。

訴訟手続も，裁判官対被告人という二面構造から，裁判官，検察官，被告人・弁護人による**三面構造**へと転換されることになった。糺問主義における**基本的な対立構造**も，検察官対被告人に求められることになった。裁判官の役割も，検察官，被告人・弁護人のどちらの側にも与せず，公正な立場で有罪無罪などの判断に専念することとされた。検察官と被告人・弁護人との間には圧倒的な「力の差」があることから，「**厳格立証**」ないし「**疑わしきは被告人の利益に**」の原則を墨守することが裁判官に期待された。

日本では，明治維新後もしばらくは糺問主義の時代が続いた。しかし，御雇外国人の**ボアソナード**の指導の下に，フランスの刑訴法を継受して，1880（明治13）年7月に公布され，1882年1月から施行された**治罪法**（太政官布告37号）では，弾劾主義が採用された。裁判の公開（263条，264条），弁護制度（266条），公平の担保（279条），自由心証主義（146条，283条），上訴制度（63条以下，77条以下）等も確立された。

1922（大正11）年5月に公布され，1924年1月から施行された**旧刑事訴訟法**（**大正刑事訴訟法**）でも，弾劾主義の徹底が図られた。旧刑訴法では，その他，①被告人の当事者としての地位の確立（338条4項，348条，349条等），②**未決勾留日数**の制限（113条），③**予審**中からの弁護人の選任（39条），④裁判長の許可を得て，証人等に対し直接訊問する権利を弁護人に付与（338条3項），⑤人の供述を録取した書類のうち，証拠としうるのは，「供述者が死亡したとき」「供述者を訊問できないとき」「訴訟関係人の異議がないとき」を除くと，**法令により作成された訊問調書**に限ること（343条），⑥証拠の証明力は，**裁判官の自由な判断**に委ねること（337条），⑦被告人・弁護人の主張した抗弁の重要なものについて**判決書で説明**することを原則化（360条2項），等の重要な規定もおかれた。

しかし，旧刑訴法は，他方で，**起訴便宜主義**を明文化し，279条で，「犯人ノ性格，年齢及境遇竝犯罪ノ情況ニ因リ訴追ヲ必要トセサルトキハ公訴ヲ提起サセルコトヲ得」と規定した。

これにより，検察官は，刑事手続において，「**検察司法**」と揶揄されるような，裁判官を上回る強大な影響力を確保するに至った。旧刑訴法によって確立されたとされる弾劾主義，あるいは促進されたとされる当事者主義も形骸化し，予審および公判は検察官の事実上支配するところとなった。279条の規定も，求刑の根拠条文にとどまらず，量刑の根拠条文ともなった。

戦時下の反体制運動を取り締まるために，**戦時治安刑法**の典型ともいうべき**治安維持法**（法律46号）が1925（大正14）年４月に公布され，同年５月から施行された。この治安維持法違反事件等の刑事手続においては，「**検察司法**」は頂点に達することになった。1941（昭和16）年の**新治安維持法**（法律54号）は，新たに刑事手続についての第２章を設け，その中で，これまで認められてこなかった検察官の**強制処分権**（被疑者の召喚・勾引・引致・勾留・訊問，押収・捜索・検証・鑑定等）を認めるとともに，検察官が被疑者等を取り調べて作成した**検察官面前調書**に，制限を撤廃して証拠能力を付与したからである。

1942（昭和17）年に制定の**戦時刑事特別法**（法律64号）は，25条で，「地方裁判所の事件と雖も刑事訴訟法第343条１項に規定する制限に依ることを要せず」と規定し，**供述録取書**等の証拠能力の制限を定めていた旧刑訴法343条１項の適用自体を停止した。これにより，検察官や司法警察官が作成した自白調書その他の聴取書等の証拠能力がすべての事件で認められることになった。治安維持法などにおける**戦時特別措置**が全刑事事件に拡大された。

もっとも，検察官の強制処分権を全事件に拡大する規定はおかれていない。これが実現するのは，不思議なことに戦後の日本国憲法の下においてであった。1947（昭和22）年に制定された「**日本国憲法の施行に伴う刑事訴訟法の応急的措置に関する法律**」（法律76号）は，その12条２項で，「刑事訴訟法第343条の規定は，これを適用しない」と定めたからである。

応急措置法の制定により，検察は戦前でさえも実現しなかった**予審制度の廃止**という悲願も達成した。予審制度の廃止を日本国憲法の保障する「**迅速な公開裁判を受ける権利**」から説明するところに検察官の巧妙さがあった。令状主義という枠がはめられたものの，検察官の強制処分権を刑事手続一般に拡大することにも成功した（同法８条２号等を参照）。

戦後の**現行刑事訴訟法**（法律第131号）は1948（昭和23）年に制定された。1949

年1月から施行されたが，現行刑訴法においても，戦時刑事特別手続の一般化は否定されず，継承されることになった。

講学上，現行刑訴法は，起訴状一本主義（256条6項）を採用することなどによって裁判官の予断を防止しようとしたり，**訴因制度**を採用して裁判所を公平な判断者たらしめようとするとともに，裁判官の除斥，忌避等の制度（20条，22条等）を設けることによって，**公平な裁判所**という理念を実現しようとしていると解説される。[*3]

この解説自体は間違いでは決してない。しかし，そこから，戦後に徹底された弾劾主義に基づいて，裁判所が，日本国憲法で規定された刑事裁判上の諸原則にのっとり，公平な裁判所として，検察官の有罪立証およびその有罪立証証拠を厳格にチェックし，冤罪の回避，被疑者・被告人の人権侵害の回避に努めているという結論を導くとすると，行き過ぎということになる。**検察官司法**は，戦前よりも戦後の方がむしろ強化されているからである。

弾劾主義も含めて，刑訴法の基本原理というのは，「**説明のための原理**」や「**現状を糊塗するための原理**」であってはならない。それによって現状を点検し，改善を導く「**改革のための原理**」でなければならない。日本国憲法が保障する基本的人権の尊重を具体化するための「**行動基準**」でなければならない。

2-3　迅速な裁判を受ける権利

日本国憲法は，「**迅速な裁判**」を被告人の権利として保障している。37条1項は，「すべて刑事事件においては，被告人は，公平な裁判所の迅速な公開裁判を受ける権利を有する。」と定めている。

しかし，刑訴法その他の法律は，この権利を具体化するための規定をとくに設けなかった。判例も，裁判が遅れたことを理由に破棄差戻しをすれば，裁判は一層遅れるから，司法行政上その他の責任を問われることはありうるかもしれないが，裁判の遅延は原判決破棄の理由にならないという立場をとっていた（最大判昭23年12月22日刑集2巻14号1853頁）。そのため，憲法37条1項の保障は実効性がなく，プログラム規定と捉える見解が多数であった。

その後，最高裁は，1972（昭和47）年12月20日の高田事件大法廷判決（刑集26巻10号631頁）において，次のように判示し，迅速な裁判の要請に反するほど裁判が遅延した場合には免訴判決により審理を打ち切るという救済方法を，解釈論により創設した。

「憲法37条1項の保障する迅速な裁判をうける権利は，憲法の保障する基本的な人権の一つであり，右条項は，単に迅速な裁判を一般的に保障するために必要な立法上および司法行政上の措置をとるべきことを要請するにとどまらず，さらに個々の刑事事件について，現実に右の保障に明らかに反し，審理の著しい遅延の結果，迅速な裁判をうける被告人の権利が害せられたと認められる異常な事態が生じた場合には，これに対処すべき具体的規定がなくても，もはや当該被告人に対する手続の続行を許さず，その審理を打ち切るという非常救済手段がとられるべきことをも認めている趣旨の規定であると解する。」

「もつとも，『迅速な裁判』とは，具体的な事件ごとに諸々の条件との関連において決定されるべき相対的な観念であるから，憲法の右保障条項の趣旨を十分に活かすためには，具体的な補充立法の措置を講じて問題の解決をはかることが望ましいのであるが，かかる立法措置を欠く場合においても，あらゆる点からみて明らかに右保障条項に反すると認められる異常な事態が生じたときに，単に，これに対処すべき補充立法の措置がないことを理由として，救済の途がないとするがごときは，右保障条項の趣旨を全うするゆえんではないのである。」

しかし，その後の最高裁の判例は，いずれも，憲法37条1項の迅速な裁判の保障に違反しているとの被告人側の主張を退けている（最判昭50年8月6日刑集29巻7号393頁，最決昭53年9月4日刑集32巻6号1652頁，最判昭55年2月7日刑集34巻2号15頁，最判昭58年5月27日刑集37巻4号474頁など）。裁判遅延を理由に免訴とした裁判例はみられない。審理に10年近く空費された事件について，迅速な裁判に反するとはいえないとした裁判例もある。

迅速な裁判は，検察官の側からも「**有罪判決の迅速な確定**」という形で主張され，現実化が強力に推し進められてきた。その典型は，治安維持法の刑事裁判である。昭和16年の**新治安維持法**では，迅速裁判を実現するために様々な方策が採用された。

控訴審の解体もその一つで，新治安維持法の刑事裁判で導入された。それが1942（昭和17）年の**裁判所構成法戦時特例**（法律62号）で一般の刑事事件にも拡大された。**弁護活動の制限**もその一つであった。弁護人の数の制限に加えて，検察官の有罪立証に積極的に協力する弁護士を弁護人にするための**指定弁護人制度**も採用された。弁護人も有罪判決の迅速な確定に協力した。

有罪判決書の省力化もその一つであった。どの証拠からどの事実を認定したか，個々の対応関係を判決の中でいちいち示すのは大変な労力を要する。省略してよい。「**罪となるべき事実**」を認定した証拠は一覧表として掲げるだけで足りるとされた。弁護人の個々の主張に対してどのように判断したかを判決書のなかで詳述することも必要ないとされた。

省力化はそれだけではなかった。**問答無用式の有罪判決**が目立った。有罪判決から逆算して「罪となるべき事実」を認定するという本末転倒の事実認定も常態化した。法の解釈も同様であった。有罪とするための**融通無碍の法解釈**が闊歩した。被告人・弁護人に「**悪法**」**批判**させることも許さなかった。

さすがに，戦後の現行刑訴法の下では，**検察官のための**「**迅速な裁判**」は姿を潜めている。日本国憲法の諸規定に抵触するおそれが強いためである。そこで，これに代わって前面に押し出されているのが，**裁判官のための**「**迅速な裁判**」である。最高裁判所によって一貫して追求されており，早くも，第３代目の最高裁長官の横田喜三郎（在職1960年10月25日～1966年８月５日）は，1962年９月27日に開催の刑事裁判官会同で，「司法のガンである訴訟の遅延を解消することが緊急な必要事」等と訓示している。その後の歴代の最高裁長官も，**刑事司法政策の筆頭**にこの「迅速な裁判」を据えている。検察官もこれを支持している。検察官のための「迅速な裁判」と重なる部分が多いためである。

近時も，「**裁判の迅速化に関する法律**」（平成15年法律107号）が制定されている。「**刑事訴訟法等の一部を改正する法律並びに裁判員の参加する刑事裁判に関する法律**」（平16年５月28日法律63号）でも，刑事裁判の充実および迅速化を図るための方策として，新たな準備手続（**公判前整理手続**）の創設，**連日的開廷**の確保のための規定の整備等が図られた。

しかし，このような迅速化は，被告人の防御権の行使を制限する危険性をもつ。現に公判前整理手続の創設については，強い疑問が寄せられている。非公開で行われる部分が増えるために市民に届く情報は少なくなり，市民のチェック機能は減ぜられるのではないか。被告人不在のまま，**司法取引**のようなことが行われる可能性も否定できない。公判前整理手続で「脚本」が決まり，**公判**

の儀式化を招くのではないか。このような疑問であるが，疑問を無視する形で創設が強行された。[*4]

公判前整理手続によって裁判の迅速化が実現されたかというと，そうはなっていない。公判審理期間は確かに短縮されたものの，公判前整理手続に時間を要するために，全体としては期間の短縮になっていない。

刑事裁判が遅延する一番の原因である**検察官上訴**については，まったくメスは入れられていない。**甲山**（かぶとやま）**事件**の場合，検察官が徹底的に争ったために，第１審の神戸地裁での無罪判決，控訴審の大阪高裁での無罪破棄判決，上告審の最高裁での上告棄却，差戻し第１審の神戸地裁での２回目の無罪判決，控訴審の大阪高裁での無罪判決，検察官の上告断念による無罪確定という経過をたどった。無罪が確定するまでに，**３度の無罪判決**を要した。事件当時22歳だった被告人は，無罪確定の年には48歳になっていた。[*5] これが日本の刑事裁判の実情である。

＊１　内田博文『刑法と戦争―戦争治安法制のつくり方』みすず書房，2015年などを参照。

＊２　岡田行雄「犯罪被害当事者の権利と刑事法」内田博文＝佐々木光明編『〈市民〉と刑事法―わたしとあなたのための生きた刑事法入門〔第３版〕』日本評論社，2012年，第１節第１章等を参照。

＊３　松尾浩也『刑事訴訟法　上〔新版〕』弘文堂，1999年等を参照。

＊４　国家公安委員長主催「捜査手法，取調べの高度化を図るための研究会」の「最終報告」（2012年２月）は，「捜査手法の高度化」の必要性を強調し，その具体的課題として，諸外国の例を参考に，「DNA型データベースの拡充」「通信傍受の拡大」「会話傍受」「仮装身分捜査」「量刑減免制度」「王冠証人制度」「司法取引（自己負罪型・捜査協力型）」「刑事免責」「証人を保護するための制度」「刑法その他の実体法（刑罰法令）の見直し」等と並んで，「被疑者・被告人の虚偽供述の処罰化」および「黙秘に対する（被告人に不利な）推定」を掲げている（同報告35頁以下参照）。

＊５　甲山事件救援会HP「冤罪甲山事件」（http://www.jca.apc.org/kabutoq/）等を参照。

（内田博文）

第2章

手続きの担い手・関与者

◉ Introduction

本章では刑事手続の中心的な担い手である法曹三者（裁判所，検察，弁護士）と捜査活動の中心を担う警察，そしてその他の関与者（被疑者・被告人，犯罪被害者等，メディア）について説明する。法曹三者については公正な裁判を実現するために外部からの圧力に屈しない制度設計がそれぞれ工夫されている。これらがどのような歴史的経緯に由来するのかを学び，その観点から現状の問題を考えてみよう。警察についてはその組織が歴史的にどう変化してきたのかを確認しよう。また，メディアの犯罪報道やそれに対するわれわれ一般市民の感覚について刑事裁判の原則との関係から振り返ってみよう。

1 ●—— 裁 判 所

1-1 裁判所と裁判官の種類

裁判所には，最高裁判所，高等裁判所，地方裁判所，家庭裁判所および簡易裁判所の5種類があり，高等裁判所以下を下級裁判所という（裁2条）。

裁判官には，最高裁判所を構成する最高裁判所長官（1名）および最高裁判所判事（14名），下級裁判所を構成する高等裁判所長官（8名），判事（2155人），判事補（897人）および簡易裁判所判事（806人）の6種類がある（カッコ内は2021年度の定員）。

なお，個別の事件について1人の裁判官によって裁判を行う**単独制**と複数の裁判官で行う**合議制**があるが，この単位のことを裁判所と呼ぶ場合もある（前述した官署・官庁としての裁判所を**国法上の裁判所**というのに対して，この裁判機関としての裁判所を**訴訟法上の裁判所**という）。最高裁判所は15人の裁判官全員で構成する大法廷と5人の裁判官で構成する小法廷があり，違憲判断および判例変更の場合は大法廷で行わなければならない（裁9条，10条）。

地方裁判所の合議体は3人で構成される（裁26条3項）。中央に座っているのが裁判長，裁判長から見て右の席を右陪席，左の席を左陪席という。左陪席には最も経験の少ない判事補が座る。

判事補は，司法試験に合格して司法修習を終えた者の中から任命されるため（裁43条），未だ実務経験が浅いことから単独で裁判をすることができず，裁判長になることもできない（裁27条）。判事補を10年以上経験すると判事の任命資格を得る（裁42条）。

このように司法修習生から裁判官を登用し，昇進させていく仕組みを**キャリア裁判官制**（キャリアシステム）という。これに対して，十分な経験を積んだ弁護士から裁判官を登用する制度を**法曹一元制**といい，英米で採用されている。もっとも，日本でも弁護士を10年経験すると判事の任命資格を得ることができるが（裁42条），実際に弁護士から裁判官になる**弁護士任官**は年間数件にとどまっている。

ちなみに，2001年にまとめられた**司法制度改革審議会意見書**では裁判官の大幅な増員が不可欠であるとされ，毎年定員増が続いていたが，ここ数年は判事補の減員が続いている。キャリアシステムを前提にする限り判事補の増減が将来の判事の数に直結するため，全体の裁判官数はこれから減少していくことが予想される。

1-2　司法権の独立と裁判官の独立

いわゆる三権分立のうち，立法権は国会に（憲41条），行政権は内閣に（憲65条），そして司法権は裁判所に属する（憲76条１項）。

戦前の明治憲法（大日本帝国憲法）下では三権分立が不徹底であったことから，戦後の日本国憲法下ではとりわけ**司法権の独立**が強く謳われた。これを実現するために戦後，裁判所に対して以下の権限強化や制度改革が行われた。

第１に，司法権の一元化である。明治憲法下では行政裁判所や皇室裁判所などの特別裁判所が設置されていた。また，旧刑法には重罪，軽罪，違警罪という犯罪の区別があったが，そのうち違警罪について警察署長らに正式の裁判によらず即決の処分権を与えた**違警罪即決例**があり，思想犯に対する特高警察の弾圧手段として用いられてきた。日本国憲法はこれらを禁止し（憲76条２項），司法権を裁判所に一元化させたのである。

第２に，**違憲審査権**の付与である。違憲審査権とは，裁判を行うにあたり適用する法令等が憲法違反か否かを審査する権限である。戦前は治安維持法などのきわめて問題のある法律が議会の立法によって制定されたことへの反省から，日本国憲法では「最高裁判所は，一切の法律，命令，規則又は処分が憲法に適合するかしないかを決する終審裁判所である」（憲81条）と規定し，裁判所に「憲法の番人」としての役割を期待したのである（立法権および行政権に対する司法権の優位を認めることから，「司法権の優越」ともいわれる）。

第3に，行政権からの独立である。戦前の裁判所は検事局（現在でいう検察庁）とともに司法省（現在でいう法務省）に属し，司法大臣が各裁判所および検事局に対して監督権を有していた（裁判所構成法〔以下，裁構とする〕135条）。戦後，裁判所は行政機関から独立し，最高裁判所が内部規律および司法事務処理に関する規則制定権を得るとともに（憲77条1項），下級裁判所に対する監督権を有することとなった（裁80条）。つまり裁判所内部のことは裁判所で決めることになったのである。

もっとも，人事に関する規定を見てみると，最高裁判所長官は内閣の使命に基づいて天皇が任命し（憲6条2項），最高裁判所判事は内閣が任命する（憲79条1項）。下級裁判所の裁判官については最高裁の指名した名簿によって内閣が任命する（裁40条1項）。このように規定上は判事の人事は内閣の専権事項となっているが，下級裁判所の裁判官については最高裁の指名した名簿が実質的な決定権をもっており，最高裁判事の任命にあたっては内閣が最高裁長官の意見を聞くことが慣例になっているとされ，その意味で裁判所の意向が尊重されているといわれる。なお，最高裁判事は下級裁判所の裁判官だけではなく，検察官，弁護士，行政官および法学者からも任命される。

第4に，**裁判官の独立**である。公正な裁判を実現するには，裁判所が外部の行政機関から不当な影響を受けないとともに，裁判官個人が内部からも不当な圧力を受けないための身分保障が必要である。これに関して，戦前の裁判所構成法にも裁判官の身分保障に関する規定はあることはあったが，戦後は憲法規範として「すべて裁判官は，その良心に従ひ独立してその職権を行ひ，この憲法及び法律にのみ拘束される」（憲76条3項）と謳われ，罷免や報酬の減額に関する身分保障に関する規定も設けられた（憲78条，79条，80条）。

これをうけて裁判所法でも，「公の弾劾又は国民の審査に関する法律による場合及び別に法律で定めるところにより心身の故障のために職務を執ることができないと裁判された場合を除いては，その意思に反して，免官，転官，転所，職務の停止又は報酬の減額をされることはない」(裁48条) と規定する。

そこでは罷免や報酬の減額を認める3つの場合が規定されているが，そのうち「公の弾劾」とは，国会議員で構成される**弾劾裁判**を指し，国会議員から構成される**裁判官訴追委員会**の訴追によって審理が行われる。「国民の審査」とは，最高裁の裁判官に対して任命後初の衆議院総選挙およびその10年経過後初の衆議院総選挙の際に行われる**国民審査**を指す (憲79条2項)。「心身の故障のために職務をとることができないと裁判された場合」とは，裁判所内部で行われる**分限裁判**を指す。地裁，家裁および簡裁の裁判官については高裁が，高裁および最高裁の裁判官については最高裁が裁判権を有する (裁限3条)。分限裁判では心身の故障による免官のほか，「職務上の義務に違反し，若しくは職務を怠り，又は品位を辱める行状があった」(裁49条) 裁判官についての懲戒処分 (戒告または1万以下の過料) の決定も行われる (裁限2条)。

なお近年，国民審査法が在外邦人に審査権の行使を全く認めていないことが憲法15条1項，79条2項，3項に違反するとされた (最大判令4年5月25日民集76巻4号711頁)。

1-3　司法行政と司法官僚

これまでみてきた通り，戦後は司法権の独立を確固たるものにするため，裁判所自身が内部の人事，規則，予算等に関する行政事務を行うことになった。これを**司法行政**という。この司法行政事務は，各裁判所に所属する全員の裁判官で組織される**裁判官会議**の議によって行われる。最高裁の裁判官会議は最高裁長官が，各高裁の裁判官会議は高裁所長が，各地裁の裁判官会議は各地裁所長が，それぞれ議長となる (裁12条，20条，29条)。

裁判官会議は，裁判所内に上意下達ではない対等な関係を築き上げ，民主的な会議により裁判官の自治，独立を保障するものとして創設された。ところが，人事などの重要事項について実質的に裁判官会議以外の場で決定されることが増え，裁判官会議が形骸化しているといわれる。例えば，高裁や地裁などの下級裁判所には「部」がおかれ，部の事務を総括する判事を**部総括判事**という。この部総括判事の決定に関する規定である下級裁判所事務処理規則4条が

1955年に改正され，それまでは裁判官会議の議に基づく「裁判所の意見」を聞いて最高裁が指名する方式であったものが，各高裁の長官および各地裁・家裁の所長の意見を聞いて最高裁が指名する方式に変更された。会議での話し合いよりも上司の意向が重視されるようになったのである。

その一方で，最高裁裁判官会議の司法行政を補佐するために1947年に設置された事務局が，翌年には**最高裁事務総局**に改編され，組織の拡充が図られていく。事務総局は秘書課などの3課と，総務局，人事局，刑事局などの7局から編成されている。事務総局の職員は裁判官以外の事務官が充てられるが，1950年の最高裁規則「司法行政上の職務に関する規則」により，幹部ポストである局長，課長や幹部候補生ポストである局付には裁判官が充てられるようになった。このように裁判の現場を離れて最高裁事務総局などで司法行政に携わる裁判官を**司法官僚**と呼ぶことがある。

キャリア裁判官制の中で最高裁裁判官まで登りつめるには特定のキャリアパス（出世街道）があるといわれる[*1]。若い判事補時代に最高裁事務総局の局付となり，最高裁事務総長などの司法行政の要職を経験し，地裁・家裁の所長，高裁の長官を経て最高裁裁判官へというのがその典型である。事務総長の経験はないが最高裁調査官を勤めたなど多少の例外はあるにせよ，裁判官出身で最高裁裁判官になるには司法官僚しか到達できないとされる。なかでも事務総局の5局を経験した第11代最高裁判所長官の矢口洪一は「ミスター司法行政」と称された。

裁判官の人事について裁判官会議の影響力が弱まり，現在は最高裁事務総局の人事局と各高裁の人事局が人事権を握っているとされる。その結果，出世を気にする裁判官は過敏なまでに「上の意向」を気にせざるをえず，「その良心に従い独立してその職権を行う」ことは困難になっているのではないかとの指摘もある。

1-4　裁判官の独立か統制か

最高裁事務総局や下級裁判所の高裁長官，地裁・家裁所長など司法行政を担う司法官僚を経験することが最高裁裁判官へのキャリアパスになっているとして，では，そのような要職にある司法官僚の意向に反する判決を書いた裁判官はどうなるのだろうか。

上官からの具体的な指示が問題となった事例としては，1969年の**平賀書簡事件**が有名である。これは，札幌地裁で長沼ナイキ訴訟を担当していた福島重雄裁判長に対して所長の平賀健太が申立を認めるべきでないといった趣旨の書簡を送ったことが明るみになった事件である。結局これに従わず違憲判決を言い渡した福島は，その後各地の家裁への転任が続き，裁判長として判決を書くことは二度となかったという。

最高裁事務総局の人事権が問題となった事例としては，1971年の**宮本判事補任官拒否事件**が有名である。まず再任制度について説明しておく必要がある。前述の通り最高裁の裁判官は10年ごとに国民審査に付されるが，下級裁判所の裁判官は任期10年であり，「再任されることができる」（憲80条，裁40条３項）と定められている。これが実際に問題となったのが本件である。戦後，憲法を擁護し平和と民主主義および基本的人権を守ることを目的に掲げる青年法律家協会（青法協）が裁判官や弁護士を中心に設立されたが，最高裁事務総局はこれを政治団体とみなし，会員の裁判官に脱会を勧告した。これに従わず青法協の会員にとどまった宮本康昭判事補が10年後の再任を拒否されたという事件である。

再任に関して，2003年からは**下級裁判所裁判官指名諮問委員会**が設置された。前述の通り下級審裁判所の裁判官は，最高裁が指名した名簿により内閣が任命することになっているが，法曹三者および学識経験により構成される同委員会が指名の適否を最高裁に答申することとなった。その結果，現在は毎年数名の裁判官が指名不適当と評価されるようになっている。

また，少なくとも判例に従わず上訴審で覆される裁判官が不利益な処遇を受けることは統計上明らかだとされる[*2]。こうした状況の下では，「その良心に従ひ独立してその職権を行」うことがどの程度可能だろうか。

このようにみてくると，「司法権の独立」のために必要とされた裁判所内部での司法行政事務が，かえって司法権の独立の中核をなすべき「裁判官の独立」の妨げとなっているのではないかとの疑いが生じる。戦前の反省から獲得されるべきとされた司法権の独立の意義は何であったのか，簡単に歴史を振り返ってみよう。

1-5　戦時を通じた判検一体意識の高揚

戦前の裁判官は司法省に属し司法大臣の監督下にあり，しかもその実質的な地位は検察官よりも低かったとされる。

当時，大審院判事（現在でいう最高裁判事）であった尾佐竹猛は1926年出版の著書で，「某検事正は検事，予審判事に命じ，家宅捜索を為さしめたとか，また或は検事局では検事，予審判事が会議を開いたとか，裁判所構成法や刑事訴訟法には到底あり得べからざる記事が散見する」が，「法律の正条はどうなつて居るかは別として，検挙の実際はまさに新聞記事の通りである」として，**検尊判卑**という言葉を紹介しているほどである。[*3]

満州事変を経て時局が戦時下に突入するなか，治安維持法の運用を主として協議する**思想実務家会同**が思想検事を中心に招集された。[*4] 参加した裁判官からは，裁判所でわからないときは検事の意見に従うほうが正しいから，執行猶予にすべきかどうかまで検事に意見を述べてほしいという発言や，国体変革および私有財産制度の否認に対する認識関係についてどのようにすれば有罪認定が可能か教えてほしいといった発言がみられた。「国体変革または私有財産制度を否認する目的」（治安維持法1条）をもつような非国民に対抗するために裁判官と検察官が協力し一体となって対処する方向がめざされた。

さらに1944年の司法官会同では，当時の首相東条英機が直接，裁判官に対して，概略次のような訓示を垂れた。勝利なくしては司法権の独立もありえないので，丁寧な事実認定よりも犯罪の迅速な処理を期待する。これが必勝のための司法権の行使である。万一，法文の末節にとらわれ戦争遂行に重大な障害をもたらすような場合は緊急措置を講ずることも辞さないので覚悟せよ，と。

国の一大事には本来対立すべき裁判官と検察官も挙国一致で協力すべきであり，そのためには適正手続や個々の被疑者・被告人の権利は軽視してよいという思考の典型がここに表明されている。

1-6　戦後改革と裁判官の意識

戦時という状況下でこのような判検一体の意識を内面化せざるをえなかった裁判官は，戦後どのような道を歩んだのだろうか。戦前の特高警察が完全に解体されたのに対して，思想検察は主要者が公職追放になるも比較的短期間で復帰し，裁判官に至ってはほとんど追放の憂き目に遭わなかった。むしろ，治安維持法の立案に携わり思想検事として辣腕を振るった池田克が，戦後公職追放されるも1952年に復帰し，2年後には最高裁判事に迎えられたケースもある。[*5]

もちろん，なかには戦時中の翼賛体制に加担した責任を真摯に反省し，あるいは裁判官の戦争責任に言及する裁判官も存在した。しかし，戦前，戦中に培われた裁判手法や意識の転換を図ることが多くの裁判官にとって容易でなかったことは想像に難くない。戦後も追放されず，以前の法意識，実務感覚を残存させた裁判官が新憲法のもとでどのような判決を下すことになったかは各章を参照して頂きたい。[*6]

また，裁判所と法務省との間の人事異動，いわゆる**判検交流**も1949年から始まった。交流人事は公害・行政事件など国を被告とする訴訟が続発していた1970年代から大幅に増加しており，国の代理人となる訟務検事の質・量の充実に必要だといわれた。しかし，戦前の判事と検事との一体感がもたらした歴史を想起するまでもなく，法務省訟務検事として出向した裁判官が裁判職に復帰後，公正な裁判をなしうるのか疑問が生じる。こうした問題点が指摘され，刑事部門については2012年度から廃止された。

1-7　官僚司法のもたらすもの

これまでみてきたように，戦前は三権分立が不徹底であったため，裁判官は行政権力に抵抗することが難しく，むしろ戦時期に検察官と協働して国策に奉仕することになった。これに対して，戦後の日本国憲法は，裁判所に「憲法の番人」「権利の砦」としての役割を期待して司法権の独立を保障したのである。

ところが，司法権の独立のために司法行政を裁判所が担うことにより，裁判所内部での裁判官の独立はむしろ妨げられてはいないだろうか。自らの良心よりも上司の意向を忖度する裁判官が重用され，「憲法の番人」「権利の砦」としての役割を果たそうと，微妙な政治問題を含む事案について踏み込んだ判断・態度を示す裁判官が左遷させられるようなことがあるのだとすれば，憲法が期待する司法権の独立の姿とはかけ離れているように思える。欧米諸国と比較しても，「『裁判官の独立』非保障型（官僚制モデル）の裁判官制度」である点が日本のきわだった特徴との指摘もある。[*7]

「憲法の番人」としての役割を最も発揮するのは違憲審査権であるが，実際，裁判所は違憲審査権の行使にきわめて消極的である。これまで最高裁による違憲判決は民刑あわせても決して多いとはいえず，法令違憲については刑事裁判では尊属殺に関する最大判昭48年４月４日刑集27巻３号265頁のみである。

裁判所内部における裁判官の独立についてはこのような問題点が指摘されているが，では，検察官との関係はどうであろうか。戦前は検尊判卑という言葉さえあり，戦時中はわからないことは検察に従ったほうがよいとまでいわれていたが，戦後は少なくとも外部組織である検察官に対しては独立した判断を下せるようになったのだろうか。

2●――検察官

2-1 検察庁と検察官の種類

検察官の行う事務を統括するところを検察庁といい，最高裁，高裁，地裁および簡裁にそれぞれ対応するものとして，最高検察庁，高等検察庁，地方検察庁および区検察庁がおかれている（検察1条，2条）。

検察官には，検事総長（1名），次長検事（1名），検事長（8名），検事（1869人）および副検事（879人）の5種類がある（カッコ内は2020年度末の検察庁の定員）。検事総長は最高検の長であり，また，すべての検察庁の職員を指揮監督する。次長検事は最高検に属し，検事総長を補佐する（検察7条）。検事長は高検の長であり，その庁ならびに対応する高裁の管轄区域内にある地検および区検の職員を指揮監督する（検察8条）。各地検の長は検事正と呼ばれ，その庁および対応する地裁の管轄区域内にある区検の職員を指揮監督する（検察9条）。

検事には一級と二級があり，司法修習を終えると検事二級として任命され（検察18条1項），8年以上その職を勤めた者から検事一級が任命される（検察19条1項）。

検察庁は法務省に属してはいるが，「特別の機関」として独立した組織との位置づけがなされている。ただし，法務省設置法附則に「当分の間，特に必要があるときは，法務省の職員（検察庁の職員を除く。）のうち，133人は，検事をもってこれに充てることができる。」との規定があり，これに基づき法務省の各部局で働いている検察官がいる。[*8]

したがって検察官の実数は検察庁の定員よりも多い。また，人数の推移は長年にわたって安定的に微増を続けている。

2-2 独任官庁制と検察官同一体の原則

検察官も裁判官に準じた厚い身分保障がなされている。すなわち，定年（検察22条)，検察官適格審査会の議決による罷免 (検察23条)，剰員による減給 (検察24条) および懲戒処分 (検察25条ただし書) による場合を除き，その意思に反してその官を失い，職務を停止され，または俸給を減額されることはない (検察25条)。もっとも，検察官の身分保障は憲法上のものではなく，転職を強制できる点で裁判官の場合より弱い。

なぜ検察官にこのような厚い身分保障が与えられているかといえば，権限の適正な行使のために必要であるからだとされる。つまり，犯罪捜査や公訴の提起等，人権に重大な影響を及ぼしうる検察官の権限が時の政治権力等によって左右されないように，司法権の行使に準じた行政権からの独立が要請されるのである。

そのようなことから，その権限の主体は検察の長ではなく，個々の検察官となる。この意味で検察官一人ひとりが独任制の行政官庁だといわれる (**独任官庁制**)。個々の事件処理について１人の検察官が行政官庁として国の意思を決定できるということである。

では検察官も裁判官のように完全に独立して職権を行使できるのかといえば，そうではない。前述の通り検察庁法では，検事総長，検事長，検事正および上席検事の指揮監督権を規定しており，個々の検察官は上司の指揮監督に服することになる。このように検察官が上命下服の関係におかれ，組織として一体となって活動することを**検察官同一体の原則**という。したがって，上司の指揮監督に従わずに独任官庁として自身の意思を通そうとする検察官がいた場合，上司である検察官は，その指揮監督下にある検察官の事務を自ら引き取って扱うか，指揮監督下にある他の検察官に取り扱わせることができる (検察12条)。つまり，理論的には裁量権を与えられながら，その裁量権は上司の期待するように行使しなければならないのであって，検察官の職場を支配している原理は，検察官同一体の原則であるとされる[*9]。

また，検察庁は，裁判所のように行政権から完全に独立しているわけではなく，法務省に属する。しかし，前述した通り検察官はその職務の性質上，司法権の行使に準じた行政権からの独立が要請され，「特別の機関」という位置づけとなっている。それゆえ，法務大臣は検察官を一般に指揮監督できるが，不当な政治的圧力を排するため，個々の事件の取調べまたは処分については，検事総長のみを指揮することができるとしている（検察14条）。後者の具体的指揮権が実際に発動されたものとして1954年の造船疑獄事件がある。

2-3　検察官の役割と権限

検察官の職務は幅広く，刑事に限ってみても次のような権限や役割がある。

第1に，捜査権である。検察官は「いかなる犯罪についても捜査をすることができる」（検察6条1項）。もっとも，特殊な政治事件等を主として扱う特別捜査部（いわゆる特捜）を除けば，第1次的には司法警察職員が捜査にあたり（189条2項，191条1項），検察官はそれに協力し（192条），必要があれば指揮・命令できるとされる（193条）。ただし，勾留請求（204条，205条）など検察官にのみ認められた権限があり，検察官が作成した調書の証拠能力は司法警察職員のそれに比べて緩やかな要件で認められる。

検察庁法4条には，「検察官は，刑事について，公訴を行い，裁判所に法の正当な適用を請求し，且つ，裁判の執行を監督」すると規定されており，これを整理すると以下のような役割，権限をあらわしている。

すなわち，第2に，公訴権である。検察官は公訴提起の権限を独占し，広範な起訴裁量を有している（248条）。起訴された事件の99.9％が有罪となっている現実と併せて考えると，検察官は事実上の第1審の役割を担っていると言っても過言ではない。

第3に，起訴後，裁判所に法の正当な適用を請求する役割，つまり被告人・弁護士と対峙する公判当事者としての役割がある。上訴権まで認められているのが日本の検察官の特徴である。

第4に，裁判の執行を監督する，つまり確定した刑の執行を指揮する権限がある。刑訴法でも「裁判の執行は，その裁判をした裁判所に対応する検察庁の検察官がこれを指揮する」（472条1項）と規定されている。

さらに，こうした検察事務以外でも刑事司法に及ぼす検察官の影響は大きい。すなわち，検察庁から派遣される形で，法務省の刑事局や保護局で司法行政官僚として活躍する検事の存在である。無期受刑者の仮釈放にあたっては，その是非や時期について検察官に意見を求めることとされ，その決定に強い影響力をもっているとされる。

加えて，刑事法に関係する法律案を起案するのは，法務省の官僚すなわち法務省に派遣された検事であり，議員立法であっても官僚は意見を求められる。その際，もしその法案に「所轄官庁の権限を損なう条文があれば，その文言を微妙に修正することで，条文の持つ効果を変えてしまうことが可能」であるという。[*10]

このようにみてみると，検察官は捜査，起訴，公判，行刑と刑事手続きのあらゆる段階に関与しているばかりか，立法にも影響を及ぼしうることになる。はたしてこれは望ましい状態なのだろうか。そもそも，一体なぜこのような広範な権限を有することになったのか，歴史を簡単に振り返ってみたい。

2-4　日本型の司法権独立

戦前，検事局は裁判所に附置され（裁構6条），ともに司法省に属していた。「附置」という文言からは，検察は裁判所の添え物のようなイメージをもつかもしれないが，実態はその反対であったようである。

当時の裁判所構成法をみてみると，検事は裁判所に対して独立してその事務を行う（裁構6条2項）と規定されている。

検察官の権限については，検事はその上官の命令に従う（裁構82条）と規定されており，司法大臣が検察事務の最高責任者であった。さらに司法大臣は判事・検事の人事権（裁構68条，79条），監督権（裁構135条1号）を握っていたが，その司法大臣に検事出身者が多く名を連ねることで，実質的には中央の検事出身者が全国各出先の裁判所を掌握している図式であったという。

なかでも日糖事件やシーメンス事件といった政治事件の摘発を通じて検察権力の主導権を築き上げた平沼騏一郎は，司法大臣を経て1939年には総理大臣にまで登りつめ，思想検事のトップとして猛威をふるう塩野季彦を司法大臣に迎えた。

こうした情勢下で司法権の独立を高唱したのは裁判官ではなく検察官であった。すなわち，「不告不理の原則の下で裁判所は受動的な存在だから，検事が扱う起訴前の処分の公平性が国家刑罰権の適正を保障するものであり，司法権独立を意味のあるものとするには，検察事務の独立がある程度必要である」という，本来の意味から離れた「**日本型の司法権独立**の姿」が大正期・昭和前期の実務を支配したとされる。[*11]

こうした戦前における検事の権限強化は，戦時体制に突入していく過程でさらに飛躍的に進展することとなる。

2-5 戦前の思想検事と戦後改革

戦前の思想弾圧といえば特高警察による過酷な拷問を想起する人が多いかもしれないが，検察官の果たした役割もきわめて大きなものであった。

1928年に**思想検事**が正式に誕生し，拡充されていく。彼らは特高警察のような直接的な弾圧ではなく，長期的な視点での監視，治安維持を達成するための「転向」政策に重点を置いた。したがって取調べは思想犯の思想に対する反省や「転向声明」を内容とする自白の獲得が中心となる。

被疑者に対しては起訴猶予，被告人に対しては求刑における執行猶予，受刑者に対しては行刑処遇の裁量および仮釈放，これらの「恩恵」をちらつかせ司法の全段階で思想犯に「転向」を迫る手法は，同時にこれらの領域における検事の権限拡大をもたらした。

この方針は，治安維持法違反者のうち，起訴猶予者，執行猶予者，仮釈放者および満期釈放者に対して「思想の指導」のための保護観察を可能とした1936年の**思想犯保護観察法**でほぼ完成する。各地の保護観察所の所長は思想検事の転出者ないし兼務者が占めた[*12]。前述した現在の検察官の広範な役割，権限の萌芽をここに見て取ることができる。

ところで，当時の刑訴法の規定上，検事は犯罪捜査を認められていたものの，証拠収集の権限など多くの強制捜査権は予審判事に付与されていた。強いて言えばこれが検事にとって最大の不満の種であり，予審を排して公判前手続の主宰者としての地位を確立するための主張が繰り返しなされていた。この検察の要求も，1941年の治安維持法改正を通じて実現し，予審判事と同等の権限を獲得するに至った。

終戦後の司法制度改革において，GHQにより思想犯保護観察法，治安維持法は廃止されたが，予審廃止の裏側で検察官の強制捜査権が認められた。加えて，公職追放となった思想検事は存在したが，そこで培われた捜査から行刑までの包括的な諸機能もほぼそのまま引き継がれた。このような観点からみると，戦前から主張されていた検察官の権限強化による「日本型の司法権（検察権）独立」が，その後の諸改革のなかで形をかえて実現していったと位置づけることもできる。

2-6 検察官司法のもたらすもの

このようにみてくると，検察官は戦前よりもむしろ広範な役割や権限を有するようになったといえる。

その結果，強すぎる検察が刑事司法を実質的に取り仕切っているという意味で，**検察官司法**と表現されることがある。[*13] 独任官庁制でありつつも，検察官同一体の原則が優位にあることは前述したが，それゆえ，難しい事案については，検察庁全体，場合によっては高検や最高検まで巻き込んで協議して裁判に臨むとされており，検察官個人の背後にいわばチーム検察が控えているのである。

これに対してもう一方の訴訟当事者である被告人・弁護人にはそのような強大な組織が控えていることはほとんどなく，また，検察側は捜査段階からの証拠をすべて手持ちにしているといったこともあり，当事者間で実質的な能力の差が生じている。

そればかりではなく，チーム検察の存在に対しては，せいぜい１人から３人で裁判体を構成している地裁の裁判官も威圧・威迫を感じることがあるという。統計上，そもそも１審判決の有罪率が99.9％であるだけでなく，検察官が１審判決に不服で控訴した場合，控訴審で破棄される率は，被告人側の控訴破棄率と比較してもきわめて高い（本書Web関連資料，刑事裁判統計参照）。上訴審で覆されるような判決を書くことが出世に響くのであれば，裁判官は無罪判決を書くことに相当のプレッシャーを感じるのではないかと思われる。

3●――弁 護 人

3-1 日弁連と弁護士

憲法は身柄を拘束された被疑者（憲34条）および被告人（憲37条３項）に**弁護人依頼権**を保障しており，刑訴法ではすべての被疑者について認めている（30条１項）。

そこでいう「資格を有する弁護人」（憲37条３項）は，弁護士の中から選任しなければならない（31条１項）。特定の専門分野に精通した弁護人が必要な場合は，裁判所の許可を得て，弁護士でない者を弁護人に選任することができる特別弁護人という制度もある（31条２項）。

弁護士になるには，司法修習を終えて（弁護４条），各地域の弁護士会を通じて日本弁護士連合会（日弁連）に登録する必要がある（弁護８条，９条）。その意味で日弁連は強制加入団体であり，日弁連と地域の弁護士会それぞれに会費が設定されている。

2020年度末での弁護士の数は４万3206人である。弁護士人口は2000年代から急増しており，例えば2005年の２万1185人と比べるとほぼ倍増している。ここには前述した2001年の司法制度改革審議会意見書による「法曹人口の拡大」の影響がある。

3-2　弁護士の役割と特徴

弁護士の使命は「基本的人権を擁護し，社会正義を実現すること」とされ（弁護１条），とりわけ刑事弁護においては，被疑者・被告人の代理人のみならず正当な利益の保護者として，積極的に国家権力に対抗していくことが求められている。

それゆえ弁護士には国家からの不当な介入や圧力に屈しないように高度の自治権が認められ，弁護士会は内部に資格審査会（弁護51条）および懲戒手続に係る綱紀委員会（弁護58条２項）ならびに懲戒委員会（弁護58条３項）を設け自己規律に努めている。この**弁護士自治**こそ，司法権の独立と並んで戦後司法改革の大きな柱の一つであった。ここではその歴史を振り返ってみよう。

3-3　弁護士自治の歴史

弁護士制度が確立する以前，訴訟代理人は代言人と呼ばれていた。[*14]

それまで無資格であったものが1876年の代言人規則により，司法卿の免許状の下付をもって資格を取得するものとされた。そこでは訴訟中の法律の批判や官吏の侮辱等が懲戒対象とされ，懲戒権は事件担当裁判官の専権下におかれた。４年後の改正では代言人組合が設立され，検事の監督を徹底するために加入が強制された。

弁護士制度のはじまりである1893年の旧々弁護士法では，免許制を廃止して登録制となった。検事正が弁護士会を監督し，弁護士の懲戒は控訴院に開かれる懲戒裁判所の処分によって行われることになった。

1933年の旧弁護士法は監督権者を司法大臣とし，判検事と同一試験を行うなど，形式面での弁護士の地位向上が図られた。ただし，懲戒手続については従来通りであった。

当時の弁護士の活動を妨げていた大きな要因の一つが懲戒問題であった。弁護士としてその職務を果たそうと熱弁を振るう訴訟活動がしばしば懲戒事由とされたのである。星亨，花井卓蔵，布施辰治，山崎今朝弥といった著名な弁護士も懲戒裁判の対象とされている。当時の弁護士からは，「現在の懲戒制度で不当なのは，当の被害者とも云ふべき普通の裁判官や検事が裁く立場にあることである。……懲戒裁判官は被告たる弁護士の言を始めから疑ってかかり，虚心に聞こうとしない。裁判官が不信用な弁護人を保助者として仕事をしている事は我が国司法制度のため憂ふべきことである」といった不満が述べられていた。

こうした事情から弁護士自治を求める声は高まり，1897年に任意団体として設立された日本弁護士協会や各地の弁護士会によって，弁護士自治等を求める多くの決議が出された。しかしその後，昭和に入り終戦に至るまで弁護士の運動の中心課題は「陪審法制定」，「法曹一元」，「弁護士の職域確保」，「人権蹂躙事件への抗議」，「刑事訴訟法改悪反対」となり，弁護士自治は運動の前面から後退していった。

戦後，1946年に司法省に弁護士法改正準備委員会が設けられ，弁護士会が懲戒を行うとする弁護士自治を盛り込んだ弁護士法の改正が着手される。しかしこれに対しては検察庁および最高裁が強く反対したほか，弁護士が弁理士，税務代理士の業務を行いうることに対する各界からの反発を招き，政府は改正案を国会に提出することをしなかった。そこで日弁連は議員立法を通じて法案を成立させる方針に切り替えたところ，これが奏功し，1949年に現行弁護士法が成立し，現在のほぼ完全な弁護士自治が確立した。

現在の弁護士自治が，人権擁護活動に対する懲戒問題を念頭において獲得されたことが窺えよう。

3-4　弁護士会の戦時，戦後

さて，戦時下における裁判官，検察官の動向は上述したが，弁護士はどうであっただろうか。日弁連自身の記述によれば，日中戦争勃発頃から弁護士，弁護士会も戦時色に染まっていったとして，次のような経緯が記されている。「当時の国策に倣うように，1940年に東亜法曹協会，1941年に在野法曹時局協力連盟，1944年に大日本弁護士報国会らの諸団体が結成された。……戦時体制が進む中で，個人の権利主張は反国家的であるという風潮が強まり，自然と民事事件も減少し，また，刑事事件についても被疑者，被告人を弁護することを敵視する見方が強まったことから，弁護士の業務は減少していき活動範囲は狭まった[*15]」。

挙国一致体制のなか立場を超えて国策に協力し，被疑者・被告人の権利を軽視する風潮から弁護士も自由ではなかったように思われる。

戦後の弁護士会がこのような戦時の戦争協力について，組織としてどのような反省をしたのかは詳らかでない。京都弁護士会が元思想検事の入会を拒否したといった類いのエピソードもあるが，例外的な事例にとどまり，様々な理由から裁判官や検察官から弁護士に転じたものが少なからず存在したようである。戦時中の実務意識を引きずっているためか，裁判官の心証を悪くすることを避けて情状弁護に流れ，捜査機関の調書にわけなく同意する弁護士の姿が，新刑訴法施行後における法律家の間での座談会等で指摘されている[*16]。

3-5 司法制度改革と日弁連

戦後，弁護士自治については1960年代からしばしば非難の対象とされてきた。とりわけ1970年代後半の弁護人抜き裁判特例法案の審議に際して，法務省および最高裁判所から懲戒制度の運用に対して激しい非難が加えられた。これに対して日弁連は懲戒委員会に外部委員を加える等の会則改正をもって対応し，法案は廃案となった。

このように弁護士自治を守ってきた日弁連だが，近時の司法制度改革を経て，再び自治の危機が指摘されるようになる。2001年の司法制度改革審議会意見書では，法曹人口の大幅な増加（2010年ころには司法試験合格者数年間3000人をめざす）が提起され，これに対して日弁連も日本弁護士連合会司法制度改革推進計画を発表すること等で積極的に応えた。弁護士大量増員による弊害を懸念する声もあったが，マスメディアは「高額所得者である弁護士のギルド的利益擁護，特権的職業集団のエゴであり国民の理解を得られない」等と非難した。結局，法科大学院の設置などと併せて法曹人口の大幅な増員に舵が切られることとなった。

以前はこのような非難に対して対抗姿勢を貫いてきた日弁連だが，今回は当時の日弁連会長が「これまでの反対運動は，国や最高裁と対立ばかりしていて国民に不幸をもたらしてきた」と述べ，強いイニシアチブを発揮して弁護士の「自己改革」を説いた。ただし，個々の弁護士はこの路線を必ずしも共有していなかったともいわれる。[*17]

3-6 弁護士を取り巻く現状

このように国の改革路線に積極的に応じた結果，前述した通り弁護士人口が急増した。これが弁護士過剰をもたらし，弁護士間の経済的，能力的格差の助長につながることが懸念されている。

弁護士が関わることの多い民事第1審通常訴訟事件の新受件数の推移をみてみると，2005年頃から増加し2010年から減少に転じている。これは過払い金等事件の増減の影響が大きいとされ，それを除いてみるとほぼ横ばいの状態が続いている。少なくとも弁護士人口の増加に比例した事件数の増加はみられない。したがって，少ない事件数を多い弁護士で取り合うこととなり，弁護士の格差や貧困化が進んでいるともいわれる。[*18]

強大な権限，組織をバックに控える検察官（チーム検察）に対して弁護士が対等に渡り合えるには，経済的余裕と十分な刑事弁護経験が必要不可欠だが，従来からそのような資質を備えたベテラン弁護士は決して多くない。上記の格差はこの傾向をさらに加速させる可能性が高い。

さらに，このような状況から，弁護士自治そのものが内外から支持を失いつつあるという。「内部では，多くの若手弁護士が，弁護士自治は不要と考え始めている。彼らは人権活動を行う余裕もなければ，国家社会を敵に回して戦う気もなく，そもそも年50万もの会費を払うのはもったいないし，自分さえ悪事を働かなければよいのだから，弁護士自治などいらない，と考える」という。[*19] 基本的人権の擁護者として国家に対峙するために不可欠の条件であり，長い歴史のなかで獲得し堅守されてきた弁護士自治の存在意義が問われている。

4 警　察

4-1 司法警察職員

警察の責務は「個人の生命，身体及び財産の保護に任じ，犯罪の予防，鎮圧及び捜査，被疑者の逮捕，交通の取締その他公共の安全と秩序の維持に当ること」である（警2条1項）。このうち，「犯罪の捜査，被疑者の逮捕」を**司法警察活動**といい，犯罪の予防，鎮圧などその他の活動を**行政警察活動**という。

犯罪捜査である司法警察活動を担うのが**司法警察職員**であり，その大部分が警察官である**一般司法警察職員**である（189条1項）。もっとも，特殊な場所や事件について捜査権を有する刑務職員，海上保安官，労働基準監督官，麻薬取締官といった**特別司法警察職員**も存在する（190条）。

検察官は「必要と認めるときは，自ら犯罪を捜査することができる」（191条1項）のに対して，司法警察職員は「犯罪があると思料するときは，犯人及び証拠を捜査するものとする」（189条2項）とされており，司法警察職員が第1次捜査機関である。

また，司法警察職員は，**司法警察員**と**司法巡査**とに区別される。令状の請求権など（199条2項，218条4項など）司法警察員にのみ認められている権限がある。警察官の階級は，警視総監，警視監，警視長，警視正，警視，警部，警部補，巡査部長および巡査の9つに分かれている（警62条）。このうち原則として巡査部長以上が司法警察員であり，巡査が司法巡査である。

4-2　警察の組織と歴史

警察の組織は，警察庁と都道府県警察とに区別される。

警察庁は，国家公安委員会の管理の下，国の公安に係る警察運営や警察行政の調整などを行う。警察庁の長である警察庁長官は，国家公安委員会によって任免され，警察庁の所掌事務について都道府県警察を指揮監督する（警16条）。

都道府県警察は，都道府県公安員会の管理の下，犯罪の予防や捜査など前述した警察法2条の責務に任ずる（警36条2項）。各道府県警察には本部として各道府県警察本部がおかれるが，東京都の警察本部には**警視庁**がおかれ（警47条1項），その規模も大きい。警視庁の長である警視総監および各道府県警本部長は国家公安委員会によって任免される（警49条1項，50条1項）。

警察が現在のような組織になるには歴史的な経緯がある[*20]。明治維新の後，1871年に西洋でいう「ポリス」としてはじめて邏卒（らそつ）3000人が首都東京の治安を守るために配置された。翌年にはその司法警察活動力を期待されて邏卒は司法省の管轄に移され，司法省刑保寮が設置される。その後，ヨーロッパの警察制度を視察した川路利良の主張により，犯罪の捜査よりもその予防や鎮圧などの行政警察活動をより重視すべきとの観点から，刑保寮は1873年11月に設立された内務省に移され（後に刑保局），組織が拡充・整備されていく。東京には警視庁が，地方には警察署が設置された。1888年10月の内務省訓令「警察官吏配置及勤務概則」により，各地域に駐在する巡査が配置され，警察機構は，内務大臣指揮下の知事（東京は警視総監）のもとに，警察本部（東京は警視庁）→警察署→駐在所という指揮系統を備えた中央集権的な性格をもって確立した。

幅広い行政警察活動のうち，政治犯に関するものは「国事警察」と呼ばれたが，これが自由民権運動の高まりのなか，普通警察に対する高次の警察，すなわち**高等警察**として地位を確立していく。さらに，社会主義運動に対処するため，1911年8月には警視庁に特別高等課が設置される。いわゆる**特高警察**の誕生である。その後も各府県に同様の組織が整備・拡充していく。[*21]

終戦により特高警察はGHQの方針のもと解体され，警察権限の分散と縮小がめざされた。1947年の旧警察法では自治体警察と国家地方警察を設置し地方分権化が図られ，公安委員会のもとにおかれることとなった。しかし，1954年に現行警察法へと全面改正されることで，自治体警察と国家地方警察の二本立ては廃止され，都道府県警察に一本化された現在の姿となった。

4-3　現代の警察

その後も警察組織は拡大を続けている。1994年には，いわゆる「安全・安心な社会」の実現のために生活安全局が，2022年には，サイバーセキュリティやサイバー犯罪対策のためにサイバー警察局が警察庁に設置されている。

このような動向に伴い，市民生活の隅々にまで，それもオンラインのみならずサイバー空間にまで警察活動が行き渡りつつある。

5●——被疑者・被告人・犯罪被害者等・メディア等

5-1　被疑者・被告人

犯罪の嫌疑を受け，捜査機関による捜査の対象とされているが，未だ公訴を提起されていない者を**被疑者**といい，公訴を提起された者を**被告人**という。

訴訟の当事者となりうる資格を**当事者能力**という。犯罪を行うことができるのは自然人に限られるが，両罰規定などにより法人も刑罰を受ける可能性があるため，自然人のほか法人も被告人となりうる。被告人が死亡したり，被告人たる法人が存続しなくなったりしたときは，決定で公訴を棄却しなければならない（339条4号）。

訴訟能力とは，「被告人としての重要な利害を弁別し，それに従って相当な防御をすることのできる能力」（最決平7年2月28日刑集49巻2号481頁）をいう。訴訟能力を欠くときは「心神喪失の状態に在る」として，無罪，免訴，刑の免除または公訴棄却の裁判をすべきことが明らかな場合を除き，公判手続を停止しなければならない（314条1項）。いったん公判手続を停止した後，訴訟能力の回復の見込みがない場合は，刑訴法338条4号に準じて，判決で控訴を棄却することができる（最判平28年12月19日刑集70巻8号865頁）。

被疑者・被告人は有罪が確定した者ではないので，無罪と推定される（**無罪推定原則**）。そのほか，被疑者・被告人には包括的な黙秘権など刑事手続上の権利が多数認められている。これは，過去，被疑者・被告人が有罪推定で扱われ，その人権が侵害されてきたことへの反省に基づくものであり，日本国憲法でも刑事手続上の規定が31条から40条まで多数おかれていることからも，実際にも戦前の刑事手続における人権侵害がいかに凄惨であったかが窺われる。

5-2　犯罪被害者等

刑事手続において被害者は告訴をすることができ（230条），親告罪については被害者の告訴がなければ検察官は公訴を提起することができない。

もっとも，被告人に対する公訴を提起し，公判で有罪の立証をするのはあくまで検察官であり，被害者は刑事裁判の当事者ではない。被害者の被害回復は本来的には民事訴訟によって図られるべきものであり，被害者救済は刑事訴訟の直接的な目的ではない。

これは司法制度上の問題であり，ある程度仕方のないことである。しかし，これまで多くの被害者は，それを差し引いても刑事手続のなかで放置され，あるいは配慮を欠いた扱いから二次被害を受けてきた。

それゆえ，2000年代以降，被害者に対する配慮が進み，2004年には**犯罪被害者等基本法**が制定され，2007年には刑事手続への**被害者参加制度**が成立した。なお，被害者に対する配慮には，その家族や遺族への配慮も含まれなければならない。そのようなことから，犯罪被害者等基本法では，広く「犯罪等により害を被った者及びその家族または遺族」を**犯罪被害者等**と定義し（犯罪被害者等基本法2条2項），刑訴法では「被害者又は被害者が死亡した場合若しくはその心身に重大な故障がある場合におけるその配偶者，直系の親族若しくは兄弟姉妹」を**被害者等**と定義している（290条の2）。

刑事手続における被害者への配慮としては以下のようなものがある。

第1に，性犯罪などの被害者が公開の法廷で，被告人の面前で証言しなければならないことへの配慮として，**付添い**，**遮へい措置**，**ビデオリンク方式**の証人尋問が設けられ（157条の4～6），氏名，住所などの被害者特定事項を秘匿することができるようになった（290条の2）。

さらに，2023年5月，被害者等の個人特定事項の記載がない逮捕状や起訴状の抄本等を被疑者・被告人に示すことができる法改正が成立した。

第2に，被害者等への情報提供があり，被害者等が希望すれば検察庁での処分結果などを通知する**被害者等通知制度**が設けられている。

第3に，公判への関与であり，**心情等に関する意見陳述**を行うことや（292条の2），**被害者参加人**として，検察官に申し出て裁判所の許可を得る必要があるが，一定の事項について証人尋問や被告人質問をしたり，事実および法律の適用についての意見陳述をしたりすることができる（316条の33以下）。

第4に，損害賠償との連動であり，和解内容を公判調書に記載することで裁判上の和解と同一の効力を付与する**刑事和解制度**や（犯罪被害保護19条），刑事事件の係属裁判所が刑事訴訟記録を利用して**損害賠償命令**を行う制度が設けられた（犯罪被害保護23条）。

また，犯罪被害者等基本法に基づき策定される犯罪被害者等基本計画（第4次：2021年3月）では，刑事手続への関与以外にも幅広い取組みが重点課題としてあげられている。

5-3　メディア・市民

被疑者・被告人には未だ有罪が確定していないので無罪推定原則が働く。それゆえ，彼らを犯人であるかのように扱ってはならない。しかし，テレビや新聞などマスメディアの犯罪報道でその原則が貫徹されているかは疑問である。

以前のような明確であからさまな犯人視報道は息をひそめたものの，新聞やニュースでは依然として一般の人については「男性」「女性」，被疑者・被告人については「男」「女」と意図的に呼び分けている。

また，逮捕された段階でほとんどの被疑者が**実名報道**となる。少年法61条では少年犯罪について実名などの推知報道を禁止しているが，2022年４月から改正少年法により18歳19歳の特定少年については起訴された場合は推知報道の禁止が解除されることとなった。

刑法230条の２は事実の公表が公共の利害に関する場合に名誉毀損罪とならない特例を規定しているが，その第２項で「公訴が提起されるに至っていない人の犯罪行為に関する事実は，公共の利害に関する事実とみなす」との規定があり，実名報道を許容しているようにみえる。もっとも，同規定の趣旨は，捜査機関が把握していない犯罪について捜査の端緒を与えることや，捜査機関が適切に捜査しているかどうかを国民が監視するのに役立つことにあるとされる。

しかし，実際の犯罪報道の内容は，警察の記者クラブにおける発表や，捜査関係者への「夜討ち・朝駆け」によって得られた情報がほとんどである。捜査機関の後追いとなる報道では，捜査手法に対する批判的な視点はもちにくく，実名報道の意味がどこにあるのかも疑わしいとの指摘もある。[*22]

なぜ多くの人々が実名報道を望むかといえば，それが社会的制裁となるからだというのが偽らざる本音であろう。実際，マスメディアの実名報道を受け，一般市民が被害者の顔写真や職場，SNSのアカウントなどの個人情報を特定し，それを受けて不特定多数の人々が職場や実家に非難の電話や手紙を送りつけたり，SNSアカウントが炎上したりするケースも少なくない。

しかし，刑罰を科すのは国家の役割であり，個人が正義感から行ってもそれは私刑（リンチ）である。社会的制裁の対象となった被疑者が真犯人ではなかった場合，取り返しのつかないことになるし，真犯人であった場合でも，罪を償った後の社会復帰が困難となる。

一般市民も裁判員として被告人を裁く立場になりうる現在，われわれ一人ひとりが無罪推定といった刑事裁判の原則をよく理解し，捜査状況の監視といった犯罪報道の忘れられがちな側面を再確認することが重要であろう。

＊１　以下，裁判官のキャリアパスに関する記述については，西川伸一『裁判官幹部人事の研究─「経歴的資源」を手がかりとして〔増補改訂版〕』五月書房新社，2020年参照。

＊２　ダニエル・H・フット（溜箭将之訳）『名もない顔もない司法─日本の裁判は変わるのか』NTT出版，2007年，143頁。

＊3　尾佐竹猛『判事と検事と警察』総葉社書店，1926年，23頁以下。

＊4　以下，戦時中の裁判官に関する記述は，家永三郎「司法権の独立の歴史的考察」同『家永三郎集　第9巻』岩波書店，1998年所収参照。

＊5　戦時思想司法を担った後に最高裁判事を務めた人物から思想司法の系譜をたどるものにつき，宮本弘典『刑罰権イデオロギーの位相と古層』社会評論社，2020年，263頁以下参照。

＊6　戦後の最高裁長官ごとに刑事判例を分析するものとして，内田博文『刑事判例の史的展開』法律文化社，2013年参照。

＊7　広渡清吾編『法曹の比較法社会学』東京大学出版会，2003年，399頁。

＊8　検察官のキャリアパスを分析したものとして，岡本洋一「検察官の経歴・人事についての一考察」熊本法学151号，2021年，61頁以下参照。

＊9　宮澤節生ほか『ブリッジブック　法システム入門—法社会学的アプローチ〔第4版〕』信山社，2018年，129頁。

＊10　浜井浩一『実証的刑事政策論—真に有効な犯罪対策へ』岩波書店，2011年，330頁。

＊11　新井勉＝蕪山嚴＝小柳春一郎『ブリッジブック　近代日本司法制度史』信山社，2011年，189頁以下。

＊12　荻野富士夫『思想検事』岩波新書，2000年参照。

＊13　以下，検察官司法に関する記述は，木谷明『刑事裁判のいのち』法律文化社，2013年，45頁以下参照。

＊14　以下，弁護士自治の歴史に関する記述については，上野登子「弁護士自治の歴史」第二東京弁護士会編『弁護士自治の研究』日本評論社，1976年参照。

＊15　日本弁護士連合会『日弁連五十年史』精興社，1999年，7頁。

＊16　座談会「新刑訴における証拠法」法律時報22巻10号，1950年，7頁以下，座談会「日本の法廷—正義と人権をまもるために」戒能通孝編『日本の裁判』法律文化社，1956年，265頁以下など参照。

＊17　鈴木秀幸ほか『司法改革の失敗』花伝社，2012年参照。

＊18　秋山謙一郎『弁護士の格差』朝日新書，2018年参照。

＊19　小林正啓『こんな日弁連に誰がした？』平凡社新書，2010年，32頁。

＊20　警察の歴史については，大日方純夫『警察の社会史』岩波書店，1993年および同『天皇制警察と民衆』日本評論社，1987年参照。

＊21　特高警察については，大日方純夫『近代日本の警察と地域社会』筑摩書房，2000年および荻野富士夫『特高警察』岩波書店，2012年参照。

＊22　実名報道の問題や捜査と犯罪報道の関係については，平川宗信『憲法的刑法学の展開—仏教思想を基盤として』有斐閣，2014年，315頁以下参照。

（櫻庭　総）

第3章

捜査総論

◉ Introduction

戦後，日本国憲法の理念に基づき制定された刑訴法の下で，数々の誤判が明らかとなり再審で無罪が言い渡される事例が相次いだ。これらの誤判については，警察や検察の「**捜査**」の在り方にその根本的な原因があるといわれてきた。長時間の身体拘束を利用した**自白**の強要，裏付けのない見込み捜査，科学鑑定に対する過信など，おおよそ一つ一つの証拠の取扱いに対しては，慎重をきたさなければならないところ，杜撰な捜査が後の公判における事実認定に大きな影響を与えてきた。このことからも正確な事実の認定には，適正な捜査が欠かせないことはむろんである。

そこで本稿では，捜査とはなにか，戦前から戦後の捜査の実態，捜査の弾劾化と適正をめぐる理論の展開，捜査の原理，捜査に関する個々の諸問題と判例の動向などを取り上げ，人権に配慮した適正な捜査を確保するためにどうすればよいか，少し広い視野から捜査の問題について検討を加えてみようと思う。

1●――定　　義

1-1　捜査とはなにか

捜査とは，犯罪の嫌疑があるとき，公訴の提起・追行のために犯人を保全し，証拠を収集・保全する行為をいう。ここでいう**捜査**とは，すでに発生した犯罪に対して行われるもので，将来の犯罪に対する予防的な捜査，事前の捜査は認められないとするのが原則である。しかし，現在では，犯罪の複雑化，多様化，国際化等をめぐって，事前の捜査を是とする解釈や実務の現状がある。また，改正通信傍受法や**共謀罪**の制定にみられるように，捜査機関の事前捜査を許容するかのような規定もおかれ，当該原則が大きく揺らいでいるのも事実である。

捜査の目的は，被疑者の保全と証拠の収集・保全にある。捜査では，犯罪の嫌疑の有無を明らかにし，公訴の提起が必要かどうかを吟味するとともに，公判に備えて準備を行う。捜査の主体は，第一次的には司法警察職員，補充的に検察官および検察事務官である。これらを総称して捜査機関と呼ぶ。

捜査の方法として，任意捜査と強制捜査がある。**任意捜査**とは，強制手段を用いない捜査であり，**強制捜査**とは，強制手段によって行う捜査である。ただし，強制捜査は，特別の規定がある場合に限られる（197条1項ただし書）。強制には，物理的な強制および観念的な義務が含まれる。なお，被疑者の同意がない場合で，著しく人権を侵害するとか，個人の利益を一方的に阻害するような態様で行われるものについても**強制処分**となる。

強制処分は，対人的な強制処分と対物的な強制処分とに分けられる。対人的な強制処分とは，人の意思または自由に強制を加える場合をいう。具体的には，被疑者の保全のための被疑者の**逮捕・勾留**や証拠の収集保全のための**証人尋問・身体検査・鑑定留置**があげられる。一方，対物的な強制処分とは，人の物に対する支配を強制的に排除する場合をいう。具体的には，証拠の収集保全のための**押収・捜索・検証**があげられる。強制処分は，第1に，捜査機関自らの判断で行う場合，第2に，裁判所の判断を得て行う場合，第3に，捜査機関の請求によって裁判官が行う場合に分けられる。現行犯逮捕や逮捕に基づく捜索・差押えは第1に属し，通常逮捕や令状による差押え・検証は第2に属し，勾留や証人尋問・鑑定留置は第3に属する。特に第2の強制処分の場合に裁判官が発付する令状の性質について，許可状なのか命令状なのかという議論がある。捜査機関自体には本来，強制処分権が与えられず，裁判所が強制処分の必要性や適正性を判断する組織だとすれば，この令状は単なる許可状ではなく命令状であると考えるべきである。

日本では，戦前，ヨーロッパ型の近代刑事法が採用された後も，被告人の有罪認定のためには，自白は欠かせないものとされた。戦後，刑訴法の下においても，**被疑者取調べ**を柱とする捜査実務が存在し，被疑者から**自白**を獲得することが，捜査の本旨であるととらえられてきた。また，強制処分権との関係で捜査機関には強い権限が与えられることになり，被疑者はいわば捜査の客体として取り扱われてきた。そこで，以下では戦前の捜査法やその運用実態について触れ，いわゆる「**日本型刑事司法**」の特徴と問題点について若干の検討を加えることとする。

1-2 戦前の捜査

大正刑事訴訟法（旧刑訴法）の下では，**予審**制度がとられていた。起訴前を捜査，起訴後を**予審**と呼び，前者は主に検察官，後者は予審判事により担われていた。検察官は強制力を伴わない形で証拠収集を行い，予審判事には強制処分権が与えられ証拠を収集した。ただ強制手段を用いなければ捜査の目的を達成しえない場合に検察官の裁判所に対する強制処分請求権（いわゆる「**裁判上の捜査処分**」）や急を要する場合に検事自ら処分を行うこと（いわゆる「**要急事件**」）を認めていた。検察官が被疑者より聴き取ったいわゆる「**聴取書**」には証拠能力がなく，予審判事により作成された訊問調書のみに証拠能力が与えられた。とはいえ旧刑訴法では，**起訴便宜主義**が採用され，検察官の起訴裁量や起訴の独占が明文化された。その結果，訴追の有無の判断は検察官が一手に担うことになった。さらに，治安維持法・戦時刑事特別法下の捜査では，弁護権の制限，「聴取書」の証拠能力の付与とともに，検察官に対する強制処分権の付与が行われた。また，捜査の目的と称して，脱法的に抑留，承諾の名の下の勾引・留置・捜索・押収などが行われ，**行政検束**や**違警罪即決例**など行政警察権が濫用された。[*1]

戦後は，司法省およびGHQの下で法の改正作業が進められた。省内では，犯罪捜査に関する人権擁護策として予審を廃止して検察官に強制処分権を付与すべきとの主張が展開された。この背景にあったのは，人権よりまず捜査，という捜査第一主義，その上に立つ検察権強化，捜査機関への強制処分権の移譲という考え方であった。[*2] 現行法では，被疑者の**起訴前保釈**制度は存在せず，起訴前段階での長期の身体拘束が認められた。また，被疑者と弁護人との**接見交通権**の制限が認められるとともに，事実上被疑者に**取調べ受忍義務**を課すなど**被疑者の防御権**を侵害する規定とともに，検察官には事実上の強制処分権と大幅な起訴裁量権が付与されることになった。他方で，起訴陪審など民主的な制度の採用は見送られた。

このようにして，戦前から戦後にかけての捜査は，捜査機関，とりわけ検察官にいかに事実上の強制処分権を付与するか，また，刑事手続全般にわたって検察官の権限や影響力を拡大するか，そして，可能な限り**被疑者の防御権**を制限するかという点に焦点が当てられた。実務の運用や法の在り方が以上のような状況である一方で，どうすれば捜査を適正化し，被疑者の防御権を保障できるかをめぐって，学説は以下のようなモデル論を展開した。

1-3　捜査の構造：モデル論がめざしたもの，その限界と矛盾

⑴ 弾劾的捜査観と糺問的捜査観

戦後の日本は，英米法型の刑事手続きを採用することとなった。捜査の構造については，それ以降いくつかの考え方が示されてきた。ここではまず，糺問的な捜査の実態を当事者主義的に理解しようと試みる弾劾的捜査観の考え方から検討したい。

弾劾的捜査観と対峙されるのが糺問的捜査観である。**糺問的捜査観**では，捜査は，捜査機関が被疑者を一方的に取り調べるための手続きと位置づけ，強制処分もそのために認められ，ただ，法はその濫用を抑止するために裁判所または裁判官による令状の発付を要求していると解釈してきた。この点を批判して，弾劾的捜査観が提唱された。

弾劾的捜査観では，「捜査は，捜査機関が単独で行う準備活動にすぎない。被疑者もこれと独立に準備活動を行うだけである。強制は将来行われる裁判のために，裁判所が行うだけである。[*3]」と定義した。すなわち，捜査機関，被疑者それぞれが公判に向けて準備活動を行い，証拠の収集は互いに自己に有利な証拠を独立に採取する手続きであり，捜査機関が被疑者を一方的に逮捕し取り調べ，証拠を強制的に収集することは許されず，そのような行為は裁判所が発付する命令状によってのみ行いうるとする。ところが弾劾的捜査観も，検察や司法警察の発展によって強制の処分を検察官，司法警察職員に委ねる傾向が生ずるとする。

以上のような論理は，旧刑訴法が，予審判事に強制処分権を付与しそれが濫用されていたこと，また，捜査の段階で検察官の裁判所に対する強制処分請求権を認めていたことに鑑みれば，裁判所に強制処分権を付与することがなぜ適法性の担保につながるのか定かではないし，旧刑訴法下の運用上の実態そのものの問題点を軽視するものである。また，弾劾的捜査観は，「供述の自由」そのものを根拠として，糺問的捜査観が肯定する「取調べ受忍義務」を否定する。しかし，弾劾的捜査観自体は，身体拘束下の取調べを否定しない。身体拘束下での取調べにおいて，どのような状態なら「供述の自由」が保障されたといえ

るのか定かではない。

「任意捜査」の原則と**強制処分法定主義**については，強制力を伴う捜査は，裁判所の命令状がなければできないとするが，刑訴法が逮捕の要件として「逃亡のおそれ」と「罪証隠滅のおそれ」をあげ，強制処分としての「捜索・差押え」を認めていることから，捜査機関に強制処分権を事実上付与しているととらえるのがむしろ素直な解釈ではないかとの批判がなされている。さらに，被疑者と弁護人との接見制限に関する理解についてもしかりである。弾劾的捜査観では，証拠源としての被疑者の利用に衝突が生じた場合には，その調整のために捜査機関に捜査の必要性判断を委ね，それを優先させようとするのが法の立場であり，それは被疑者の防御権を認めながら捜査とのバランスをはかる趣旨であるとする。しかし，法は，逮捕・勾留による身体拘束下での取調べを否定していないことから，被疑者の防御権を徹底しようとする立場からは，取調べを目的とする被疑者と弁護人との接見制限は認めらないと主張すべきでないかといった指摘がみられる。[*4]

以上の論理が旧刑訴法から現行刑訴法に至るまで脈々と流れる捜査上の糺問的主義を克服しえたといえるだろうか。むしろ戦前の捜査実務と日本国憲法下の新たな解釈とのバランスの中で可能な限り弾劾主義的に捜査を位置づけようとしたととらえることができるのである。

⑵ デュープロセス論

デュープロセス論では，戦後日本にもたらされた英米法型の当事者主義，すなわち，黙秘権，弁護権をはじめ被告人の防御上の権利保障を徹底し，被告人の人格的な主体性を徹底しようとする。それは「憲法化」と一致し，デュープロセスの保障と言い換えられるとする。

こうした中で捜査段階では，デュープロセスという基準に照らして，捜査機関と被疑者の利益との調整を試みる。すなわち，日本国憲法に定められた基本的人権を適正手続という概念から捜査段階にも適用しようとする。[*5] 捜査段階の適正性をどのように担保すべきか，この点については，事後的な司法の適正判断に委ねる。それが事後的な判断であるということは，逆に，適正性の判断を現場の捜査官に期待するということになる。しかし，適正性の明確な基準がない中で，捜査官に適正な判断を期待することはむしろ違法な捜査の呼び水とはならないか。また，事後的な司法判断で違法が認定されたとしても，事件の重大性，被害者の数，証拠としての緊急性，必要性などという観点から，証拠としての価値を認められ事実認定に供せられるというおそれがある。それは特に，任意処分とは何か，強制処分とはなにかという点に如実に表れる。

以上のようにケース・バイ・ケースの事後的な司法判断に明確な基準を期待するには限界があろう。[*6]

⑶ 客観義務・真実義務モデル

客観義務・真実義務モデルでは，日本型起訴便宜主義を長所ととらえる。そこで公訴の提起は被告人に対する「重大な法益侵害行為」であり，厳格な要件によって抑制しなければならない，起訴の要件としては「起訴を猶予すべき情状の不存在」が重要であるとする。他方で，このような理論は「慎重な捜査」を容認し，捜査偏重主義の刑事手続を是認しかねないことから，被疑者の防御活動を充実させるとともに，捜査機関の被疑者に対する取調べは弁解の聴取に力点をおき，準司法官たる検察官には客観義務を負わせるという主張が展開される。[*7]

この考え方は，起訴前手続の独立性，独自性を強調し，警察と被疑者を対峙する当事者と位置づけ，検察官に客観義務・真実義務を負わせる訴訟的捜査観ともいわれる主張であり，人権保障の強化にその力点がおかれている。しかし，捜査を単なる公判準備段階とせず，捜査の独立性に注目し「慎重な起訴」を謳う点で糺問的捜査観と共通する側面をもつと批判されてきた。また，検察官の客観義務をどのように担保するのか，その具体的な方策が明らかにされていないし，具体的で効果的な手段を司法判断に期待する。はたしてそのような運用が実際の訴訟の中で可能かどうか疑問が呈されてきた。[*8]

⑷ 精密司法論

精密司法論は，日本の刑事手続を「綿密な取調べに始まり，慎重な起訴を経て，入念な判決に終わる。『事案の真相』を細部まで解明し，また，量刑の資料も提供できること，起訴に無駄がなく高い有罪率を確保できる……[*9]」と「**日本型刑事司法**」を説明する。この理論では，こうした「日本型刑事司法」の特徴を「岩盤」と呼び，「**精密司法**」を法の中核に位置づけようとした。他方，被疑者の防御権を保障するための個別の改革を「微調整」と呼び，その微調整の積み重ねにより現代的な問題を克服できるとした。

精密司法論が注目したのは，捜査から公訴，公判，刑の執行に至るまで刑事手続全般にわたって影響力をもつ検察官の権限である。この理論の背景には，旧刑訴法が捜査機関に対して，十分な権限を与えなかったために，脱法的な強制捜査が行われ人権侵害に繋がったという認識がある。この理論は，刑訴法では，検察官は，**令状主義**による制約を受けるが，令状さえ入手すれば自ら捜索・差押えを実行し，逮捕・勾留できることを強調する。

以上のように，この理論が「日本型刑事司法」そのものを日本的特色として肯定した点，刑訴法を修正された弾劾主義ととらえ，刑事手続き全般にわたって検察官の役割，権限の行使のあり方に注目した点に特徴がある。他のモデル論が，刑訴法そのものを弾劾主義化したものととらえ，公判のみならず捜査段階にいたるまで当事者主義化することに注力したのとは対照的である。刑訴法の持つ本質的な部分，すなわち，それは戦前から変わらぬ糺問的な構造とそれを前提とする訴訟運用を見抜き，それを「日本的特色」と呼んで肯定的に理解しようとしたのである。

しかし，この理論が日本国憲法の人権条項と刑訴法との整合性をどう考えるのか必ずしも明らかにされることはなく，むしろ日本国憲法をも日本的な特色の中に落とし込んで理解しようとしたことがうかがえる。例えば，日本国憲法40条の刑事補償請求権の規定は，未決勾留を経て無罪になった人に対しては，国が刑事補償をするという条文だが，検察官は「無罪になるような起訴はするな」という意味であるとし，起訴の時点で，捜査の段階で，真実を発見しなければならないことを趣旨とした条文であるとするのである。

2●―― 捜査の原則

2-1 「任意捜査」の原則と強制処分法定主義

刑訴法197条１項は，「捜査については，その目的を達するために必要な取調をすることができる。但し，強制の処分は，この法律に特別の定のある場合でなければ，これをすることができない」と規定している。この規定は，本文において捜査機関の権限を定めたものといわれている。ここでいう「必要な取調べ」とは，捜査活動一般をさす。捜査活動一般とは，捜査に必要な手段・方法ということになるが，そこには任意でなされるものと，強制によりなされるものの一切が含まれる。そこで同ただし書以下で，捜査に強制が伴う場合には，法律の明文に従わなければならない，言い換えれば，強制処分はそれが法定されている場合のみ実施しうることを定めている。この原則は一般的に**強制処分法定主義**といわれている。強制処分とは，個人の人権を著しく侵害するおそれのある処分を指す。この強制処分に基づく捜査のことを強制捜査といい，それ以外の捜査を**任意捜査**という。

既述のように，捜査において強制手段を用いることは法律に定めのある場合にしか認められない。このことから，捜査は原則として任意捜査の方法で行わなければならないとされる。これを**「任意捜査」の原則**という。捜査機関が強制の手段を用いるのは，法律の定めのある場合のみ許されるという規定は，実は旧刑訴法でもおかれていた。旧刑訴法では，予審判事に限って強制力を行使することが認められており，捜査機関は例外的に法が定めた場合にのみ強制力を使用することができた。令状主義という概念の無かった旧刑訴法において，強制処分権を予審判事に限定することで，捜査の司法的抑制を果たそうとしたのである。

捜査は，おのずと個人の人権を侵害する性質を有しているために，できる限りこれを避けるべきであるという趣旨から，捜査はなるべく任意捜査でなければならない。任意捜査とは，個人の行動や意思の自由を侵害しない範囲で行われる捜査をいう。任意の取調べという形をとり，逮捕状をとらないまま，いつまでも関係者を取調室に留め置いて事情を聴取し，退去する機会を与えないなどの捜査は，任意捜査とはいえず，違法捜査ということになる。

2-2　令状主義

日本国憲法33条および35条では，個人を逮捕する場合や住居，および所持品について侵入，捜索および押収を受ける場合には，必ず裁判官が発付する令状を必要とすることを定めている。この原則を**令状主義**といい，憲法は，捜査機関が強制処分を行う場合には，令状主義に従うことを要求したのである。また，日本国憲法31条では，**適正手続**の保障を定めている。これは捜査機関が捜査を行うにあたっては，適正な手続に基づく捜査が不可欠であることを明文化したものである。

これら憲法の諸規定を受けて，刑訴法は，逮捕・勾留，捜索・押収などについて各種の令状規定をおいている。例えば，逮捕については，刑訴法199条以下で「検察官，検察事務官又は司法警察職員は，被疑者が罪を犯したことを疑うに足りる相当な理由があるときは，裁判官のあらかじめ発する逮捕状により，これを逮捕することができる。」と定めている。また，捜索・差押え・検証については，刑訴法218条以下で「検察官，検察事務官又は司法警察職員は，犯罪の捜査をするについて必要があるときは，裁判官の発する令状により，差押え，記録命令付差押え，捜索又は検証をすることができる。」と定めている。強制処分法定主義と令状主義により，捜査機関の権限の濫用を抑制し，適正な捜査を行わすというのが法の趣旨である。このことは，三権分立による相互抑制機能から説明されることがある。すなわち，強制処分法定主義は，民主主義による立法的観点からの適正捜査の要請であり，令状主義は，捜査機関の権限行使を司法的観点から，事前に裁判所のコントロール下におこうとしたのである。このように強制処分を二重に規制することで，捜査権の濫用を抑制しようとしたのである。

以上のように，強制処分は，法定されている場合のみ許され，かつ令状主義の原則を満たすものでなければならない。ここで問題となるのは，法律で定められていない写真や動画などの撮影のように，被写体となる個人が認識しないまま，著しく人権を侵害されるケースをどう考えればよいかという問題である。刑訴法に規定がないために，強制処分法定主義は及ばず，適正な手続の下で令状主義による司法的なコントロールを及ぼせばよいと考えるのか，やはり法律の定めがなければ，そうした捜査は原則的には許されないと考えるのか。立法当初，予測されえなかった強制処分に対処するためには柔軟な理解が妥当だとする考え方もあるが，裁判所にその適正性の解釈や規制の仕方まで完全に委ねてしまうことは，法の趣旨に悖るといえよう。

2-3　任意捜査と強制捜査

捜査は，任意捜査と強制捜査に区別される。捜査機関が行う捜査が任意捜査なのか強制捜査なのかという問題は，刑訴法が強制処分法定主義や令状主義を建前としていることから，慎重に検討しなくてはならない。

強制処分として，典型的なのは逮捕・勾留，捜索・差押えなど直接的に物理的な強制手段を加える場合である。また，召喚や提出命令等個人に法的な義務を課す場合も強制処分といえる。他方で，刑訴法が定める任意処分とは，出頭の要求や鑑定・通訳・翻訳の嘱託，被疑者（取調べ受忍義務の可否との関係で議論がある）と被疑者以外の者の取調べなどがあげられる。

問題となるのは，先にあげたように法律で強制処分と定められていないその他の処分であろう。科学の発展により，物理的な強制手段や直接的な法的義務を課さなくても，効率的に情報を収集できる捜査手段が取り入れられるようになった。例えば，GPSを用いた科学捜査がそれである。最近では，捜査機関がGPSを被疑者の車両に設置し，被疑者の行動をくまなく監視することが可能となった。そのような場合，被疑者が知らぬまま捜査機関による行動監視を受けることになり，個人のプライバシーや行動の自由といった人権を著しく侵害されることになる。このような新たな捜査手段による人権侵害を抑制し，任意捜査と強制捜査の区別の基準を定めるために種々の解釈がなされてきた。物理力や法的義務に限定した解釈では，現実の捜査に対応できないとして，個人の権利ないし法益を侵害する捜査行為か否かによって，任意捜査と強制捜査を区別しようとする法益侵害説が登場した。捜査というものの性質上個人になんらかの制約を課すことが，捜査の本質といえるところ，当該法益侵害説によれば，あらゆる捜査が強制捜査の対象ということになってしまい不都合だというのである。そのため，新たに提案されたのが，個人の重要な利益を侵害した場合を強制処分とする考え方である。この考え方によれば，法定の厳格な要件，手続によって保護する必要のあるほど重要な権利・利益の制約を伴う場合にはじめて強制処分になるという考え方である。しかし，この重要な権利の侵害，利益の制約とは，いかような状況を指すかについての厳格な定義はなされていない。当該行為が適正であったかどうか，重要な権利の侵害，利益の制約があったかどうかの判断は，法律で定められるようなものではなく，事後的な裁判官の判断に委ねられるということにならざるをえない。

この任意捜査と強制捜査の区別について，判例はどのように理解してきたであろうか。任意捜査と強制捜査の区別に関するリーディングケースである裁判例（最決昭51年３月16日刑集30巻２号187頁）をみてみよう。この事案は，任意出頭中に，被疑者が出入口に向かおうとしたところ，警察官が前に立ちはだかり，両手で被疑者の左手首を掴んだ行為が任意捜査として許されるかとして争われた事案である。最高裁は,「捜査において強制手段を用いることは,法律の根拠規定がある場合に限り許容されるものである。しかしながら,ここにいう強制手段とは,有形力の行使を伴う手段を意味するものでなく,個人の意思を制圧し,身体,住居,財産等に制約を加えて強制的に捜査目的を実現する行為など,特別の根拠規定がなければ許容することが相当でない手段を意味するものであって,右の程度に至らない有形力の行使は,任意捜査においても許容される場合があるといわなければならない。ただ,強制手段にあたらない有形力の行使であっても,何らかの法益を侵害し又は侵害するおそれがあるのであるから,状況のいかんを問わず常に許容されるものと解するのは相当でなく,必要性,緊急性なども考慮したうえ,具体的状況のもとで相当と認められる限度において許容されるものと解すべきである。」とした。

以上のように,個人の意思の制圧と身体,住居,財産等の制約を並列的にとらえ,いずれも強制処分とした点で,従来の考え方に基づいて強制処分を定義したが,「有形力」の行使そのものを強制処分の基準とはせず,当該行為の必要性,緊急性などを相当性という観点から総合的に評価して,強制か否かを判断するというものである。「有形力」の行使という概念をもちだすことで,任意処分の幅を広げ,有形力があっても強制処分ではない場合を認めるとともに,強制処分と任意処分の区別を曖昧なものとしている。また,このような解釈では,事後的に裁判所が任意か強制かの判断を,事件の重大性や被害者の数,証拠としての必要性等を総合的に加味しながら行うことになり,違法捜査があっても総合衡量によって任意性が肯定されることもありえ,事件が重大であればあるほど,その当該捜査の必要性や緊急性も高まり,後の裁判所の判断によって違法性が治癒されかねないものとなる。任意捜査か強制捜査かの判断は,現場の捜査官や行為の対象となる被処分者が認識できていなければならず,裁判所が,それぞれの事件ごとその判断基準を変えてしまうことは,基準が存在しないのと同様で,殊に被疑者の防御権を著しく侵害するおそれがある。

3●── 捜査の端緒

3-1 意　義

犯罪捜査は，どのような経緯により開始されるのだろうか。捜査機関が犯罪ありと思料するに至った原因や理由を**捜査の端緒**と呼ぶ。捜査の端緒は，捜査機関自らが捜査を感知して捜査が開始される場合と，捜査機関以外の者が犯罪を感知して，捜査機関に届け出ることで捜査が開始される場合に分けられる。これらは，根拠規定の違いに基づいてさらにいくつかに区分される。

前者については，第1に，行政法規に根拠をもつ活動である。これはいわゆる行政警察活動といわれている。職務質問，車輛の停止等がこれにあたる。第2に，行政警察活動の発展型として，根拠規定に争いがある活動であり，いわゆる所持品検査や自動車検問がこれにあたる。第3に，法に根拠規定をもつ活動で，検視や現行犯などがこれにあたる。また，特段根拠規定に基づく活動ではないが，新聞や雑誌，風説などにより捜査機関が捜査を開始する場合もある。後者は，法規に根拠をもつ告訴，告発，請求，自首と法規に根拠をもたない被害届，投書などがこれにあたる。

3-2 行政警察活動と司法警察活動

警察活動は，行政警察活動と司法警察活動に分けられる。捜査の端緒の中で，犯罪が未だ認知されていない段階での警察活動を**行政警察活動**という。警察が犯罪を認知した以降は，**司法警察活動**ということになるので，両方の活動は連動しているということができる。そのため，各警察活動をめぐっては，活動の目的や根拠規定，権限行使の範囲，適正手続等の点で問題を孕む。

両方の活動の中で特に，問題になるのが行政警察活動である。行政警察活動とは，個人の生命等の保護，犯罪の予防・鎮圧，公安の維持という，行政目的を達成するための警察活動である。これは犯罪を警察が認知した後に行われる証拠の収集や保全など司法目的を達成するための司法警察活動とは区別される。行政警察活動も行政行為であるので，その活動には根拠規定が必要となるとともに，日本国憲法31条の適正手続の保障の適用を受けることになる。行政警察活動は，当該個人に向けられる権力的な作用であり，それが将来の犯罪捜査に発展する可能性があり，個人の人権を不当に侵害するおそれがあるからである。したがって，犯罪捜査において被疑者等の人権を可能な限り尊重することを目的とする「任意捜査の原則」が適用される。さらに，警察権の発動にあたって順守すべき警察比例の原則等が準用され，個別事案では，緊急性，必要性，相当性の要件が個々検討される必要があるとされる。以下では，行政警察活動の中でも根拠規定や権限の行使の在り方で問題になる事柄をいくつか取り上げることにしよう。

3-3　職務質問

警職法２条１項は，「警察官が，異常な挙動その他周囲の事情からして何等かの犯罪を犯し，若しくは犯そうとしていると疑うに足りる理由のある者などを停止させて質問することができる。」とした。一定の場合には，**職務質問**するために，付近の警察署に同行することができる。これがいわゆる**任意同行**である。こうした活動は，行政法規としての警職法に根拠をもつもので，すでに述べたように任意捜査の原則の適用も受けることになる。

ここで問題となるのは，「停止の際の有形力の行使の限界」である。公共の安全と秩序を維持することを目的する警察活動の中には権力的な作用として実力の行使を伴う場合がしばしば存在する。有形力の行使がそれであり，強制手段には至らないまでも一定程度の実力の行使がどこまで許されるかという問題である。

判例は，「個人の自由意思が制圧されたといえる程度に達すればもはや任意とはいえまい」とする（最決昭51年３月16日刑集30巻２号187頁）。では，どのような状況であれば「自由意思が制圧された」といえるかである。この任意性の判断において裁判所が事件の重大性などを加味しながらケース・バイ・ケースで判断基準を変えてしまうことがあってはならない。後に裁判でその任意性が問題になった場合には，検察側でそれを十分に証明できなければ任意性を否定するというのが司法のとるべき姿勢ではないだろうか。

3-4　所持品検査

所持品検査は職務質問の一環として実施される場合がほとんどである。ここで問題となるのは，承諾のないのに携帯するカバン等の外部に触れたり，所持品を開示し，内容物を取り出し，検査する行為である。所持品検査は職務質問に付随する行為とすれば，所持人の承諾が前提となる。他方で，犯罪の予防鎮圧という行政目的達成のためにはどの程度の権限行使が認められるかが問題となる。

この点について判例は，所持品検査の必要性，緊急性，これにより侵害される個人の法益と保護される公共の利益との権衡等を考慮し，具体的状況のもとで相当と認められる場合のみ許されるとした（最決昭53年6月20日刑集32巻4号670頁）。この考え方では，許される行為と許されない行為の基準が明らかでなく，現場の警察官にとって任意性の判断はきわめて困難となる。もし，裁判所が違法と思料できるような行為を総合衡量により適法とすれば，違法な所持品検査をますますエスカレートさせてしまうおそれがあるだろう。

3-5　自動車検問

自動車検問は，特定車輌に対する検問と不特定車輌に対する検問に分けられる。特定車輌に対する検問は，逮捕の一環として被疑者が乗車する自動車を追尾するとか，交通違反車両を停止させる行為などがそれにあたる。これらの行為は，一般に根拠規定のある適法な行為とされる。

問題となるのは不特定車輌に対する検問である。当該検問も以下の3つに分けられる。第1に，特定の犯罪捜査の一環として行われる緊急配備検問である。第2に，不特定の一般犯罪の検挙を目的とする警戒検問である。第3に，不特定の交通違反に対する検問である交通検問である。これらの検問は特に犯罪を犯したと疑うに足りる相当な理由なしに停止させる行為なのでそのようなことが許されるのかどうかが問題となる。

この法的根拠については，警察法2条1項を根拠とする考え方があるが，警察法は警察組織に関する法規であることから批判が多い。他方で，警職法2条1項を根拠とする考え方がある。交通検問を職務質問の一形態とみるわけである。これについても理論上問題がある。というのは職務質問自体，異常な挙動その他犯罪を犯そうとする，あるいは犯した疑いのある者を停止させて質問する行為だからである。交通検問では，その点を確認するために車輌を停止させるわけだから，確認のための停止行為となり説明がつかない。日本国憲法31条の適正手続条項を根拠とするという考え方もあるが，法的な根拠が定かではない交通検問に無理に根拠を与えようとしたものであり論理的な整合性に欠ける。現状のままでは違法と言わざるをえないが，憲法適合性を十分に加味した上で立法的な解決が望まれる。いずれにせよ不特定車輌に対する検問は，任意処分として認められるに過ぎないので，運転者の自由な意思や行動を制約する形で行われる場合は違法な検問ということになる。

3-6 検　　視

検視とは，変死またはその疑いのある死体について，その状況を五官の作用で見分することをいう。検視の対象とは，犯罪と密接に関係があると思われる死体である。これも犯罪の嫌疑の有無を捜査機関が見極めるという点で，捜査の端緒とされる。検視を行うことができるのは原則として検察官に限られているが，検察事務官や司法警察職員に検視を代行させることができる。検視にあたっては令状は不要である。医師の立ち会いは必要に応じて認められる。また，住居主の同意を得て，死体がおかれている場所に立ち入ることができる。この場合にも令状は不要とされている。

3-7 告訴・告発・請求

告訴とは，犯罪の被害者および犯罪被害者と一定の関係のある者が捜査機関に対して犯罪の事実を申告するとともに，犯人の訴追を求める意思表示をいう。いわゆる「被害届」は犯罪事実の申告であるが，告訴と「被害届」は，訴追の意思の有無で区別される。告訴権者は犯罪の被害者および被害者の法定代理人である。一定の場合には被害者の親族，被害者が死亡している場合には被害者の配偶者・直系親族・兄弟姉妹等ということになる。告訴の方法は，書面または口頭によって検察官または司法警察職員に対して行う。告訴は，親告罪との関係では特に重要である。すなわち，親告罪においては，告訴は訴訟条件であり，検察官は告訴なくして親告罪を訴追することはできない。告訴は，口頭または書面をもって，司法警察員または検察官に対して行うことになっている。

告発とは，告訴権者及び犯人以外の者が，犯罪事実を申告し，訴追を求める意思表示である。告訴との違いは，主体に限定のない点である。告発の方式や手続きは，告訴の場合と同様であるが，代理人による告発，または告発期間の制限はない。

請求とは，告訴・告発に類似する制度である。特定の機関（刑法92条の外国政府など）が捜査機関に対して犯罪事実等を申告し，訴追を求める意思表示である。

3-8 自　首

自首とは，犯罪を犯した者が，捜査機関により認知される以前に，自ら進んで捜査機関に対して自己の犯罪を申告し，捜査機関の処分に委ねる意思表示である。自首は，刑法上の減刑事由にあたり，告訴・告発に準じた処理が行われる。逮捕・勾留されている被疑者が余罪の取調べ中に自白しても自首には当たらないとするのが判例の立場である（東京高判昭55年12月８日刑月12巻12号1237頁）。

その他，警察は市民から幅広く情報を集めたり，労働運動，市民運動等大衆運動に対する警備活動を通じて犯罪を認知する。警察は，これら捜査の端緒をきっかけとして，犯罪捜査を開始することになる。

＊1　小田中聰樹『刑事訴訟法の史的構造』有斐閣，1986年，10頁以下。
＊2　横山晃一郎『憲法と刑事訴訟法の交錯』成文堂，1977年，311頁以下。
＊3　平野龍一『刑事訴訟法（法律学全集43）』有斐閣，1958年，83頁以下。
＊4　渥美東洋「捜査における利益較量」平場安治ほか編『団藤重光博士古稀祝賀論文集　第４巻』有斐閣，1985年，126頁以下。
＊5　田宮裕『捜査の構造』有斐閣，1971年，281頁以下。
＊6　福井厚『刑事訴訟法講義〔第３版〕』法律文化社，2007年，88頁以下。
＊7　井戸田侃『刑事訴訟法要説』有斐閣，1993年，23頁以下。
＊8　後藤昭『捜査法の論理』岩波書店，2001年，35頁以下。
＊9　松尾浩也『刑事法学の地平』有斐閣，2006年，188頁。

（春日　勉）

第4章

身体拘束・取調べ

◉ Introduction

被疑者は，身体拘束の有無にかかわらず捜査機関の取調べを受けるが，黙秘権など憲法が保障する防御権を行使できているのだろうか。そもそもそれらを行使できる環境は整えられているのだろうか。本章では，特に別件逮捕・勾留，取調べ受忍義務，接見禁止の歴史[*1]を振り返ることでみえてくる身体拘束・取調べの問題からそのことを考えよう。

1●── 逮捕・勾留

1-1 逮　捕

(1) 逮捕の種類

逮捕とは，被疑者の身体を短時間拘束することをいう。憲法33条は，「何人も，現行犯として逮捕される場合を除いては，権限を有する司法官憲が発し，且つ理由となつてゐる犯罪を明示する令状によらなければ，逮捕されない」と定める。これを**令状主義**という。逮捕は，**通常逮捕**（憲33条，刑訴199条），**現行犯逮捕**（憲33条，刑訴213条），**緊急逮捕**（刑訴210条）の3種類がある。

通常逮捕は，裁判官が事前に発付した逮捕状による逮捕のことである。逮捕は，検察官，検察事務官，司法警察職員がすることができる（199条1項）。逮捕状は，検察官と司法警察員（国家公安委員会または都道府県公安委員会が指定する警部以上の者）のみ請求することができる（同条2項）。逮捕状は，書面で請求しなければならない（規139条）。裁判官が逮捕状を発付する要件は2つあり，逮捕の理由（被疑者に罪を犯したことを疑うに足りる相当な理由があること）があること（199条1項）および逮捕の必要性があることである（199条2項ただし書）。逮捕の必要性は，被疑者の年齢・境遇・犯罪の軽重・態様その他諸般の事情，逃亡のおそれ，罪証隠滅のおそれから判断される（規143条の3）。軽微な犯罪（30万円以下の罰金・拘留・科料に当たる罪）については，被疑者が住居不定または正当な理由がなく捜査機関の出頭要求に応じない場合に限り逮捕が許される（199条1項ただし書）。通常逮捕の場合，被疑者に逮捕状を示さなければならないが（201条1項），急速を要するときの緊急執行が例外的に認められる（同条2項）。

現に罪を行い，または現に罪を行い終った者を**現行犯人**といい（212条1項），①犯人として追呼されているとき，②贓物または明らかに犯罪の用に供したと思われる兇器その他の物を所持しているとき，③身体または被服に犯罪の顕著な証跡があるとき，④誰何されて逃走しようとするときのいずれか1つに該当する者が罪を行い終ってから間がないと明らかに認められるときは，現行犯人とみなされる（同条2項。これを**準現行犯人**という）。現行犯人は，何人でも，逮捕状なく逮捕することができる（**現行犯逮捕**。213条）。憲法は，現行犯逮捕を令状主義の例外として認めるが（憲33条），それが許されるのは，犯人であることが明らかなために誤認逮捕の可能性が小さく，逃亡や罪証隠滅のおそれから速やかに逮捕する必要性があるためと考えられている。軽微な犯罪（30万円以下の罰金・拘留・科料に当たる罪）の現行犯については，被疑者の住居もしくは氏名が明らかでない場合または逃亡するおそれがある場合に限り逮捕が許される（217条）。私人が現行犯人を逮捕したときは，直ちに犯人を検察官または司法警察職員に引き渡さなければならない（214条）。現行犯逮捕も逮捕の必要性を要件とする（大阪高判昭60年12月18日判時1201号93頁）。

捜査機関は，死刑または無期もしくは長期3年以上の拘禁刑にあたる罪を犯したことを疑うに足りる十分な理由がある場合で，急速を要し，裁判官の逮捕状を求めることができないときは，被疑者を逮捕することができる。これを**緊急逮捕**という。この場合，直ちに裁判官の逮捕状を求める手続をとり，逮捕状が発付されないときは直ちに被疑者を釈放しなければならない（210条1項）。緊急逮捕を最高裁は合憲とする（最大判昭30年12月14日刑集9巻13号2760号）が，憲法33条が通常逮捕と現行犯逮捕しか規定していないことに依拠すると合憲とは言い難い。

⑵ 逮捕後の手続

以下の通常逮捕後の手続は，緊急逮捕と現行犯逮捕の場合にも準用される（211条，216条）。検察事務官が逮捕したときは検察官に，司法巡査が逮捕したときは司法警察員に，直ちに被疑者を引致しなければならない（202条）。司法警察員は，被疑者を逮捕したときや逮捕された被疑者を受け取ったときは，被疑者に直ちに犯罪事実の要旨と**弁護人依頼権**を告げた上で，弁解の機会を与えなければならない（203条1項前段）。これらの告知は，憲法34条の要請である。司法警察員は，留置の必要がないと判断したときは直ちに釈放し，留置の必要があると判断したときは被疑者が身体を拘束されたときから48時間以内に書類および証拠物とともに被疑者を検察官に送致しなければならない（203条1項後段）。送致された被疑者を受け取った検察官は，弁解の機会を与え，留置の必要がないと判断したときは直ちに釈放し，留置の必要があると判断したときは被疑者を受け取ったときから24時間以内に，裁判官に被疑者の勾留を請求しなければならない（205条1項）。勾留請求には時間制限があり，被疑者が身体を拘束された時から72時間を超えることができない（同条2項）。時間の制限内に公訴を提起したときは，勾留請求は必要ない（同条3項）。勾留請求も公訴提起もしないときは，直ちに被疑者を釈放しなければならない（同条4項）。検察官は，被疑者を逮捕したときや検察事務官から被疑者を受け取ったときに，上述した司法警察員と同様の手続をとる（204条1項前段）。留置の必要がないと判断したときは直ちに釈放し，留置の必要があると判断したときは，被疑者の身体を拘束してから48時間以内に勾留請求か公訴提起をしなければならない（204条1項後段）。

刑訴法は，逮捕後の留置場所について定めていない。実際には，検察官が逮捕した場合は刑事施設（刑事収容3条2号）に収容され，警察官が逮捕した場合は都道府県警察に設置された**留置施設**（刑事収容14条2項1号）に収容されている。なお，勾留状の発付（207条5項）等に対する不服申し立ては刑訴法に定めがあるが（429条1項2号），逮捕状の発付に対する不服申し立ての規定はない。

1-2 勾　留

被疑者・被告人についてさらに継続して身体を拘束するためにする裁判とその執行を**勾留**という。被疑者に対する勾留は，刑訴法60条以下の被告人に対する勾留の規定が準用される（207条1項）。被疑者に対する勾留は，必ず逮捕後になされなければならない（これを**逮捕前置主義**という），検察官の請求による（204条1項，205条1項，206条1項），保釈が認められない（207条1項ただし書），勾留期間が短い（208条，208条の2），接見指定が可能（39条3項）などで被告人に対する勾留と異なる。本章では，被疑者の勾留について取り上げる。

(1) 勾留の要件

刑訴法87条1項は，勾留の理由または勾留の必要がなくなったときに，裁判所に勾留を取り消すよう求める。勾留の理由とは，被疑者に罪を犯したことを疑うに足りる相当な理由があり（207条1項・60条1項本文），次の3つのうちいずれか1つに該当することを意味する。①定まった住居を有しない，②罪証を隠滅すると疑うに足りる相当な理由がある，③逃亡しまたは逃亡すると疑うに足りる相当な理由がある（207条1項・60条1項1～3号）。勾留の必要とは，勾留の相当性をいい，事件の性質や被疑者の事情などを考慮して判断される。例えば，60条1項1号に該当して勾留の理由はあるが，確実な身元引受人があり公判期日への出頭が確保されているとして被疑者を勾留するまでの必要性はないとした下級審判例がある（東京地決昭43年5月24日判タ222号242頁）。

(2) 勾留質問，勾留期間，勾留場所

勾留の請求を受けた裁判官は，被疑者に対して被疑事実を告げて被疑者の陳述を聴いた後でなければ勾留をすることができない（207条1項・61条）。この**勾留質問**の後，裁判官は，勾留の理由があると認めるときは速やかに勾留状を発付する。一方，勾留の理由がないと認めるときや検察官の勾留請求の遅延がやむをえない事由に基づく正当なものであると認められないときは，勾留状を発付せずに直ちに被疑者の釈放を命じなければならない（207条5項）。

被疑者に対する勾留期間は，検察官が勾留を請求してから公訴を提起するまでの10日間である（208条1項）。検察官の請求に基づいて裁判官が「やむを得ない事由」があると認めるときは，さらに10日以内の延長をすることができる（208条2項）。なお，内乱に関する罪・外患に関する罪・国交に関する罪・騒乱の罪については，10日に加えてさらに5日間まで延長が可能である（208条の2）。判例によれば「やむを得ない事由があると認めるとき」とは，事件の複雑・困難や，証拠収集の遅延・困難等により勾留期間を延長してさらに取調べをしなければ起訴・不起訴の決定をすることが困難な場合をいう（最判昭37年7月3日民集16巻7号1408頁）。

被告人に対する勾留期間は公訴の提起があった日から2か月であり，1か月ごとの更新が可能である（60条2項本文）。被告人が死刑・無期・短期1年以上

の拘禁刑に当たる罪を犯したとき，被告人が常習として長期３年以上の拘禁刑に当たる罪を犯したとき，被告人が罪証を隠滅すると疑うに足りる相当な理由があるとき，被告人の氏名または住居がわからないときには更新を繰り返すことができる（60条２項ただし書）。

裁判官は，勾留状に勾留すべき刑事施設を記載する（207条１項・64条１項）。刑事収容施設法は，刑事施設に代えて都道府県警察の留置施設に収容できるとするため（**代用刑事施設**。刑事収容３条３号，15条１項１号），被疑者は逮捕後の留置施設にそのまま勾留されることが多く，起訴後に拘置所に移送されている。代用刑事施設は，被疑者を捜査機関の下に留め置いて長時間の取調べを可能にすることで自白を強要し，接見交通権を侵害する懸念がある。これは刑事収容施設法の前身である監獄法における代用監獄問題を引き継いでいる。しかし，「拘置所では（土）日，夜間の接見が困難である一方，警察留置場では休日も夜間も面会でき，弁護士にとっても便利だという状況が固定化し，弁護士会内部でも，本音で代用監獄の廃止を目指すといいにくい雰囲気も生まれてしまった[*2]」。代用刑事施設（代用監獄）廃止の運動は下火となっている。

⑶ 勾留からの救済

起訴後の勾留には保釈が認められる（88条１項以下）。保釈とは，保釈金の納付により釈放し，公判期日に出頭しなければ保証金を返還しないとして出頭を確保する制度である。保証金は，犯罪の性質・情状・証拠の証明力・被告人の性格・資産を考慮して，被告人の出頭を保証するに足りる相当な金額が定められる（93条２項）。2023年の刑訴法改正により，裁判所は保釈の際，国外への逃亡を防止するため，被告人に位置測定端末の装着を命じることが可能になった（令和５年法律第28号。令和５年５月17日公布。公布から５年以内に施行される）。

逮捕に伴い72時間すなわち３日間にわたり身体を拘束された被疑者は，引き続き勾留されると10日，さらに延長されると10日，身体を拘束される。つまり，起訴までの身体拘束は23日間に及ぶ。起訴前の勾留には保釈は認められておらず（207条１項ただし書），この間，被疑者は身体の拘束を解かれることがない。起訴後の勾留には保釈が認められるが，被告人が無罪を主張した場合，身体拘束は長期化する。日本弁護士連合会によると，「無罪を主張している被告人の９割前後が，起訴後１か月を超えても保釈されず，保釈されないまま第１

回公判期日を迎えているのが現状である[*3]」。

勾留された被疑者・被告人は，裁判官に勾留の理由について開示を求めることができる（207条1項・82条）。逮捕のところで述べたように，勾留状の発付等に対する不服申し立てが可能である（429条1項2号）。この不服申し立てを**準抗告**と呼ぶ。日本弁護士連合会編著『弁護士白書2022年版』によると，2021年に勾留請求がなされた者は8万7380人であり，そのうち勾留請求を許可された者が8万3815人である（勾留の却下率は4.1％[*4]）。いまなお司法の抑制機能が十分に働いているとはいえない。

1-3　歴史から別件逮捕・勾留の問題を考える

逮捕・勾留は，逮捕状・勾留状に記載される被疑事実ごとに行われる。これを**事件単位の原則**という。同一の被疑事実については，逮捕・勾留は原則として1回しか許されない（**一罪一逮捕・一勾留の原則**。**逮捕・勾留の一回性の原則**）。同一の被疑事実を分割して複数の逮捕・勾留をすることはできず（**分割逮捕・勾留の禁止**），逮捕・勾留を繰り返すことはできない（**再逮捕・再勾留の禁止**）。これらが許されるとすれば，刑訴法が先にみたような身体拘束に関する時間制限を規定した意味がなくなってしまうためである。

別件逮捕・勾留とは，「専ら，いまだ証拠の揃つていない『本件』について被告人を取調べる目的で，証拠の揃つている『別件』の逮捕・勾留に名を借り，その身柄の拘束を利用して，『本件』について逮捕・勾留して取調べるのと同様な効果を得ることをねらいとしたもの」（最決昭52年8月9日刑集31巻5号821頁）である。別件（軽微な事件）での身体拘束中に本件（重大な事件）を取り調べてその自白を得ることで，本件の逮捕状・勾留状を入手しようとする犯人を決めつけて行われる捜査（いわゆる見込み捜査）でみられる手法である。「被疑者の身柄拘束は，形式的には他事実に原因しているけれども，実質的にはその身柄拘束はもつぱら本命たる被疑事実の捜査に向けられているのであつて，かような捜査方法は，不当な見込捜査であつて，逮捕の理由となつた犯罪を明示する令状を保障した憲法33条，抑留・拘禁に関する保障を定めた同法34条の各規定をかいくぐるものであり，また憲法および刑事訴訟法において認められた捜査権行使の方法・手段の範囲を逸脱するものとして許されない」（東京地判昭45年2月26日刑月2巻2号137頁〔東京ベッド事件〕）。この判決が述べるように，別件逮捕・勾留は令状主義を潜脱し，被疑者の防御権の行使を不可能にするものであり違法である。

戦前にはこうした捜査手法が多用された。少し歴史を振り返ると，戦前の刑事手続は捜査，予審，公判の三段階で構成されていた。予審判事は検察官の起訴後に被告人を呼び出し（召喚），これに応じない場合に引致し（勾引），留置場に留め置いて（勾留と収監），強制的に訊問し，密室監禁（他人と面会し物を授受することを禁じるもの）するなどの権限をもっていた。一方，捜査機関の強制処分権は基本的に現行犯事件に限って認められたため，捜査機関は非現行犯事件について，任意処分として被疑者の取調べを行った（旧刑訴法254条で条文化に至る）。

捜査機関の強制処分権は限定されていたが，実際には，**行政執行法の検束**と**違警罪即決例による拘留**を用いて身体を拘束し，被疑者を強制的に取り調べた。行政検束とは，「泥酔者，瘋癲者自殺ヲ企ツル者其ノ他救護ヲ要スト認ムル者」（保護検束）と「暴行，闘争其ノ他公安ヲ害スルノ虞アル者」（予防検束）の身体を一時的に拘束するものである（行政執行法１条１項）。行政検束は犯罪捜査とは無関係にみえるが，逮捕できるような証拠がない場合に身体を拘束して自白を強要する手段として利用された。しかも「検束ハ翌日ノ没後ニ至ルコトヲ得ス」（行政執行法１条２項）との定めについて，警察は「連続検束（蒸し返し），盥廻わし，引戻検束」[*5]という方法により長期の拘束を正当化した。加えて，違警罪即決例に定められる警察署長の拘留は，警察犯処罰令１条３号の「一定の住居又は生業なくして諸方に徘徊する者」という規定などを使って濫用された。29日の拘留を３度蒸し返された例も多数ある。[*6]

現代の別件逮捕・勾留は，長期にわたる身体拘束を可能とする捜査手法という点で，以上にみた戦前の捜査手法に通じるものである。このように歴史をみると別件逮捕・勾留が許されないものであることがわかる。

2●――取調べ

2-1　被疑者の取調べと参考人の取調べ

取調べとは，検察官，検察事務官または司法警察職員（以下，「捜査機関」という）が捜査のために必要があるときに，被疑者および被害者や目撃者など被疑者以外の者に対して供述を求める捜査活動をいう。被疑者の取調べについて刑訴法は次のように定める。捜査機関は，「犯罪の捜査をするについて必要があるときは，被疑者の出頭を求め，これを取り調べることができる。但し，被疑者は，逮捕又は勾留されている場合を除いては，出頭を拒み，又は出頭後，何時でも退去することができる」(198条1項)。ただし書からすると，逮捕・勾留されているか否かが出頭義務と取調室における滞留義務（これを**取調べ受忍義務**という）を左右するようにみえる。事実，捜査実務は刑訴法198条1項ただし書の反対解釈を根拠に，逮捕・勾留されている者に取調べ受忍義務があると考えている。一方，学説は憲法38条に基づきそれを否定するのが大勢である。また，被疑者以外の者に対する取調べ（参考人の取調べという）については，刑訴法223条1項が定める。

被疑者の取調べについては，**黙秘権**による事前規制（198条2項）および**自白法則**による事後規制がある（319条1項）。まず，前者についてみていこう。捜査機関は被疑者を取り調べる際に，あらかじめ，自己の意思に反して供述をする必要がない旨を告げなければならない（198条2項）。これを**供述拒否権**の告知（または黙秘権の告知）という。被疑者の供述は，調書に録取することができる（198条3項）。これを**供述録取書**（または供述調書）という。捜査機関は，供述録取書を被疑者に閲覧させるか読み聞かせて誤りがないかどうかを問い，被疑者が増減変更（つまり訂正）の申立をしたときは，その供述を調書に記載しなければならない（198条4項）。被疑者が調書に誤りがないと申し立てたときは捜査機関は署名・押印を求めることができるが，被疑者はそれを拒んでもよい（198条5項）。次に，自白法則についてみていこう。取調べで作成された被疑者の自白調書は，公判廷において証拠として使用されうる（322条）。憲法によれば，強制・拷問・脅迫による自白または不当に長く抑留・拘禁された後の自白は証拠とすることができない（憲38条2項）。さらに刑訴法により，任意性に疑いのある自白も証拠から排除される（319条1項）。なお，検察官は捜査段階における自白調書の任意性を立証するため，被疑者の取調べを録音・録画したDVD等の証拠調べ請求を行っており，最高検察庁の検証結果によれば，裁判所はその多くを証拠採用している。[*7]

捜査機関は参考人の供述も調書に録取し，署名・押印を求めることができる（223条2項）。司法警察職員が録取した署名・押印がある参考人供述調書（**員面**

調書，3号書面と呼ばれる）は，次の3つの要件をみたす場合に証拠能力が認められる。①供述者が死亡するなどして公判廷で供述できないとき，②その供述が犯罪事実の存否の証明に欠くことができないものであるとき，③その供述が特に信用すべき情況の下にされたものであるとき（321条1項3号）。一方，検察官が録取した署名・押印がある参考人供述調書（**検察官面前調書**，**検面調書**，**2号書面**と呼ばれる）は，供述者が死亡するなどして公判廷で供述できないときに証拠能力が認められるだけでなく，公判廷で前の供述と相反したり実質的に異なった供述をしたりしたときで，前の供述を信用すべき特別の情況があれば証拠能力が認められる（321条1項2号）。このように，員面調書と比べて検面調書の要件が緩やかであることから検面調書は証拠能力が認められやすい。しかし，**公判中心主義**の観点からこれには問題がある。

2-2　逮捕・勾留されていない被疑者の取調べ

捜査機関は犯罪の捜査の必要があるときは，被疑者・参考人に対して警察署等の取調べ場所に出頭を求め，取り調べることができる（198条1項，223条2項）。捜査機関は被疑者等の自宅や職場に赴いて出頭を要請し，これを承諾した被疑者等を警察署等に同行する（**任意同行**）。任意同行が同行を求めた場所・方法・態様・時刻・同行後の取調べの状況等からみて，実質的な逮捕にあたるときは，無令状逮捕に他ならず違法である。東京高判昭54年8月14日刑月11巻7・8号787頁は，任意同行が逮捕と同一視できる程度の強制力を加えられていたものであり，実質的には逮捕行為にあたる違法なものとした。また，富山地決昭54年7月26日判時946号137頁は，任意同行後の取調べについて，事実上の看視付きであったこと，午前8時頃から翌日の午前零時頃まで長時間に及んだこと，通常は遅くとも夕食時には帰宅したいとの意向をもつと推察されるにもかかわらずその意思を確認しなかったことから，少なくとも夕食時である午後7時以降の取調べは実質的には逮捕状によらない違法な逮捕であったとした。

実質的には逮捕と認められる場合，それに引き続いてなされた勾留請求は認められるか否か。前掲・東京高判昭54年8月14日は，実質的逮捕の時点で緊急逮捕の理由・必要性があり勾留請求の制限時間にも逸脱がないことから，問題ないとした。一方，前掲・富山地決昭54年7月26日は，「実質逮捕の時点から計算しても制限時間不遵守の問題は生じないけれども，約5時間にも及ぶ逮捕状によらない逮捕という令状主義違反の違法は，それ自体重大な瑕疵であって，制限時間遵守によりその違法性が治ゆされるものとは解されない」として，勾留請求却下に対する準抗告の申立てを却下した。令状主義の原則に即した判決である。

実質的に逮捕にあたらないとしても，取調べが長時間に及んだり宿泊を伴うものであったりする場合，任意捜査として許容されるのかという問題がある。これについて最高裁は事案の性質等諸般の事情を考慮して，社会通念上相当と認められる方法・態様・限度において許されるとしている。殺人事件の被疑者を捜査官の手配した宿泊施設に4泊させ，連日長時間にわたり取調べを続行した事案であっても，「任意捜査として許容される限界を越えた違法なものであつたとまでは断じ難い」としている（最決昭59年2月29日刑集38巻3号479頁〔高輪グリーンマンション事件〕）。一方，東京高判平14年9月4日判時1808号144頁は，任意同行後宿泊施設に連続して9泊し，10日間にわたって厳重な監視下で連日長時間の取調べを受けざるをえなかった事案について，被疑者が殺人事件の重要参考人であることなどを考慮しても，「本件の捜査方法は社会通念に照らしてあまりにも行き過ぎであり，任意捜査の方法としてやむを得なかったものとはいえず，任意捜査として許容される限界を越えた違法なものである」としている。このように，「社会通念」から違法と判断する裁判例もあるが，「社会通念」とはあまりにも漠然としている。

2-3　逮捕・勾留されている被疑者の取調べ

逮捕・勾留された被疑者に，出頭・滞留義務（取調べ受忍義務）があるか否か。実務と学説とで大きく見解が異なる。刑訴法198条1項ただし書の反対解釈を根拠に，取調べ受忍義務を肯定する下級審裁判例があり（東京地決昭49年12月9日刑月6巻12号1270頁），最高裁は傍論ではあるが，「身体の拘束を受けている被疑者に取調べのために出頭し，滞留する義務があると解することが，直ちに被疑者からその意思に反して供述することを拒否する自由を奪うことを意味するものでないことは明らかである」と述べている（最大判平11年3月24日民集53巻3号514頁）。こうしたことから捜査実務は取調べ受忍義務を肯定する。一方，学説の多くは，黙秘権を保障する憲法38条1項を侵害することを理由に取調べ受忍義務を否定する。被疑者の取調べは，黙秘権と自白法則による規制が働くからこそ任意処分として許容されるものである。これらの規制を機能させるために，取調べ受忍義務は否定されよう。

2-4 取調べの可視化

大阪地検特捜部の証拠改ざん事件（郵便不正事件）を契機とする「検察の在り方検討会議」の提言および法制審議会「新時代の刑事司法制度特別部会」の答申を受けた2016年の刑訴法の改正により，取調べの録音・録画が法制化された（他に刑事免責，司法取引の制度化がある。→column「協議合意制度と刑事免責制度」参照）。2019年6月の施行で，裁判員裁判対象事件および検察官独自捜査事件で逮捕・勾留された被疑者の取調べについて，全過程の録音・録画が義務化された（刑訴301条の2，捜査規範182条の3第1項）。こうして，取調べの録音・録画制度の対象事件で供述調書の任意性が争われたときには，検察官は取調べの状況を録音・録画した記録媒体の証拠調べ請求をしなければならないこととなった。

(1) 取調べの録音・録画制度は取調べを規制しうるか？

しかし，取調べの録音・録画が義務づけられる事件は，裁判員裁判対象事件・検察官独自捜査事件だけである。日本弁護士連合会の取調べの可視化本部によれば，それは全事件の3％未満にとどまる。[*8] 録音・録画は，逮捕・勾留されている被疑者を取り調べるときになされるため（301条の2第4項），任意同行後の取調べは録音・録画されない。起訴前勾留中の被疑者の取調べは録音・録画の対象であるため，本制度の対象外である別件（傷害）で逮捕・勾留中に本制度の対象である本件（殺人未遂）について取り調べる場合，録音・録画が義務づけられる（2015年5月27日衆議院法務委員会政府答弁。国会会議録検索システムより）。一方，起訴後勾留中の被告人の取調べは録音・録画の対象とならない（2016年4月21日参議院法務員会政府答弁。国会会議録検索システムより）。この説明からは別件起訴後勾留中の被告人を本件について取り調べる際には録音・録画の義務はないことになる。これに対して，このような場合は198条1項による取調べであるから録音・録画の義務の対象となるという見解がある。[*9] 少なくとも，本章でその問題をみてきた任意同行後の取調べは今回法制化された取調べの録音・録画では規制に限界がある。

⑵ 被疑者ノート，取調べにおける弁護人の立会い

これまで弁護士が主導して取調べ状況を可視化する取組みが進められてきた。日本弁護士連合会が2004年３月から発行し，逮捕・勾留された被疑者に弁護人が差し入れている**被疑者ノート**の活用である。ノートを読み，被疑者は刑事手続の流れ，接見交通権の意義，黙秘権，供述調書への署名押印拒否権，増減変更申立権などについて理解することができる。弁護人は，接見の際にノートを参照して取調べ状況を把握でき，自白の強要に抗議できる。**当番弁護士**がノートを刑事手続の早い段階で被疑者に差し入れることで，被疑者の防御権行使の手助けとなる。

さらに，被疑者・被告人の黙秘権（憲38条１項）や弁護人による援助を受ける権利（憲34条前段）を実質的に保障する手法として，取調べにおける弁護人の立会いが考えられる。欧州諸国では，2013年EU指令により取調べにおける弁護人立会権が保障されている。しかし，わが国では被疑者は23日間も身体を拘束され，その間，長時間の取調べを受ける。23日間にわたって弁護人が取調べに立ち会うことは困難であるから，現在の法制度を前提にすると取調べにおける弁護人の立会いは現実的ではない。例えば，弁護人立会権が認められているイギリスは，逮捕留置の平均時間は約７時間程度，被疑者の取調べはその間に通常１回の数十分から２時間程度行われるに過ぎない[*10]。要するに，日本と異なり諸国では，取調べの時間・回数が限定されているため弁護人の立会いが可能である。憲法が保障する防御権を十分に確保するために，取調べの弁護人立会いという課題からも長期の身体拘束を可能としている刑訴法を改正する必要がある。

2-5 歴史から取調べ受忍義務の問題を考える

取調べ受忍義務について，現行刑訴法の立法過程に遡って検討したい。ポツダム宣言を受託した日本は，GHQの管理下で戦後改革に取り組んだ。マッカーサーのいわゆる「５大改革指令」の第４項は，「国民ヲ秘密ノ審問ノ濫用ニ依リ絶エス恐怖ヲ与フル組織ヲ撤廃スルコト—故ニ専制的恣意的且不正ナル手段ヨリ国民ヲ守ル正義ノ制度ヲ以テ之ニ代フ[*11]」といい，刑事手続の改正を促した。GHQが要求した「秘密の審問」（「秘密の検察」とする日本語訳もある）とは，「文中の『秘密の検察』が何を指していたかは，十分に明らかではないが，おそ

らく捜査から予審にいたる公判前の段階全般，および行政執行法の運用状況などを含めて，漠然と糺問的な刑事司法のありかたを意味したものと思われる」[*12]。しかし，司法省はこれを予審の廃止に示唆を与えるものとみた。実際，司法省刑事局「司法制度改正審議会諮問事項ニ対スル方策（仮案）」，司法制度改正審議会第二諮問事項関係小委員会「犯罪捜査ニ関スル人権擁護ノ具体的方策」，具体的な立案作業を担った司法省刑事局別室「改正要綱案」は，予審の廃止と捜査機関への強制捜査権の付与という内容を含んだ。

憲法の制定に関与したGHQ民生局のラウエルが作成した2つの文書を参照して，GHQが日本に求めた刑事手続の改革の内容を確認しよう。1945年12月6日付「レポート・日本の憲法についての準備的研究と提案」は，令状主義，事後処罰の禁止，無罪推定原則，弁護人依頼権，迅速・公開裁判を受ける権利，二重の危険の禁止，黙秘権，暴力・強制・誘導による自白の証拠採用の禁止，共犯者の証言に補強証拠を要することなどを憲法で保障するものとした[*13]。さらに，ラウエルは，憲法研究会が発表した「憲法草案要綱」における国民の権利および義務のうち刑事手続に関する規定が拷問の禁止のみにとどまり，取調べを規制する条文がないことを捉えて，1946年1月11日付「幕僚長に対する覚え書き〔案件〕私的グループによる憲法改正草案に対する所見」で次のような問題を提起している。「日本では，個人の権利の最も重大な侵害は，種々の警察機関，とくに特別高等警察および憲兵隊の何ら制限されない行動並びに検察官（検事）の行為を通じて行なわれた。あらゆる態様の侵害が，警察および検事により，一般の法律の実施に際し，とりわけ思想統制法の実施に際して，行なわれた。訴追されることなくして何ヵ月も何年間も監禁されることは，国民にとって異例のことではなく，しかもその間中，被疑者から自白を強要する企てがなされたのである」[*14]。その後GHQが日本政府に提出した憲法改正草案（マッカーサー憲法草案）は，刑事手続に関する詳細な規定をおいた。これに基づき日本政府は手続を進めて1946年11月3日，日本国憲法の公布に至った。こうして憲法は31条以下に刑事手続に関する詳細な規定をもった。

司法省刑事局別室の刑事訴訟法改正案第1次案は，捜査機関に，被疑者を召喚，勾引，勾留，訊問する権限を与えた。第6次案は，捜査機関は「犯罪の捜査をするについて必要があるときは，被疑者を召喚し，且つこれを尋問することができる」と捜査機関の被疑者尋問権を定めた（256条）。それが，応急措置法の施行後に再開した改正作業で起案された第７次案では，「召喚」が「呼び出し」に，「尋問」が「取り調べ」に代わった（256条）。日本側がGHQに提出した最終案である第９次案172条もこれを継承した。資料がなく，第７次案の文言の変更理由は明らかでない。強制尋問権は黙秘権などを保障する憲法の趣旨に反するとして断念されたのだろうか。ともかく条文案から姿を消したことで，司法省が求めていた捜査機関への強制尋問権の付与は実現しなかった。

刑事訴訟法改正小審議会において第９次案に基づくGHQとの交渉が始まり，刑事訴訟法改正協議会ではGHQが提出した「プロブレムシート」に依拠して協議が進行し修正案が作成された。その後の審議を経て1948年５月24日，刑訴法を改正する法律案が国会に提出されるに至った。

それでは，被疑者の取調べに関するGHQの担当者（ブレークモア）の発言をみよう。*15 ブレークモアは1948年４月22日の刑事訴訟法改正協議会において，検察官と警察官の取調べについて，「すべての被訊問者は答を拒絶する権利を有し，若し逮捕されていない場合には，何時でも退去することができる」との規定を設けることを提案した（ブレークモア氏提出協議問題〔第５問および第10問修正１〕）。この「若し逮捕されていない場合には」は，現行刑訴法198条１項ただし書きの「逮捕又は勾留されている場合を除いては」の原型である。これが取調べ受忍義務を含意するのかというと，ブレークモアは同年４月17日の刑事訴訟法改正協議会において，「検察官や警察官の調を受ける者は誰でも断つて出て行く権利があるが，強制の処分を受けた被疑者には出て行く権利はないということである」と述べている（刑事訴訟法改正協議会議事録〔第４回〕）。

以上の立法過程をみて，198条１項ただし書「逮捕又は勾留されている場合を除いては」は，逮捕状によって身体を拘束されているのだからその者には当然そこから出て行く権利がないという意味であり，したがって，そこに被疑者が取調べに応じることを義務づける趣旨を読み込むことはできないということがわかる。この立法過程および上述のラウエルが作成した文書にある取調べを規制する憲法の趣旨により，取調べ受忍義務は否定される。

3●—— 被疑者・被告人の防御権

当事者主義を採用する刑訴法のもと，被疑者・被告人は，圧倒的な力をもつ捜査機関と対峙する。当事者という地位にふさわしいものであるためには，憲法が定める**黙秘権**や**弁護人依頼権**などが実質的に保障されなければならない。

3-1 黙 秘 権

憲法38条1項は，「何人も，自己に不利益な供述を強要されない」と定める（**黙秘権**の保障）。「自己に不利益な供述」とは，自己が刑事責任を負うおそれのある供述をいう。刑訴法は，「何人も，自己が刑事訴追を受け，又は有罪判決を受ける虞のある証言を拒むことができる」（146条）と定めて，被疑者・被告人に，供述を拒否して終始沈黙することができる権利（**包括的黙秘権**）を保障する（198条2項，291条4項，311条1項）。

3-2 弁護人依頼権

何人も，弁護人に依頼する権利を与えられなければ，身体の拘束を受けない（憲34条。**弁護人依頼権**）。被告人は，いかなる場合にも弁護人に依頼することができる（憲37条3項）。旧刑訴法は被告人のみに弁護人依頼権を認めた（旧刑訴39条1項）が，現行法は身体拘束の有無にかかわらず被疑者にもいつでも弁護人依頼権があると規定する（30条1項）。

被疑者・被告人は，貧困その他の事由により弁護人を選任できないときは公的な弁護制度の利用を裁判官に請求できる（**国選弁護制度**）。これは，弁護人依頼権を実質的に保障するための制度である。以前は被告人にしか制度の利用が認められていなかった。2004年の刑訴法改正で「死刑又は無期若しくは短期1年以上の懲役若しくは禁錮にあたる事件」で勾留状が発せられている被疑者に限り導入された（**被疑者国選弁護制度**）。その後の刑訴法の改正により，制度の対象は勾留状が発せられた全事件に拡大した（37条の2）。取調べを抑制して身体拘束からの早期の解放を実現するためには，早い段階での弁護人の関与が不可欠である。しかし，被疑者国選弁護制度は，勾留状が発せられた事件が対象であるため，逮捕されて勾留決定前の段階にある被疑者は利用できない。その代わりに**当番弁護士制度**を使うことができる。だが，同制度は弁護士会が費用を負担して運用する制度である。根本的な解決策として，逮捕段階の被疑者が国選弁護を利用できるよう刑訴法を改正すべきである。

3-3　証拠保全請求権

被疑者，被告人または弁護人は，あらかじめ証拠を保全しておかなければその証拠を使用することが困難な事情があるときは，第１回の公判期日前に限り，押収，捜索，検証，証人尋問，鑑定処分を裁判官に対して請求することができる（179条１項）。証拠保全の請求の詳細は，刑訴規則137条および138条に規定される。

3-4　接見交通権

(1) 弁護人との接見交通

身体の拘束を受けている被疑者・被告人は，立会い人なく弁護人と接見したり，書類や物の授受をしたりすることができる（39条１項）。これを**接見交通権**という（立会人なく接見できることから**秘密交通権**ともいう）。しかし，被疑者・被告人の逃亡，罪証の隠滅，戒護に支障のある物の授受を防ぐため法令で必要な措置を規定することができる（39条２項）。接見については日時，場所，時間の指定がなされ，書類や物の授受については禁止されることがある（規30条）。捜査機関は「捜査のため必要があるとき」接見の日時，場所，時間を指定することができる（39条３項。これを**接見指定**という）。現実には，特に刑訴法39条３項によって接見が妨害され秘密交通権が侵害される事態が起きており，被疑者・被告人に実効的な防御の機会を付与する憲法34条の保障は十分に及んでいない。

(2) 弁護人以外の者との接見交通（一般接見）

勾留されている被疑者・被告人は，弁護人だけでなく家族や友人と接見したり書類や物の授受をしたりすることで社会とのつながりを保ち，孤立をいくぶん和らげることができる（**一般接見**）。刑訴法は，弁護人以外の者と法令の範囲内で接見し，書類・物の授受をする権利を保障する（207条１項・80条）。接見は刑事施設の職員が立ち会い，録音・録画もされる（刑事収容116条１項）。被疑者・被告人や接見の相手が，「暗号の使用等」で刑事施設の職員が理解できない内容の発言をしたり，「罪証の隠滅の結果を生ずるおそれのある」内容の発言などをしたりしたときは，制止されて面会は一時停止される（刑事収容117条，113条）。このように，多くの制約のもとに弁護人以外の者との接見は行われる。

裁判官は，「逃亡し又は罪証を隠滅すると疑うに足りる相当な理由があるときは」，検察官の請求または職権により接見等を禁止することができる（81条。**接見禁止**）。しかし，勾留のうえさらに接見まで禁止するというものであるから，接見禁止は，「拘禁されていても，なお罪証を隠滅すると疑うに足りる相当強度の具体的事由が存する」場合（京都地決昭43年6月14日判タ225号244頁）や，「勾留しただけでは防止することができない強度の罪証隠滅のおそれを窺わせる事情」があるときに限られるべきである（浦和地決平3年6月5日判タ763号287頁）。

(3) 歴史から一般接見の問題を考える

こうした接見禁止は，治罪法に規定された**密室監禁**に由来する（治罪法143条）。予審判事に密室監禁を言い渡された被告人は，予審判事の允許（いんきょ）（許可という意味）がなければ，他人と接見したり，書類・貨幣・その他の物品を接受したりすることができなかった（治罪法144条1項）。密室監禁の期間は10日を超えないとされたが，10日ごとに言渡しを更改することができた（治罪法145条1項）。旧々刑訴法はこれを引き継ぎ（旧々刑訴87条，88条，89条），旧刑訴法は密室監禁を接見禁止という名称に変更してその要件を「罪証を隠滅し又は逃亡を図る虞あるとき」とした（旧刑訴112条）。

敗戦後の接見禁止規定についてみていこう。日本側がGHQに提出した第9次案の接見禁止規定（72条）は，旧刑訴法の内容と変わらなかった。一方，GHQの担当者（マイヤース）は，刑事訴訟法改正小審議会において，「証拠を隠滅する等の『惧』の原因を示すことが望ましいのではないか」（刑事訴訟法改正案に対するG・S意見書〔マイヤース担当第1号〕〔1948年3月24日〕），「『罪証を隠滅又は逃亡を図る虞あるとき』を『その様な十分な理由が提供されたとき又は裁判所がその明な事実を握つているときには』」という趣旨にしたら如何」と提案している（総司令部における刑事訴訟法案審議録〔マイヤース担当分第4回〕〔同年3月26日〕）。[*16] ここに，接見禁止の要件の具体化を憲法の要請とするGHQの考えがみてとれる。

しかし，日本側は刑事訴訟法改正協議会において，「『虞あると疑うに足りる相当な理由があるときは』」と接見禁止の理由を「相当な理由」に改めるにとどめた（マイヤース担当部分の研究問題〔同年4月8日〕）。[*17] その後の刑訴小委員会において72条は修正されたが，その内容は，「『裁判所は，罪証を隠滅し又は逃亡を図る虞があるときは，』を『裁判所は，罪証を隠滅し，又は逃亡すると疑うに足りる相当な理由があるときは，検察官の請求により，又は職権で，』に改める」というものであった（マイヤース氏勧告に基づく修正案〔同年5月11，12日[*18]〕）。

こうして接見禁止の要件は条文に具体化されなかった。この影響は現代の接見禁止の状況に現れている。実務では，「『まず一律・包括的に接見を禁止したうえで，個別の求めに応じて部分的な制限解除・緩和を検討する』という運用[*19]」となっているからである。日本弁護士連合会編著『弁護士白書2022年版』によると，2021年における被疑者段階から公判までの刑訴法81条による接見禁止決定数は3万7562件であり，勾留請求許可人員数に占める接見禁止決定数の割合は44.8%に及ぶ[*20]。こうした現状に照らすと，憲法が保障する接見交通の重要性にかんがみて，接見禁止の要件を具体化する刑訴法改正が必要である。

4●―― 虚偽自白に基づく冤罪を防止するために

志布志事件の判決は，被告人Aに対する取調べについて，「相当に厳しいものであったことが強くうかがわれ，被告人Aが，これに耐えられず，早く，解放されたい一心から取調官に迎合し，虚偽の内容の自白をしたとの疑いが払拭できない」と指摘している（鹿児島地判平19年2月23日判タ1313号285頁）。虚偽自白に基づく冤罪が生じる原因は，本章でみてきたわが国の身体拘束・取調べの実態（警察の留置場を使用した長時間の取調べ，別件逮捕・勾留を使った長期間の身体拘束での自白の強要，取調べ受忍義務を肯定する捜査実務，不十分な録音・録画制度と接見交通権）から明らかであろう。刑訴法には，憲法が規定する被疑者・被告人の防御権を実質的に保障するための抜本的な見直しが必要である。

＊1　本章の刑訴法の立法過程に関する資料は，井上正仁＝渡辺咲子＝田中開編著『刑事訴訟法制定資料全集　昭和刑事訴訟法編(1)』信山社，2001年から，同『刑事訴訟法制定資料全集　昭和刑事訴訟法編(14)』信山社，2016年までの各巻を参照した。本章は，小田中聰樹『現代刑事訴訟法論』勁草書房，1977年，小田中聰樹『刑事訴訟と人権の理論』成文堂，1983年，小田中聰樹「第三章　刑事裁判制度の改革」東京大学社会科学研究所戦後改革研究会編『戦後改革　4　司法改革』東京大学出版会，1975年，高野隆『人質司法』KADOKAWA，2021年の第3章，第4章を参考にした。

＊2　海渡雄一「9　改革の原点に立ち戻る―今後の刑事司法改革に向けて」村井敏邦＝海渡雄一編『可視化・盗聴・司法取引を問う』日本評論社，2017年，239頁。

＊3　日本弁護士連合会「『人質司法』の解消を求める意見書」(https://www.nichibenren.or.jp/library/pdf/document/opinion/2020/opinion_201117.pdf)。2022年12月20日閲覧。

＊4　日本弁護士連合会編著『弁護士白書2022年版』日本弁護士連合会，2022年，73頁。

＊5　戒能通孝編『警察権』岩波書店，1960年，82頁［潮見俊隆＝渡辺洋三］。

＊6　細迫兼光「検束及び拘留の実際について」法律時報2巻11号，1930年，9頁。

＊7　最高検察庁「裁判員裁判対象事件における被疑者取調べの録音・録画の施行的拡大について」(https://www.kensatsu.go.jp/content/001320644.pdf)。2022年12月20日閲覧。

＊8　日本弁護士連合会「取調べの可視化（取調べの可視化本部）」(https://www.nichibenren.or.jp/activity/criminal/recordings.html)。2022年12月20日閲覧。

＊9　後藤昭＝白取祐司編『新・コンメンタール刑事訴訟法〔第3版〕』日本評論社，2018年，743頁［後藤昭］。

＊10　石田倫識「イギリスにおける弁護人の援助を受ける権利―弁護人立会権を中心に」法律時報92巻10号，2020年，72頁。

＊11　国立国会図書館「總理『マクアーサー』会談要旨　昭20, 10, 13, 昭和廿年十月十一日幣原首相ニ對シ表明セル『マクアーサー』意見」(https://www.ndl.go.jp/constitution/shiryo/01/033/033tx.html)。2022年12月20日閲覧。

＊12　刑事訴訟法制定過程研究会「資料　刑事訴訟法の制定過程(3)」法学協会雑誌91巻10号，1974年，65頁［松尾浩也］。

＊13　高柳賢三＝大友一郎＝田中英夫編著『日本国憲法制定の過程―連合国総司令部側の記録による―Ⅰ　原文と翻訳』有斐閣，1972年，9頁。

＊14　同上29頁。

＊15　井上正仁＝渡辺咲子＝田中開編著『刑事訴訟法制定資料全集　昭和刑事訴訟法編(11)』信山社，2015年，334頁および289頁。

＊16　同上，23頁および59頁。

＊17　同上，139頁。

＊18　井上正仁＝渡辺咲子＝田中開編著『刑事訴訟法制定資料全集　昭和刑事訴訟法編(12)』信山社，2016年，156頁。

＊19　中川孝博「判例評釈　最決平31・3・13の意義と射程」季刊刑事弁護99号，2019年，77頁。

＊20　日本弁護士連合会編著，前掲注（＊4）75頁。

（内山真由美）

第5章
捜索・差押え・検証

◉ Introduction

2017年6月,「**共謀罪**」が成立した。この共謀罪が成立した背景には伏線があった。いわゆる「**サイバー刑法**」および刑事司法改革関連法の成立である。特に,注目すべきは,2016年12月に成立した「改正通信傍受法」である。この改正通信傍受法では,組織的な窃盗,詐欺集団を一網打尽にするためとして,対象犯罪を大幅に追加した。また,違法な捜査,捜査の濫用を抑止するために定められていた捜査の適正化機能は,捜査の柔軟性,効率性という観点から,これまでになく緩和された。このような捜査機関の権限の拡大と強化,捜査の前倒し,適正手続をはじめとする日本国憲法の理念の変容がなぜ起こったのか。

この点を明らかにするために,この章では,捜索・差押えをめぐる歴史的な経緯および,現実の法運用と判例の動向,日本国憲法が定める適正手続に基づく捜査とはなにかについて検討する。

1●── 定　　義

1-1　家宅捜索とは

みなさんは「家宅捜索」という言葉を聞いたことがあるだろうか。「ある日突然,警察が自宅へやってきた。警察は,令状を示し読み上げる。**令状**には,自分(被疑者)の名前,生年月日,罪名,自宅の住所(捜索される場所),差し押えるべき物などが記載されている。その後,複数の警察官が自宅へ入り,なにか(証拠物)を探し始め(捜索),必要な物を次々と段ボール箱の中へ入れて車の中に運び込んだ(差押え)。」以上のようなシーンは,ニュースやテレビドラマで観たことがあるという人が多いだろう。このように,一定の場所,物や人の身体について,物や人の発見のために調べることを**捜索**という。また,証拠物を発見した後に,証拠物を確保することを**差押え**という。このように捜索・差押えは,証拠の採取を目的として,捜査機関が強制的に行うものであり,**強制捜査**の一つに位置づけられている。そこでまず,捜索・差押えの問題をめぐる歴史的な経緯から振り返ろう。

1-2　物的証拠の収集と強制処分法定主義

「私たちは，生まれながらにして，身体，住居，書類および所有物の安全を保障される権利を有する。」これは，市民革命の礎となった自然権思想が近代の立憲国家によって受け入れられ，憲法上の権利として採用された思想である。

日本においても，このような思想は，すでに戦前から生かされ，大日本帝国憲法25条が「日本臣民ハ，法律ニ定メタル場合ヲ除ク外其許諾ナクシテ住所ニ侵入セラレ及捜索セラルルコトナシ」として，国家による不法な侵入捜索を戒めていた。同22条の法律の範囲内での「住居及移転ノ自由」，同23条の法律に基づかない「逮捕監禁審問処罰ノ禁止」等も同様な趣旨により規定されたものである。

戦後制定された日本国憲法では，この点についてより詳細な規定を設けている。すなわち，同31条が「法律の定める手続によらなければ，その生命若しくは自由を奪はれ，又はその他の刑罰を科せられない」，同35条が「①何人も，その住居，書類及び所持品について，侵入，捜索及び押収を受けることのない権利は，第三十三条の場合を除いては，正当な理由に基いて発せられ，且つ捜索する場所及び押収する物を明示する令状がなければ，侵されない。②捜索又は押収は，権限を有する司法官憲が発する各別の令状により，これを行ふ。」と規定する。

これらの規定は，**強制処分**は**適正手続**に基づいて行われなければならないこと，人や物に対する強制処分については，裁判官が発付する令状が不可欠であることを明示したものである。ここであげた規定も含めて，日本国憲法の刑事手続上の保障を明記した33条および40条は，国権の行使による自由・人権の侵害の防止を目的として，刑事司法の発動にかかる個別的な原則を謳ったものである。つまり，事柄の性質上，まったく例外を許さない，国家が人を訴追し処罰しようとする場合の最低限の権利・手続を定めた厳格な規定であるといえる。

それでは，なぜ国家による強制処分が法により厳しく制限されなければならないのか，なぜ以上のような権利が，憲法上の権利まで高められることになったのか。それは，ひとえに，近代以前の国家が，国家権力の発動たる刑罰権の行使にあたって，市民の自由と最も敵対し，それをはく奪する歴史が存在したためである。市民革命以後の近代国家が，憲法を制定した最大の目的が，国家による刑罰権の行使をいかに限界づけるかに重きをおいたからである。このような思想を戦後，日本国憲法で採用したのも，日本においても同様な状況がみられたからである。すなわち，戦前の刑事手続では，中でも捜査機関による人権侵害が横行し，冤罪の温床となっていたことによる深い反省に基づいたものである。それゆえ日本国憲法でも，とりわけ刑事人権を重視し，立法的見地から**強制処分法定主義**を，司法的見地から**令状主義**による二重のチェックシステムを採用したのである。刑訴法197条１項は，日本国憲法の趣旨を受けて「捜査については，その目的を達するために必要な取調をすることができる。但し，強制の処分は，この法律に特別の定のある場合でなければ，これをすることができない。」と規定した。

以上のように，日本国憲法や刑訴法に明記された人身の自由の諸原則により，人や物に対する強制処分は，可能な限り回避しなければならずそれが原則であってならないこと，やむをえず強制処分せざるをえない場合にも，定められた法律の要件に照らして厳格な司法審査を経なければならないこと，強制処分を受けた被疑者・被告人には，その不利益を十二分に補うための権利と不服申立の機会を与えなければならないという人権保障の理念を読み解くことができるのである。だとするならば，法律の内容は，日本国憲法の趣旨に適合するように定められ解釈されなければならないし，その運用は**適正手続**に基づいたものでなければならない。はたして，日本では，それがいかに法律で定められ，解釈・運用されてきたのであろうか。まず，旧刑訴法における運用から紐解いていこう。以下では，後に戦後改革で，勾引・勾留の問題とともにGHQより「糺問主義的検察官司法」の象徴だとして批判された捜索・差押えの実態について検討する。

2 ── 旧刑事訴訟法下の捜索・差押えと日本国憲法・刑事訴訟法の制定

2-1 旧刑訴法下における捜索・差押え

大日本帝国憲法では，既述の通り，国家による不法な捜索・差押えを禁じていた。しかし，1922年に改正された大正刑事訴訟法（旧刑訴法）は，「被告人其ノ他関係人ノ権利・利益ノ擁護」を改正の柱に掲げながら，具体的には，次のような改正を行った。すなわち，1890年に制定された明治刑事訴訟法（旧々刑訴法）では，捜査機関には，現行犯以外に，強制処分は認められていなかったが，旧刑訴法255条は，起訴前の捜査について，「検察官捜査ヲ為スニ付強制ノ処分ヲ必要トスルトキハ公訴ノ提起前ト雖押収及被疑者ノ勾留，被疑者若ハ証人ノ訊問又ハ鑑定ノ処分ヲ其ノ所属地方裁判所ノ予審判事又ハ所属区裁判所ノ判事ニ請求スルコトヲ得」として，公訴提起前に検事に予審判事に対する強制処分請求権の一つとして，「押収・捜索・検証」を与えると同時に（いわゆる「**裁判上の捜査処分**」），急速を要する場合には，一定の要件の下で，検事自ら，押収・捜索等を行うことを認めたのである（旧刑訴170条）。

当時，法案の説明にあたった政府委員によれば，検事に強制処分の権限を与える根拠を「ある程度法律に権限を与えておかないと人権蹂躙問題が繰り返しおこる」というものであったとされる[*1]。しかし，旧刑訴法施行後も，旧刑訴法が検事をはじめとする捜査機関の強制処分権を極度に制限しているために，立法者の期待を裏切って脱法的捜査が横行している[*2]，検事に強制処分を与えないことは，捜査中における検事の捜査の地位に適合しないものである，捜査そのものの本質から考えても検事に対して強制処分を拒否することは不当であり，捜査の効果をあげることは到底できないとして，これまで以上に検事の強制処分権を求める論調が強まることになった[*3]。しかし，この「旧刑訴法が検事に必要な権限を与えていないところに，人権侵害が生ずる」とする論理は，実際はまったく矛盾した論理であり，かえって捜査機関の権限の拡大を許容し，新たな人権侵害が発生する要因となっていったのである。

当時の捜査の実態はどうであったのだろうか。旧刑訴法下における強制処分の実態を考える場合，見逃せないのが警察による不当拘禁とそれに伴う捜索である。特に，治安維持法による社会的な弾圧が強まると，ことさら思想犯をターゲットとした捜査については，スパイの情報以外に証拠を収集する手段がないので，目星を付けて主な者だけに拘引状をとり，その他の者については任意の名の下で取調べを行ういわゆる「**承諾留置**」という方法で身体を拘束し，それと同時に行う家宅捜索を通じて，証拠を収集する手段がとられていたといわれている。この承諾の名の下で行われる事実上の強制処分は，勾引・留置・

押収・捜索と幅広く適用された。

また，警察犯処罰令違反を理由とする取調べのための拘留，名を行政検束にかりて行う不当拘禁など，法の網をかい潜る違法な手段によって人権侵害的な捜査がなされた。これらの捜査手段は，司法審査をほとんど度外視したきわめて特異な手続であり，制定当初は暫定的な処分と位置づけられていた。ところが，その後，こうした運用は恒久化されただけでなく，犯罪捜査のためには欠かせない手段と化したのである。在野法曹からの批判が強まると，司法官僚からは，裁判上の捜査処分を有効に利用して対応するなどの代替策が推奨された。この**裁判上の捜査処分**も，強制処分は検事の請求により予審判事・区判事が行う，急を要する場合にだけ検事が行うとなっていた。しかし，例外が原則化し，司法的なチェックはほとんど機能しないというのが実態であった。

1930年代に入ると思想犯を取り締まる治安対策は強化される一方で，思想犯取締検事や特高警察の増員などが行われた。当時の警察当局からは，司法警察官吏の押収・捜索に関する権限を拡大するよう思想犯取締専従事務官および警視に対し，検事に準じて捜査上の機能を拡大すること等の意見がだされた[*4]。こうした動きを受けて，1934年２月には，身体拘束について，長期の拘留を認める強制処分権限を検事に付与する治安維持法の全面的な改正案が第六五帝国議会に提出された。他方で，捜査機関は，承諾留置・捜索・差押え・違警罪即決例による抑留や**行政検束**を捜査に利用する脱法的な措置を従前どおり活用していた。脱法的な措置に関する違法性には，幾多の非難がなされており，政府としてもその取締りにのりだしたが，そのような姿勢がかえって検事に強制権限を付与して捜査の適正化を図ることが必要との論を強めることとなった[*5]。そして，1941年２月には，戦時刑事特別法が帝国議会に提出され，身体拘束をはじめとする検事の強制処分権は拡大・強化された。

2-2　日本国憲法制定と捜索・差押え

周知のように，大日本帝国憲法では，国家による不法な侵入，捜索を禁じていた。しかし，「法律ニ定メタル場合ヲ除ク他」と留保が付され，旧刑訴法では，強制処分については，事前の司法審査を要件として定めた一方で，裁判上の捜査処分，急を要する場合の検事による強制処分といった事実上司法審査をないがしろにして，捜査機関の強制処分権を認めるような運用がなされていた。さらに，大日本帝国憲法下では，物的証拠の収集に対する強制処分の要件については，法律その他の諸規定に委ねられたが，ついにそのような規定がおかれることはなかった。それどころか，捜査機関は強制処分自体を司法的な抑制の下におくことを問題視するとともに，強制処分権の拡大を主張し権限濫用を繰り返した。

以上のような背景があって，日本国憲法にどれほどの要件を盛り込むのかが争点となった。ことさら，戦後，日本国憲法33条および35条に規定されることになる令状発付の権限をどの機関に担わせるのかという点で，GHQと日本政府との間で激しい議論が交わされた。GHQは，「資格のある裁判所職員が発付し，訴追の対象となる犯罪や捜索の対象となる場所及び押収する物を明示した令状」にこだわったが，日本政府は，「資格のある官吏の発する令状」に改めることを求めた。GHQは，「日本では，個人の権利の最も重大な侵害は，種々の警察機関，特に特高警察及び憲兵隊の何ら制限されない行動並びに検事の行為を通じて行われた……。」との見解を示した。それゆえ，令状の発付は裁判所の官吏にやらせなければならない，不当な捜索および押収を禁止する規定が設けられなければならないと強調したという[*6]。その後，制定文では，令状発付権者を「司法官憲」と改めることになったが，この覚書等の趣旨からすれば，GHQは，検事を人権抑圧機関と認識しており，この「旧弊」を一掃することに強い情熱をもっていたことがうかがえるのである。

また，日本国憲法制定過程に関する先行研究が，司法官憲が令状を発付する要件として「正当な理由（英文憲法では，adequate cause）」を要求しているとする点は注目に値する。すなわち，合衆国憲法修正４条が示す「probable cause」と同意義に解釈すれば，それは「捜索する物が犯罪行為に関係するからこそ差押えることができること，捜索される場所でそれが見つけられる蓋然性が必要であるが，特定の人物が関係していることは必要でない[*7]」と理解されているというのである。無令状での逮捕が認められるアメリカで，警察官の行動の指針となる要件は明確でなければならない。この点で，アメリカの警察官には，当該用語に込められた意味を正確に理解することが求められるのである。こうした意味が含まれた合衆国憲法修正４条を参考にして，GHQ案が作成され，日本国憲法35条の条文にも強い影響を与えた。以上のような経緯を踏まえた上で，法の厳密な解釈・運用が求められているのである。

2-3 刑訴法制定と捜索・差押え

日本国憲法制定過程では，戦前の国家による人身の自由の制限に対する反省から，不当な身体拘束や捜索・差押えを禁止し，かつ違法な強制処分が行われた場合の救済手段についても検討された。日本国憲法の制定を受けて，旧刑訴法も全面的な改正が求められた。この改正作業も1945年5月3日の日本国憲法の施行までに終えることができなかったために，日本国憲法実施に伴う応急的な措置として，「日本国憲法の施行に伴う刑事訴訟法の応急的措置に関する法律」いわゆる「応急措置法」を制定実施することになった。

応急措置法では，日本国憲法の趣旨に従って種々の規定が採用された。すなわち，被疑者・被告人の防御権を拡充した**国選弁護人制度**の創設や違法な捜査を抑止することを目的とした**令状主義**の採用，アメリカの当事者主義的な裁判形式を念頭においた**反対尋問権**の保障，また，事実認定の適正化をめざした**供述録取書**の証拠能力制限など旧刑訴法にはなかった規定が盛り込まれたが，その内実は戦時刑事特別法で採用された手続をそのまま維持する性格が強いものであった。それは，特に，供述録取書の制限規定が曖昧で，幅広く例外を認める内容であったことに象徴される。戦後の混乱と治安の悪化に対応するためには，戦時的な手続こそ必要だと考えられたからである。

法の改正作業は，1946年4月の司法省刑事局別室「刑事訴訟法改正要綱試案」をもって作業が進められていく。当時の議論で最も問題となったのは，検事に強制処分権を付与すべきか否かについてである。[*8] 戦後の検察機構は，中央集権的な組織として温存されただけでなく逆に拡充強化されていく。当時の司法省からは，「捜査機関に強制捜査権を付与しなければ，立派な捜査はできない」との意見がだされた。政府は，検察の権限を飛躍的に強化し，治安維持に万全を期すことを求めた。この点は，直後の法改正作業の中に生かされていく。すなわち，1946年7月の刑事局別室「刑事訴訟法改正方針」，同年8月の刑事局別室「刑事訴訟法改正要綱試案」では，検事に強制捜査権を付与する規定をおいた。「刑事訴訟法改正要綱試案」第二十は，「検事の強制権限は，次の要綱によりこれを認めること。一　検事は，捜査を行ふにあたって，強制の処分を必要とするときは，公訴の提起前に限り，押収，捜索，検証，被疑者の召喚，訊問，及び証人の（召喚，勾引）訊問をなし，鑑定，通訳及び翻訳を命ずることができるものとすること。……」と規定した。ところが，1946年10月の刑事局別室「刑事訴訟法要綱案」では，「検察官，司法警察官に強制捜査権を付与すること」と共に「押収，捜索及び検証は令状によらしめること」との文言が登場する。

この令状の発付権者をめぐっては，既述の通り，憲法制定作業の中でGHQと政府との間で激しいやりとりがあったが，この頃，刑訴法改正作業に際してGHQより日本国憲法の規定した「司法官憲」を裁判官に限る旨の見解が示された。これは，政府主導で進められた法改正作業の方向性とは矛盾するものであった。検事の強制捜査権を認めさせたい政府と裁判所の令状によりその権限濫用を抑止しようとするGHQとの攻防によって，強制捜査権行使に際しての裁判所による「事前承認制」の導入を生んだのである。このような経過により，日本国憲法の令状主義は，法改正作業の中で結実することになったのである。すなわち，1946年10月の司法省刑事局内刑事訴訟法第三次案では，検事，司法警察官が押収，捜索，検証するについて裁判官による事前許可状を必要とし，逮捕の際の令状なしの押収，捜索，検証を認めることで，実質的にも形式的にも令状主義を採用し，捜査法を根本的に改めた。1947年８月の第七次案では，捜査手続における捜索，差押え，検証に関する裁判官の「許可」を令状に変えて令状主義を明確化した。

ほぼこれと同様の規定が1947年10月の第九次案（十月草案）として盛り込まれることになるが，現行刑訴法が糺問主義的といわれた検察官司法を克服しえたかといえば，まったくそうならなかったのである。むしろ，予審廃止後の捜査機関の強制権限拡大強化の隠れ蓑と化したといわなければならない[*9]。日本国憲法の趣旨を具体化するはずであった刑訴法では，中身が骨抜きにされていく。すなわち，日本国憲法35条が実務に求めたのは，押収，捜索，差押えをするにあたっての「正当な理由」であるといわれている。ところが，刑訴法99条１項では，「裁判所は，必要あるときは，証拠物又は没収すべき物と思料するものを差し押えることができる。但し，特別の定のある場合は，この限りでない。」とし，同102条１項では，「裁判所は，必要があるときは，被告人の身体，物又は住居その他の場所に就き，捜索をすることができる」とし，捜索，差押えについて「必要性」判断を優先し，強制処分を行う上での「正当な理由」を求めていない。[*10] 当該条文にみられるように，その運用によっては，令状主義の形骸化を招き，実質的な司法審査の意味を軽視しかねない内容であったのである。

また，同102条２項の被告人以外の捜索では，「押収すべき物」の存在を認めるに足りる状況をその要件としている一方で，被告人が捜索の対象となる場合には，それを要求していないことから，捜索する場所に押収すべき物が存在するかどうか不明の場合にも捜索できることになっている。

日本国憲法35条が「何人」に対しても「正当な理由」を求めていることと比較すれば，その内容の違いに驚かされるのである。むしろ，「正当な理由」とは，人権の侵害を伴う強制処分を受ける被疑者の立場から解釈されなければならなかったはずである。法解釈については，日本国憲法の趣旨を前提として，「正当な理由」は，犯罪の相当な嫌疑があり，被疑者の人権を侵害したとしても捜索，押収の必要性が認められる場合を意味するのではないか，そのような疑問が呈せられるのである。

以上の通り，現行刑訴法は，捜査機関にとって非常に使い勝手がよい内容となっており，こうしたことがらが，刑訴法施行後の運用に大きな影を落とすことになったのである。このような日本国憲法と刑訴法との乖離は，なぜ起こってしまったのであろうか。そこには，検事に実質的な処分権を付与し，戦後の治安悪化に対処するために，令状主義を骨抜きにしようとする政府の思惑を垣間見ることができるのである。

3 ●—— 実務の現状と判例の動向

3-1 強制処分法定主義と令状主義の形骸化

現行刑訴法は，旧刑訴法や戦時刑事特別法との連続的な側面と，逆に，日本国憲法の人権条項を具体化しようとする法改革が混在する中で制定されたのである。言い換えれば，現行刑訴法は，日本国憲法の人権条項に則した規定とともに，日本国憲法とは乖離した戦前の糺問的な内容をもつ規定がいたる所に残されることになった。そのため，こうした法のジレンマは，実務の運用，解釈に直接影響するものであった。当時の最高裁は，行政検束，不審尋問および連行，凶器等の仮領置，身体拘束は保安警察本来の目的なら日本国憲法下でも許容できるとし，また，裁判官に勾留の必要性について判断権がないこと，日本国憲法38条３項の自白は公判廷外の自白を含まないこと，逮捕状の発付の要件は嫌疑のみであることなどと解釈していた。[*11]

こうした最高裁の考え方は，捜査機関の強制処分を許可する令状発付における判断基準を緩やかなものとし，司法審査の意義が問われかねない事態を生んだのである。すなわち，検察権限の拡大，濫用を抑制し，その適正化を図るための令状審査は形骸化の一途をたどることになったのである。最高裁では，捜査機関の権限をいかに認めていくべきか，迅速で効率的な捜査，真実解明に不可欠な効果的な捜査をどう実現するか，それを如何なる解釈によりお墨付きを与えるかに関心が向いていく。以下では，捜索・差押え・検証等の諸問題に関する現行法下の判例の動向を中心に検討していく。

3-2　捜索・差押えの要件

(1) 捜索・差押えの場所，対象物等の「明示」および「特定」

捜索・差押えは強制処分であることから，被処分者に対しては，事前に人権侵害の範囲を明示することが求められる。また，現場の捜査機関に対しては，強制処分の範囲を明示して濫用を抑止する必要がある。そのため，令状では，被疑者の氏名，罪名，差し押えるべき物や捜索すべき場所，身体もしくは物，有効期間などを「明示」し「特定」することが求められる（憲35条，刑訴219条１項）。ここでまず，取り上げるのは場所の明示の程度に関する問題である。捜索場所を特定するのは，居住権の保護にある。そのため令状には，居住権の個数に従ってできる限り明示することが求められる。また，たまたまその場所に居合わせた者に対して，場所に関する捜索令状を用いて，所持品や身に着けている衣服等身体の捜索が許されるか。判例は，差し押えるべき物の存在を認めるに足りる状況があり，必要性，緊急性が認められれば足りるとするが（最決平19年２月８日刑集61巻１号１頁），刑訴法107条１項は，場所と身体を区別している。また，それぞれの利益侵害性の程度を考慮すれば，捜索場所に備え付けられていた物を咄嗟に衣服の中にしまい込むなどといった状況でもない限り，そのような捜索は認められないと考える。

次に，差押えの物の明示，特定に関して「本件で関係のある一切の文書」というような概括的な記載は許されるか。この点に関して，判例は「会議記録……その他本件に関係ありと思料せられる一切の文書及び物件」とされた令状を「特定性あり」と判断している（最大決昭33年7月29日刑集12巻12号2776頁）。令状で差押えの対象物が具体的に示されていたとしても，「本件に関係ある一切の文書」と概括的な記載がなされれば，その「関係性」については，現場の警察官の判断でいかようにも可能になってしまい，明示としてはきわめて不十分であると考える。

⑵ 捜索・差押えの「必要性」

刑訴法218条1項は，犯罪捜査の「必要があるとき」令状により捜索・差押え等ができると規定する。この「必要性」は，強制処分を用いなければ，捜査の目的を達成できない場合をいう。判例は，「必要性」について裁判所が判断できるとした上で，その判断要素として，「犯罪の態様，軽重，差押物の証拠としての価値，重要性，差押物が隠滅棄損されるおそれの有無，差押によって受ける被差押者の不利益の程度その他諸般の事情」をあげる。判例の考え方は，諸般の事情を総合的に比較衡量することで，「必要性」の有無について判断しようとするものである。事後的なケース・バイ・ケースの判断は，**被疑者の防御権**を軽視する捜査機関に有利な判断となりがちで，明確な基準を示したものとはいえない。ビラ張りなど軽微な事件を理由にして，市民団体や労働組合の事務所に捜索・差押えがなされる現状に鑑みれば，このような場合にまで強制処分を認めることは適正手続に悖るということになろう。

3-3　捜索・差押えの執行

⑴ 別件捜索・差押え

令状にたとえ，「場所」や差押えるべき「物」が明示・特定されていたとしても，令状の執行が適正に行われなければ意味がない。例えば，恐喝の被疑事実の証拠として差押えられたメモが，まったく別件の賭博の証拠であった場合はどうか。これは，いわゆる「**別件捜索・差押え**」の問題である。当該被疑事実の証拠としての価値もなく，差し押えるべき相当性のない物を，別罪の立証に利用する目的で差し押えるような場合は違法ということになる。また，法律上の要件を備えた軽微な別件の捜索・差押えを，もっぱらその要件を具備していない重大な本件の捜索・差押えに利用することも違法である。

判例は，この点について，「警察当局において，本件業務上横領事件の証拠を発見するため，ことさら被告人方を捜索する必要性に乏しい別件の軽微なモーターボート競走法違反事件を利用して，捜索差押令状を得て右捜索をしたもので，違法の疑いが強い」と判示したが違法の重大性を認めずに証拠を排除することはしていない（広島高判昭56年11月26日判時1047巻162頁）。このように，違法は認定しても証拠としての価値を排除しないという裁判所の姿勢は，違法な捜査の誘い水となりかねない。令状主義を潜脱するものとして証拠排除すべき事案である。

⑵ 現場に居合わせた者の携帯品に対する捜索・差押え

刑訴法219条１項では，捜索の対象を，「場所」，「身体」，「物」それぞれを区別している。そう考えれば，被疑者以外の第三者の身体や物等について捜索する場合には，捜索令状に記載された捜索の場所や押収すべき物との関連性が存在する蓋然性が高い場合に限って，そのような捜索・差押えが許されると考える。この点につき判例は，被疑者が居住するマンションの一室を捜索場所とする覚せい剤取締法違反事件について，居室を捜査機関が捜索した際，その場に居合わせた内縁の夫のバッグを強制的に取りあげて，その内部を捜索して覚せい剤が発見された事案につき，当該捜索差押令状に基づいてそのような捜索も適法とした（最決平６年９月８日刑集48巻６号263頁）。妻と内縁の夫との関係やバッグが居室に常時備えつけられていたものかどうかにより，その評価は分かれると思うが，対象物の特定性という観点から慎重な運用が求められる。

3-4　捜索・差押えに対する被疑者の防御

⑴ 捜索・差押え等の際の立会い

捜索・差押えに捜査機関以外の者を立ち会わせるのは，手続の公正・適正を担保する趣旨と思われる。この点，被疑者および弁護人の立会い権については，刑訴法は明記していない（222条１項は，113条を不準用）。刑訴法では，被疑者について，必要があるときは立ち会わせることができることになっている（222条６項）。すなわち，立会い権はないが，捜査機関の判断で立ち会わせることができる。しかし，被疑者は，捜索・差押えの被処分者という地位であり，防御権保障という観点から立会い権を事実上保障する運用が求められる。被疑者本人が立会いを希望した場合には，捜査機関は認めなければならないと考える。また，弁護人の立会いについては，それを否定する判例もみられるが，弁護人が被疑者の訴訟代理人たる性格を有していることに鑑みれば，被疑者の防御権保障という観点から認められるべきである。

⑵ 偽計を用いた令状の執行

捜査機関が捜索・差押えを行う際，宅急便の配達を装って住居内に立ち入る行為は許されるだろうか。例えば，薬物事犯などは，薬物などを隠す，トイレで流すなど証拠の隠滅がなされる可能性が高いために，このように偽計を用いて扉を開けさせることが行われる場合がある。判例はこの点，「平和裡に行われた至極穏当なものであって，手段方法において，社会通念上相当性を欠くものとまではいえない」とした（大阪高判平6年4月20日高刑集47巻1号1頁）。捜査機関としての身分を明らかにすることは，捜索・差押えの手続の適正性を担保するための前提条件であり，警察官であるという身分が事前に示されることで，被疑者は令状の提示を要求できることになる。そう考えれば，身分を偽って住居に立ち入る行為は違法と言わざるをえない。

3-5 検　　証

⑴ 検証と実況見分

検証とは，五官の作用により，物の状態を認識する強制処分をいう（218条1項）。具体的には，物の形状などを調書に記録して証拠化することになる。これは，押収等と比べて，法益侵害性が低いと考えられおり，準抗告申立ての権利はないことになっている。しかし，検証の内容は，「身体の検査，死体の解剖，墳墓の発掘，物の破壊その他必要な処分をすることができる」（222条1項本文後段・129条）となっており，人のプライバシーに関わる問題である。そのため，「押収」に準じて，準抗告等不服申立ての機会を保障すべきである。また，検証の代わりに任意処分として「**実況見分**」がなされることがある（捜査規範104条）。実況見分の結果は，実況見分調書に記載される。判例は，実況見分調書も検証調書と同様に証拠能力を認めている。しかし，実況見分といえども捜査機関が行う権力的な作用なので，人権侵害のおそれがあり，令状なしに行われる実況見分には慎重さが求められるし，証拠能力を安易に認めるべきでない。

⑵ 検証としての身体検査

検証としての**身体検査**は，人の身体に対して，その人相，容貌，体格，痕跡などを観察し認識するため，個人の尊厳を著しく害するおそれがある。そのため，刑訴法では，特別の令状を要求し，特に慎重な手続を規定している。身体の捜索としての身体検査とは異なる。これは差し押えるべき物の捜索行為なので，身体そのものを調べるというものではない。しかし，着衣の内側まで捜索が行われる場合があるため慎重さが求められる。検証としての身体検査もむろん強制処分ということになる。捜査機関が行えるのは，身体の外表部分の形状を認識する検査である。外から確認できる場所といっても，被処分者を裸にし，肛門の中まで検査することが可能なので，やはり人権に配慮した慎重な対応が求められる。

3-6 鑑　定

(1) 鑑定の嘱託

鑑定とは，特別の知識や経験を有する者による法則，または具体的事実にその経験や知識を適用して得られた法則をいう。捜査機関は，鑑定受諾者（鑑定人）に鑑定を依頼することができる（223条１項）。これを嘱託鑑定という。科学警察研究所の職員などがそれにあたることがあり，その場合には強制処分や弁護人の立会いは認められていない。しかし，必要があるときは，捜査機関は裁判官に令状を請求し，鑑定処分許可状を得て住居等に立ち入り，身体を検査し，死体を解剖し，墳墓を発掘し，または物を破壊することができる（225条１項・168条１項）。

(2) 鑑定としての身体検査

ここでは，特に鑑定としての身体検査の問題に触れておく。これは，身体の外表部分の検査にとどまらず，血液の採取等身体の内部を侵す検査である。捜査機関が行う場合には，捜査の一部として行われるものであり，医療行為と異なるので，社会的にも相当な方法で行うことが求められる。身体に与える苦痛や障害は最小限のものである必要があるし，人権に配慮した慎重な方法・手段でなされなければならない。血液の採取やレントゲン照射，下剤によって胃腸内物質をとりだす行為などがそれである。しかし，外科手術と同程度の処分等身体に与える苦痛や障害が大きい処分は，鑑定処分としても許されない。そのような身体検査は，捜査機関が医師の資格を有する専門家に委託して行う必要がある。その場合，直接強制はできない（222条４項で172条を準用せず，また，225条４項が準用する168条６項は139条を準用していない）。ただし，裁判所が鑑定受託者に鑑定を依頼するような場合には，直接強制が可能となっている（172条）。

3-7　令状によらない証拠収集

(1) 逮捕に伴う捜索・差押え

逮捕の現場での捜索・差押え・検証は，令状がなくても行うことができる（220条1項2号，3項）。これは令状主義の例外である。なぜ例外が認められるのか。この趣旨については見解が分かれている。まず，緊急処分説は，逮捕者の身体の安全の確保や証拠の破壊などを防ぐ目的で無令状での捜索・差押えが認められるとする。これはあくまでも例外的に認められる処分にすぎないとするものである。他方で，合理説・相当説は，逮捕に伴う捜索・差押えが認められるのは，逮捕の現場では証拠保全の蓋然性が存在するためであり，緊急事態であることを要件としない（最大判昭36年6月7日刑集15巻6号915頁）とする。しかし，証拠保全の蓋然性だけあればよいとするのは，捜索・差押えが強い権力作用を伴うので，令状主義の趣旨からして，前者の考え方が正しく，法220条はあくまでも例外的に考える必要があろう。

(2) 時間的・場所的限界

まず，時間的限界として，刑訴法220条1項の「逮捕する場合」とは，被疑者を逮捕する場合に限定されるのか（限定説），被疑者を逮捕する予定も含むのか（合理説）。判例は，逮捕との時間的な接着を条件に，逮捕着手前の無令状による捜索・差押えも可能とする（最大判昭36年6月7日刑集15巻6号915頁）。しかし，こうした捜索・差押えの適法性が事後的な逮捕の有無に影響を受けることはよろしくない。令状主義を重んじる立場からは，このような捜索・差押えは許されないと考える。

4 ●―― 科学的捜査と新たな捜査方法

科学的な捜査については，法が制定された当初は予定されていなかったものであり，実務の現場からは，近年の複雑化，巧妙化する犯罪に対して，**科学的捜査**が不可欠だといわれる。すなわち，捜査段階では**自白**を獲得するために用いられ，公判段階では**自白調書**の**補強証拠**として利用され，有罪立証を容易ならしめるものと考えられている。他方で，科学にはその方法や手段によっては，違った結果を発生させる問題，科学にはつきものの誤差や発生した結果を正確に分析できているかの問題を軽視して，科学に過度に頼ることは重大な誤判を引き起こす原因となる。さらに，科学的捜査は，強制処分の形式をとらないで行われることが多く，被処分者に気づかれないままプライバシー権をはじめとする個人の基本的人権を侵害する危険性が通常の強制処分以上に高まるのである。具体的には，写真撮影，ビデオ撮影，強制採尿，採血，盗聴，おとり捜査，コントロールド・デリバリー，デジタル・フォレンジック（DF）捜査，DNA型捜査などが新たな捜査方法と呼ばれている。強制の処分をどのように定義するかで，それぞれの行為が強制処分なのか任意処分なのかの判断基準が変わってくる。それでは，以下順に科学的捜査方法について検討してみよう。

4-1　写真撮影

写真撮影は，身体拘束下の被疑者の写真撮影，犯罪が行われている現場を撮影するもの，検証の一部として犯行現場を撮影するもの等に分けられる。ここで特に問題になるのは，犯行現場を写真撮影する場合である。写真撮影そのものが，強制処分なのか任意処分なのかということについては，例えば，個人の利益を著しく侵害する場合を強制処分と仮定すれば，プライバシー権の侵害の程度により，これがあてはまるかどうかで検討すべきだろう。例えば，公道における写真撮影はどうだろう。公道は人の住居内とは異なり，プライバシー権保護の要請もある程度減少する。すなわち，公道での写真撮影という行為は必ずしも人権侵害とはいえず，任意処分であるとの考え方も有力である。しかし，一定のプライバシー権の侵害はあるので，第三者が被写体となる可能性も考慮して，慎重に行われなければならない。

判例は，違法なデモ行進を行っている者に対して，本人の同意を得ないまま，令状なしに写真撮影をした事案で，行為の現行性，証拠保全の必要性と緊急性，撮影方法の相当性を条件に適法とした（最大判昭44年12月24日刑集23巻12号1625頁）。さらに，当該判例の示した「現行性」については，別の判例で「犯罪が発生する相当高度の蓋然性が認められる場合」にまで拡張した（東京高判昭63年4月1日判時1278号52頁）。

4-2　強制採尿

強制採尿とは，覚せい剤取締法違反事件等につき逮捕された者から，尿を採取する場合にとられる捜査方法である。具体的には，被処分者が任意に尿の排出を拒んだ場合，裁判官が発する令状を得て，医師等によりカテーテルを尿道に挿入して体内から尿を採取する方法である。現行法制定当初このような捜査方法は想定されなかったために，これに適した令状はなく，このような捜査方法は，強制処分法定主義に悖るのではないかと批判された。

判例は当初見解が分かれた。強制採尿を違法な捜査として否定しようとする判例は「被疑者の人格の尊厳を著しく害し，その令状の執行手続として許される限度を越え，違法である」(名古屋高判昭54年2月14日判時939号128頁) とした。他方でこれを肯定する判例は，身体検査令状，鑑定処分許可状といった2つの令状による強制処分であることから「採尿の際，危害防止等のため被告人の身体を押さえつけ，ゴム管を尿道に挿入して採尿することは右強制処分の執行として必要やむをえない措置として許容され」るとした (東京高判昭54年2月21日判時939号132頁)。

このような状況の下で，最高裁は，後者の立場を明確にした。すなわち，強制採尿は，肉体的不快感，屈辱感等の精神的な打撃を与えることは検証の方法としても同程度の場合があるとし，被疑者に対する強制採尿が絶対に許されないとすべき理由はないとした (最決昭55年10月23日刑集34巻5号300頁)。さらに，強制採尿が認められる条件として，被疑事件の重大性，嫌疑の存在，当該証拠の重要性とその取得の必要性，適当な代替手段の不存在等の事情をあげ，犯罪の捜査上真にやむをえないと認められる場合には，最終的手段として，適切な法律上の手続を経てこれを行うことも許されると判示した。また，令状については，捜索差押令状を必要とすると解すべきとした上で，強制採尿は検証の方法としての身体検査と共通の性質を有しているので，令状の記載要件として，強制採尿は医師に相当と認められる方法により，行わせなければならない旨の条件の記載が不可欠であるとした。

以上のような最高裁の姿勢は，既存の令状に条件を付加して強制処分を認めるものであり，事実上の強制採尿令状を判例が作り上げたという批判がなされている。判例の機能の一つに，法創造機能があることを認めるとしても，人権を制約する論理としてこのような機能を利用することは，人権の最後の砦としての裁判所の役割を軽視するものである。強制採尿は，個人の尊厳や人格を著しく侵害するものであり，令状があっても許されないと考えるべきだろう。

4-3 採　血

捜査の過程で，被処分者の血中アルコール濃度を検査する必要があるときには，採血が行われる場合がある。**採血**は，体内の血液を採取する行為にあたり，人体への侵襲を伴う場合があることから，他の捜索・差押えと比べて，プライバシー権への配慮や専門的な知識に基づく措置が求められる。被疑者が採血に同意して行われれば任意捜査により可能である。しかし，同意のとり方や採取の方法・手段は，社会的に相当なものでなければならない。一方，被疑者の同意が得られない場合には強制処分となる。被疑者の身体から強制的に血液を採取する場合には，身体の安全やプライバシー権を考慮して，慎重に行わなくてはならず，身体検査令状と鑑定処分許可状の併用が求められる。実務の運用も現在そのような対応がなされている。

4-4 盗　聴

ここで検討する**盗聴**は，主に捜査機関による通信（電話・メール・FAX等）の傍受である。盗聴は，現行法制定時には予定されなかった科学的捜査であり，個人のプライバシー権を侵害するだけでなく，通信の秘密も侵すという点で，法益侵害性がきわめて高く，日本国憲法31条の**適正手続**および同35条の**令状主義**の要請を満たす手段，方法で行われなければならないとされている。

はたしてそのようなことが可能なのかは，これまでの裁判所の運用や解釈，1999年に立法化された「犯罪捜査のための通信傍受に関する法律」いわゆる「通信傍受法」に基づく盗聴が許される要件等検討しなくてはならない。通信傍受法が成立する以前は，電話盗聴を捜査機関が行おうとした場合，裁判所に強制処分の許可を求めて令状を請求したが，この場合，裁判所からは，検証令状の一種として電話検証令状が発付されていた。すなわち，電話傍受は通信の秘密を害する行為としたうえで，「重大な犯罪に係る被疑事件について，被疑者が罪を犯したと疑うにたりる相当な理由，当該電話により被疑事実に関する通話がなされる蓋然性，電話傍受以外の方法ではその罪に関する重要かつ必要な証拠を収集することは著しく困難であるなどの場合において，電話傍受により侵害される利益の内容，程度を慎重に考慮したうえで，なお電話傍受を行うことが真にやむをえないと認められるとき」は，電話検証も可能とする（最決平11年12月16日刑集53巻9号1327頁）。しかし，無形のコミュニケーションに検証令状をあてはめることは，裁判所の法創造であり認められない。法規がない中で，盗聴という強制処分を可能とするために，検証令状を利用することは強制処分法定主義に反する。令状主義は事前に強制処分を裁判所が審査する点にあるが，会話の内容は多岐にわたり，どのような会話がなされるか予測不可能であることから令状主義に悖る。令状自体の事前提示も行われず，**被疑者の防御権**を著しく侵害する。また，通話では，将来の犯罪に関する会話がなされる可能性がある。捜査は原則，過去に発生した事案について行われることに鑑みれば，捜査の本質に係る問題を孕む。以上のような観点から，裁判所の運用は憲法違反のそしりを免れない。

1999年8月には，「通信傍受法」が成立し，捜査機関は，盗聴を合法的に捜査方法の一環として利用できるようになった。また，2016年12月には，「改正通信傍受法」が成立し，2019年6月より施行されている。改正通信傍受法は，いわゆる「**共謀罪**」と抱き合わせで成立したものであり，犯罪が発生する以前から捜査機関による捜査を可能とした。通信の秘密は，日本国憲法19条が定める「良心の自由」を担保し，積極的自由である「表現の自由」の基礎となることから，その制限についてはきわめて慎重な姿勢が求められているのである。

本案審議段階で，政府は，犯罪の組織化，国際化，ハイテク化，大規模化といった新たな犯罪現象に対峙するため新たな捜査方法の必要性を強調した。また，通信の秘密に関する憲法適合性に関する立法化の是非など十分な審議をしないまま，これらの目的を達成するために，より効果的，効率的に刑事法を適用することが必要不可欠との説明で採決を強行した。

通信傍受法の「要件」は，①犯罪の嫌疑，②犯罪関連通信の蓋然性，③補充性があげられる（通信傍受法3条1項)。①に関しては，将来発生が予測できる犯罪まで傍受の対象とした点で従来の捜査概念を揺るがしにするものである。②について，この蓋然性は，令状発付段階では定かではなく令状発付が白紙委任状のようなものになりかねない。③については，「補充性」とは，他の捜査方法によっては，犯人を特定し，犯行の状況や内容を明らかにすることが困難な場合に盗聴という手段による捜査が認められるというものである。

日本では，実質的な令状審査が行われないまま，令状が発付されている点を鑑みれば，令状審査段階で，そのような補充性が十分に検討されることなど期待できない。この傍受令状がもつ最大の問題は，日本国憲法35条１項が規定するところの「捜索する場所及び押収する物を明示する令状」といえるかである。通信傍受法６条では，令状に記載しなければならない事項として「傍受すべき通信」を掲げるが，傍受すべきかどうかは，当初判らないために同法は該当性判断のための傍受（いわゆるスポット傍受）を認めている。このスポット傍受は，時間的制限があるものの，日本国憲法の通信の秘密の保障の要請に抵触するものと考える。さらに，同14条では，傍受実施の間に，傍受令状に記載がない他の犯罪に関する通信がなされた場合，その通信を傍受できることになっている。いわゆる別件傍受といわれる傍受である。このような傍受は，令状主義に反し認められない。

4-5　おとり捜査

おとり捜査とは，捜査官またはその協力者がおとりとなって第三者に犯罪を実行するよう働きかけ，その実行を待ってその者を検挙する捜査方法をいう。

最高裁は，このおとり捜査について「……直接の被害者がいない薬物犯罪等の捜査において，通常の捜査方法のみでは当該犯罪の摘発が困難である場合に，機会があれば犯罪を行う意思があると疑われる者を対象におとり捜査を行うことは，刑訴法197条１項に基づく任意捜査として許容される」として（最決平16年７月12日刑集58巻５号333頁），おとり捜査を任意捜査であるとしている。最高裁が前提としているのは，おとり捜査が組織的に行われる薬物取引など薬物事犯の捜査には欠かせないという認識であり，捜査が違法性を帯びるものであったとしても，その公訴権の効力には影響を及ぼさないというものである。

4-6　コントロールド・デリバリー

コントロールド・デリバリーとは，捜査機関が禁制品であることを知りながら，その場で押収することはせず，捜査機関の監視のもとにその流通を許容し，追跡して，その不正取引に関与する人物を特定するための捜査方法である。禁制品を押収しないで流通させるライブ・コントロールド・デリバリーと禁制品をすり替えるクリーン・コントロールド・デリバリーとがある。おとり捜査と違い，犯意を誘発したり，機会を提供することはない。クリーン・コントロールド・デリバリーは，事前に禁制物を抜く捜査方法であるため，無令状での捜索・差押えとして運用されているが，禁制品を抜きとるという権力的作用が存在している以上，そのような捜査は問題があると考える。

4-7 GPS捜査

警察が**GPS捜査**（複数の人工衛星から発信される電波によって，被疑者の現在地を把握する捜査）を利用して，疑わしい被疑者の行動監視を行う捜査方法である。

判例は，捜査の必要性と捜査の適法性をめぐって判断が分かれている。すなわち，「令状主義を軽視し，プライバシーを侵害する重大な違法捜査」とするものがある一方で（大阪地裁平27年6月5日証拠決定），「GPS捜査は張り込みや尾行などに比べてプライバシー侵害の程度が大きくなく，令状をとる必要はない」とするものがある（大阪地裁平27年1月27日証拠決定）。

盗聴や写真撮影と同じく捜査機関が被疑者の承諾のないまま車両等にGPSを取り付けその動向を監視することは，著しいプライバシー権の侵害のおそれがある捜査方法との批判が根強い。GPS捜査は，犯罪が発生する以前から，嫌疑がかけられた者に対して向けられ，場所の特定，期間の指定のないまま，野放図に拡大しかねないという点，犯罪発生後に，嫌疑をかけられた人，物，捜索の範囲を特定してはじめて許される強制処分としての**令状主義**の趣旨を没却するものである点で令状なしには許されない類の捜査であるということができる。

4-8 デジタル・フォレンジック（DF）捜査

デジタル・フォレンジック（DF）捜査には，データの改ざんをチェックするものと，消去データを復元し客観的な証拠を得るものがあり，捜査機関は後者による利用を重視している。例えば，消去されたメールや通話履歴を復元し関係者の供述と突き合わすなどの捜査がそれである。しかし，適正な捜査を徹底するためには，復元過程を透明化し，復元されたデータは第三者機関により保管させ，いつでも検証できなければならない。これに関係する動きとして2020年に入って，東京，大阪，名古屋各地検特捜部にデジタル・フォレンジック（DF）室が，また，東京，大阪両地検特捜部に，両地検以外での事件を対象とするデジタル・フォレンジック（DF）センターが設置された。

4-9 DNA型捜査の進展

DNA型捜査では，“容疑者データベース”や“遺留品データベース”を関係者のDNAと突き合わすことで犯人を特定していく。登録件数は130万件で人口100人に1人といわれている。警察によるDNA型鑑定は1989年に始まり1992年から全国の都道府県警察で導入された。最近のDNA型検査の精度は飛躍的に向上し，565京人に1人の確率といわれている。しかし，DNA型鑑定は万能ではない。鑑定結果を過信するあまり被疑者の特定を誤って，無罪判決に至る事例も存在する。例えば，他人のDNAが混入したり，犯行時についたDNAかどうかの判断を誤るケースなどがそれである。DNA型鑑定は任意捜査が前提となるが法整備がされることなく現在に至っている。採取からデータベースへの登録，抹消などの手続きは，国家公安委員会規則や警察庁の通達で定めているのみである。法整備の必要性を強調する意見も多く，警察庁はこれまで有識者検討会を通して議論してきた。

5 ●―― サイバー犯罪と捜索・差押え

ここではまず，コンピュータを介して行われる犯罪やウイルス攻撃に関する捜索・差押えの目的物の特定とその捜索・差押えの手段に関連して重大な法改正が行われている点に触れておく。2011年6月に成立した「情報処理の高度化等に対処するための刑法等の一部を改正する法律」いわゆる「**サイバー刑法**」である。同法により，刑訴法は大幅に改正され，電磁的記録（データ）に対する証拠収集をはじめとする捜査権限の強化がなされた。近年の**サイバー犯罪**の急増を受けて，こうした事態に対応する法整備が捜査現場から強く求められていた背景がある。手続法に関しては，以下のような改正内容となっている。

5-1　記録命令付差押え

まず，電磁的記録を保管する者その他電磁的記録を利用する権限を有する者に命じて，必要な電磁的記録を記録媒体に記録させた上，当該記録媒体を差し押える制度である。この差押えを捜査機関が行う場合には，「記録命令付差押許可状」が必要となる（99条の2，218条1項）。本処分は，プロバイダや被疑者本人といった電磁的記録の保管者等に対して必要な電磁的記録を記録媒体に記録することを義務づける（記録命令付差押え）。

5-2　執行方法の整備

次に，電磁的記録に係る記録媒体の差押えの「執行方法の整備」（110条の2・222条1項）である。これは，差押対象物が電磁的記録に係る記録媒体（パソコン本体）であるときに，その差押えに換えて当該記録媒体に記録された電磁的記録を他の記録媒体に複写するなどした上で，他の記録媒体を差し押えることを可能としたものである。この差押えの執行方法と，記録命令付差押えの違いであるが，前者が，被処分者が任意に必要な他の記録媒体への記録に応じることが予想される場合であり，そうでない場合には，通常の捜索・差押えが行われ，現場では，記録命令付のような差押えを行う。

5-3　リモートアクセス

次に，電気通信回線で接続している記録媒体からの複写である。本処分は，ネットワークを利用して記録を物理的に離れたサーバ等に保管する場合も多いという実情をふまえ，差押対象物が電子計算機（パソコン本体）であるときに，当該電子計算機にネットワークで接続している他の記録媒体（メールサーバ，ファイルサーバ）に記録されている電磁的記録を当該電子計算機等に複写して，これを差し押えることを可能としたものである（99条2項）。

5-4　保全要請規定の整備

次に，保全要請規定の整備（197条3項から5項）である。これは，プロバイダ等の通信事業者に対して，その業務上記録している通信履歴の電磁的記録を一時的に消去しないよう求めるものである。この手続の整備に関しては，まず，警察官が通信履歴の保全を要請できる点について，通信履歴も憲法が保障する「通信の秘密」にあたると考えられており，保全要請だけだとしても，その侵害にあたるのではないか，また，通信履歴のみならず通信内容までも一緒に残すことにならないかとの疑問である。

以上のような法改正は，日本国憲法35条の令状主義との整合性について慎重に検討する必要があった。捜査対象のパソコンなどから回線を通じて，外部のサーバのデータを押収し差し押えることが可能になったが，1か所のパソコンを差し押えれば，広い範囲からデータを集められるし，差押えできる対象がきわめて曖昧だとの指摘がある。

これに対して，法務省では，いずれの捜索・差押えも，裁判官による令状を必要とし，不当な権利侵害にならないと回答している。しかし，元のデータを他の記録媒体（USBやFDなど）に複写し，印刷し，または移転させることで，被疑事実と関連性のない情報が幅広く集められてしまうおそれがあり，それは無令状による捜索・差押えと何ら変わらないことにならないか。また，このような場合「差し押えられるべき物」の特定は，現場の捜査官に委ねられるということになり，そうした捜索・差押えの適正さを担保する術がない。

さらに，記録命令付差押えの場合に，その相手方となるのが被疑者であり，データの内容が「供述」に該当するような場合には，憲法が保障する「**黙秘権**」に抵触するおそれがあると批判される。

捜索・差押えの適法性の問題について判例は，電磁的記録それ自体は「有体物」ではないことから，捜索・差押えの対象にはならず，それらを記録している記録媒体が捜索・差押えの対象となる（大阪高判平３年11月６日判タ796号264頁，最決平10年５月１日刑集52巻４号275頁）と解してきた。しかし，このような記録媒体には，大量の情報が含まれており，かつ，それ自体を人の目で見て記録することはできない。そこでいかにして，犯罪に関連する情報を特定するかが問題となる。この点で上記判例は，記録媒体の中に被疑事実に関する情報が記録されている蓋然性が認められる場合において，その場で内容を確認していたのでは，情報が破壊されるおそれがあるときは，内容を確認することなく，記録媒体を差し押えることができるとし，また，選別が容易でなく証拠隠滅のおそれがあるときは，記録媒体の全部を差し押えることができるとした。つまり，日本では電磁的記録の捜索・差押えの場合には，令状に記された「差し押えられるべき物」の特定が，現場ではきわめて包括的に行われてきたというのが現状である。こうした実務の運用を司法が容認し，それにお墨付きを与えてきたといえよう。

他方で，2011年の刑訴法改正によって，捜索の対象が「有体物」だけでなく，電磁的記録を「有体物」に擬制してそれに及ぶこととし，犯罪に関する電磁的記録を別の媒体に移し替えその媒体を差し押えたり，捜索・差押えの現場で必要な記録を複写，印刷したり，メールサーバのプロバイダに犯罪に関するメールをCD-R等の別の媒体に記録させ，提出させるなどの新な捜索・差押えの手法を明記したことで「差し押えるべき物」の特定に配慮したともいわれた。だが，こうした新たな法律が現場ではどこまで有効なのか，捜索・差押えとしての適法性が守られるのかは未知数といえるであろう。

最後に，“サイバー局”の新設による警察の中央集権化について触れておこう。2021年6月，国家公安委員長，警察庁長官は2022年度「警察庁組織改革構想」を公表した。「サイバー事案への対処能力の強化を図る」目的で警察庁に“サイバー局”を設置し，重大なサイバー事案について捜査を行うための組織“直轄隊”を設置し，直轄隊が自ら捜索・差押え，被疑者の逮捕や事件送致などを行うとした。しかし，こうした動きは，捜査権限は都道府県警察に帰属するという従来の警察のあり方を見直し，警察庁に権限を集中させ直接的な指示・命令を行おうとするものである。

戦前は，内務省警保局が警察行政を一手に担い強大な権力を欲しいままにした。市民を弾圧し思想を統制することで，国家総動員体制の維持に力を発揮した。これと同様に，警察庁におけるサイバー局の新設は，警察権力の中央中集権化を進展させるものである。

6●—— 捜査権の拡大と刑事立法

1990年代後半のバブル崩壊によって経済が低迷し，政治が行き詰まると，この国を支えてきた既存の価値観や大企業を核とする国の政策の見直しが声高に叫ばれるようになった。新自由主義が社会を席巻し，市民の間に格差が拡がり，社会的な弱者による犯罪も増加した。人々は他人に対する寛容性を失い，人間関係の破綻を招いた。社会不安は深刻化し，政府は「体感治安」の悪化と犯罪の増加を理由に取締りを強化した。上からの「安心」,「安全」の強制である。また，犯罪の組織化，国際（ボーダレス）化，複雑化，巧妙化等が強調される中で，現実の犯罪に対峙し，効果的な捜査を実現しようとする現場の要求が高まった。

捜査実務と日本国憲法の理念との間で矛盾が生じ始めると，裁判所は，不合理な解釈によってその矛盾の埋め合わせを試みるようになった。しかし，従来の原則を法解釈により克服することには限界もみえてきた。そこで，罰則の規定の強化や新たな刑事立法の必要性が強調された。他方で，政府は，DVやストーカー，児童虐待など新たな犯罪や組織犯罪，薬物犯罪への対応に迫られていた。

1999年12月に国会で制定された組織犯罪対策立法は，刑事法の大原則である**適正手続**とか**強制処分法定主義**，**令状主義**と真っ向から対峙するものであった。しかし，政府は，憲法適合性といった本質的な議論を棚上げにしたまま，捜査の必要性や効率性を最優先にして次々と特別立法を成立させ，事実上捜査権の拡大にお墨付きを与えることに成功した。また，いかなる犯罪にも対応できるフレキシブルな捜査を実現するために，刑訴法そのものの見直しに向けた議論が盛んになされるようになっていた。

大阪地検特捜部の証拠改ざん事件をきっかけに検察改革を議論してきた「検察の在り方検討会議」は，2011年3月，提言をまとめた。検討会では，多くの委員が供述調書に依存した捜査・公判からの脱却に賛同する一方で，サイバー犯罪をはじめとする捜査の現実化の必要性について議論がなされた。サイバー犯罪については，政府は，「サイバー犯罪条約」の批准とサイバーテロ対策に向けて法案化を急いでいた。こうした動きは，同年の「サイバー刑法」の成立による刑訴法の大幅な見直しに結びついた。

2011年6月，法制審議会に設置された「新時代の刑事司法特別部会」は，2014年7月に「最終報告書」を公表した。この報告書では，可視化の導入とともに，被疑者や参考人から供述をいかに引き出すかとして，「司法取引」，「刑事免責」制度の導入を掲げ，客観的証拠をどう集めるかとして，「通信傍受の拡大」を掲げた。可視化と新たな捜査方法の導入は，「一セット」であるという審議会の強い意向を示すものとなった。同時期開催されていた国家公安委員会主催の「捜査手法・取調べの高度化を図るための研究会」は，2012年3月，最終報告書を公表した。そこでは，現実の犯罪状況に鑑みると，おとり捜査や通信傍受の拡大など新たな捜査方法の導入は不可欠であることが強調された。

こうした議論を受けて，2016年12月，改正通信傍受法が成立した。この改正法では，対象犯罪を従来の薬物，銃器，組織的殺人，集団密航の4類型に加えて，組織性のある窃盗，詐欺，恐喝など9類型が追加された。また，犯罪が発生する以前から捜査機関による捜査を可能とした。従来の捜査概念は「捜査とはすでに行われた犯罪に対するもので将来の犯罪のための捜査は認められない」とするものであり，捜査の本質を変容させることになった。また，その権力的な作用が通信の秘密を侵す強制処分でありながら，傍受の必要性の有無を実質的に現場の警察官の判断に委ねることになった。これは，司法的抑制を重視する**適正手続**，**令状主義**違反であることは明らかであった。

以上のように，改正法は，「組織的」と考えられるあらゆる犯罪を対象とし，傍受の範囲，傍受の方法など要件を大幅に緩和するとともに，令状審査を簡略化して必要に応じたフレキシブルな捜査を可能にするものとなった。これらサイバー刑法，改正通信傍受法の成立は，2017年６月の共謀罪の成立によって結実されていく。

共謀罪の特徴は，犯罪行為が行われる準備段階よりも前の危険な思想・危険な行動を犯罪化し，その判断を捜査機関に委ねることで，捜査そのものが**保安処分**化したことである。以上みてきたように，新たな捜査方法が次々と導入され，捜査機関の捜査権限がさらに拡大するとどのような事態を招くのだろうか。

捜査機関には，取調べで得られた自白以外に，通信傍受などの新たな捜査手法により自白を補強する客観的な証拠が集められる。また，捜査機関は犯罪が発生する以前から，将来の犯罪に備えて強制処分権を行使しうるような際限のないほどに絶大な捜査権を手中に収める。市民の生活の隅々まで，秘密警察の情報網が張り巡らされ，われわれの生活を常に監視，コントロールする社会の再来が懸念される。被疑者・被告人の人権よりも治安優先，捜査の必要性から導入される手続は，日本国憲法の価値や正当性をもちえないものだ。こうした状況を目の当たりにして，われわれは改めて日本国憲法の視野から，**適正手続**，**強制処分法定主義**，**令状主義**の意義について，熟考しなければならないのである。

＊１　法律新聞社編『改正刑事訴訟法精義』法律新聞社，1922年，540頁。
＊２　小田中聰樹『刑事訴訟法の史的構造』有斐閣，1986年，76頁以下。
＊３　團藤重光『刑事訴訟法綱要』弘文堂書房，1943年，492頁。
＊４　「各庁府県当局の治安維持法改正意見」奥平康弘編『現代史資料45　治安維持法』みすず書房，1973年，197頁以下。小田中，前掲注（＊２）35頁。
＊５　庭山英雄「小野清一郎の刑事訴訟法理論」吉川経夫ほか編著『刑法理論史の総合的研究』日本評論社，1994年，520頁以下。
＊６　憲法的刑事手続研究会『憲法的刑事手続』日本評論社，1997年，261頁，316頁。
＊７　同上321頁。
＊８　小田中聰樹『現代刑事訴訟法論』勁草書房，1977年，65頁以下。
＊９　同上105頁以下。
＊10　憲法的刑事手続研究会，前掲注（＊６）325頁。
＊11　小田中，前掲注（＊８）83頁。

（春日　勉）

第6章

防御権

◉ Introduction

「刑事訴訟法の歴史は刑事弁護拡充の歴史」であるといわれるが，拡充を妨げる要因に思いを至すと，弁護権の歴史は検察が担う捜査権限との対抗の歴史でもあったといえようか。本章では，防御権の実際の行使に不可欠である弁護権の意義を確認した上で，その前提たる黙秘権と，その実践における中核たる接見交通権について歴史的到達点と今後の課題を検討することとしたい。

1 ●—— 憲法上の権利としての防御権

戦後の日本国憲法において戦前と比較して大きく異なる点として，弁護に関する諸規定をあげることができよう。大日本帝国憲法が「弁護」という語を一度も用いていないのに対して，戦後の日本国憲法は，その34条で身柄拘束下での弁護人依頼権，勾留理由開示制度への弁護人の立会権を定めるほか，37条で刑事被告人の国選弁護制度を謳っている。治安重視の立場から多様なメディアで，お金も手間暇もかかる刑事事件での弁護人について，疑念や敵意が向けられることも多い。しかし，理論上は，捜査機関の捜査権に対して被疑者の防御権が対置され，弁護人による防御権としての弁護権と併せて，自己防衛権たる自己防御権が中核にすえられている。[*1]

この防御権については，広く「**包括的防御権**」[*2]というものが観念されたりもしている。「憲法三一条から三九条に定める被疑者・被告人の刑事手続上の権利は，断片的に存在するのではない。その奥底により豊かな価値原理を読みとれる。それが包括的防御権だ。」として，「憲法の明文で読み取れない権利もまた，包括的防御権から抽出でき」るとするのであるが，その奥の価値観というのは，「国家から犯罪の疑いをかけられた者は自由かつ合理的な防御を行なえる」という価値原理である。誤った裁判を防ぐために誤りか否かが確定していない手続での権利保障が必要なのであって，誤らなければ権利を保障しなくてよいことにはならないことを，まず確認すべきであろう。

以下では，特に黙秘権，（有効な）弁護（を受ける）権（利），接見交通権を中心に取り上げて，被疑者・被告人の防御権を確認していく。

2●―― 防御権各論(1)：黙秘権の展開

2-1 拷問の廃止と黙秘権

1764年に匿名で出版されたベッカリーアの『犯罪と刑罰』は，「裁判官は拷問を命ずることによって，たえずむじつの者をせめさいなむ危険をおかしている」「せめ苦によって被告から真実をしぼり出そうとすることは，言語道断な，ばかげたことだ」と批判した。18世紀のヨーロッパでは当然のように拷問が行われていたわけであるが，日本の近代における刑事裁判も拷問廃止への取組みが必要であった。明治政府が発足し，1873（明治6）年の改定律例は「凡ソ罪ヲ断スルハ口供結案ニ依ル」として自白を要求していたが，それまで自白を得るために拷問を行うことは通常のことであった。当時，近代西欧法を日本に「輸入」するために日本政府に外国人法律顧問として雇われていたボアソナードが，拷問の様子を目撃して1875年に拷問廃止の建白書を司法卿に提出したことから検討がなされ，1876（明治9）年に「凡ソ罪ヲ断ズルハ証ニ依ル」との改正が行われ，拷問廃止に向けた第一歩を踏み出した。明治12年に太政官布告により拷問に関する規定を一切廃止したが，あくまで法規上のことであって[*3]，現実は異なった。そこで，次に検討する黙秘権が拷問や供述強要からの防御として重要となるわけである。なお，拷問廃止の問題は国内法にとどまるものでない。国際人権法上の課題については，第12章で学習されたい。

2-2 黙秘権の意義と憲法

黙秘権の刑訴法の規定については，すでに第4章でも言及されているところであるが，まず，憲法上の規定と刑訴法上の規定の異同が確認されなければならない。戦前には被疑者はおろか被告人の黙秘権に関しても明文の規定は憲法にも刑訴法にも存在しなかった。ただし，被告人に自白の義務がないのは刑訴法学説の一致するところであったという。旧刑訴法188条は証人の不利益供述について「證言ヲ拒ムコトヲ得」と規定しており，その理由は「人情ヲ無視シ事理ニ反ス」からだとされていた。この規定との権衡上，被告人に供述義務を認めることは解釈論として困難であると指摘されていた。[*4] しかし，現実の事態との乖離が甚だしかった。「実際には今次の敗戦まで被告人の黙秘権は大して尊重せられず，時によると自白を得るための拷問すら行われていたのである。かかる現実の事態を一新するには新憲法自体により黙秘権が宣言される必要があったのである。[*5]」これが戦後，憲法の規定が設けられた理由である。

憲法38条1項は，「何人も，自己に不利益な供述を強要されない」と規定した。これは合衆国憲法修正5条に由来する「**自己負罪拒否特権**」を保障したものと解されている。主語が「何人」となっていることから，2つの側面で理解しうる。すなわち「証人」と「被告人」である。証人には供述義務が課されるが，刑事訴追を受けるおそれがあるときは，供述を拒否できるというわけである。これに対して，被告人はそもそも法廷での供述義務を課されることはないから，利益不利益を問わずに包括的に供述を拒否することができるのであり，義務を前提としないことから特権ではなく「**包括的黙秘権**」と呼ばれる。そうすると，被疑者にも当然供述義務は前提とされていないため，包括的黙秘権を有していることになる。

また，憲法38条2項は，「強制，拷問若しくは脅迫による自白又は不当に長く抑留若しくは拘禁された後の自白は，これを証拠とすることができない。」との自白法則（詳細は本書第9章を参照）を規定しているが，この規定との関係でも，先に述べたように黙秘権は供述義務を前提としない被疑者にも妥当するのであり，自白法則も自白そのものだけでなく不利益事実の承認にまで拡大される傾向にあることから，両者の融合が指摘されている。そうすると，憲法上，被疑者か被告人かを問わず，包括的黙秘権が保障されていると理解する見解が有力となる。

従前は，刑訴法198条2項が被疑者取調べにあたって「自己の意思に反して供述をする必要がない旨を告げなければならない」とし，同法291条4項が起訴状朗読の後に「終始沈黙し，又は個々の質問に対し陳述を拒むことができる旨」を裁判長が被告人に告知し，同法311条1項が「被告人は，終始沈黙し，又は個々の質問に対し，供述を拒むことができる」と規定しているのは，憲法の規定する自己負罪拒否特権を刑訴法が拡大して包括的黙秘権を保障したと理解していたが，むしろ端的に憲法が包括的黙秘権を要請していると解すべきであろう。

2-3 黙秘権の告知

戦後の刑事訴訟法改定作業において，当初は憲法改正作業と並行して，1946年4月「刑事訴訟法改正試案」において捜査手続に関連して「被疑者の訊問については，訊問に先立ち陳述を拒むことができることを告げ，陳述を拒まないときに限り，訊問することができるものとすること。」とされており，この時期の憲法改正案の影響が看取されるが，その後，46年の改正刑事訴訟法第一次案が被告人の規定をおくのみで，以降の第九次案までの改正刑事訴訟法案においては被疑者の黙秘権についての言及はみられない。応急措置法10条も憲法38条1項の文言をそのまま繰り返すのみであった。ようやく1948年3月に始められた政府と総司令部の折衝・協議において告知義務規定の検討がなされ，国会提出法案に取り入れられたという。

しかし，被疑者取調べによる供述獲得を前提に，黙秘権を告知することは矛盾であるとか，取調官の士気を下げるなどといった理由でその削除を求める検察官側の要求によって，最終的には，当初の198条2項の文言が「供述を拒むことができる旨」とされていたものを「自己の意思に反して供述をする必要がない旨」と1953年改正で改められることとなった。実質面での変更ではないうえ，議論の経過の中で提案された不利益供述に限定する文言が最終的に削除されたことから逆に包括的黙秘権の権利性が明らかにされたともいえる。その38条1項を敷衍した告知制度そのものが「一種の権利」との指摘もあるが，戦後の最高裁判所は応急措置法下の告知を欠く事案で違憲性を否定（最大判昭23年7月14日刑集2巻8号846頁）しており，現行法下の事案でもその判断を維持した（最判昭25年11月21日刑集4巻11号2359頁）。今のところ最高裁自体はこの判断を変えていない。

告知の点ばかりでなく，そのほかにも憲法上の黙秘権保障の現実における不徹底が指摘されている。例えば，実務における取調べ受忍義務肯定論（第4章の被疑者取調べ参照），告知における権利性の曖昧さ，告知の権利性の否定，告知時期の遅さ，不利益推認禁止の明文の欠如，侵害に対する明文による救済制度の欠如・不徹底（証拠排除法則の明文規定の不存在，国家賠償の困難），補強証拠が要求される範囲の狭さ，共犯者自白による補強法則の形骸化といったものがあげられている。

2-4　黙秘権と刑事免責

黙秘権の侵害が懸念される新たな制度として，2016年改正で導入された**刑事免責**制度が注目される。検察官が裁判所に証人尋問を請求する際に，その条件として証人に免責を与える（157条の2第1項1号）代わりに証言拒絶権（146条）を失わせて証人に供述を強制するものである（157条の2第1項2号）。

証人が自己の免責を動機とする制度であるだけに，標的とされた被告人が誤って有罪とされることがないか，懸念される。同様に共犯者等から他人の犯罪事実を得ようとするものとして，協議・合意制度も刑事免責と同時に導入されいる。一定の犯罪について，弁護人同意のもとで，共犯者等の他人の刑事事件の解明に資する供述等の協力行為をする一方で，検察官がその協力者の事件に有利に考慮して，軽い求刑や不起訴処分等の恩典を付与することを内容とする合意制度（350条の2以下）であり，刑事免責と同様の懸念がある（column「協議合意制度と刑事免責制度」を参照）。

3●――防御権各論(2)：効果的な弁護を受ける権利の展開

近代日本の弁護制度は民事から始まる。1872年司法職務定制において各区に代言人が認められ，第2章でみたように1876年の代言人規則に続くが，刑事における弁護制度が一般的に認められたのは1880年の治罪法からだとされる。[*6] 266条1項は，「被告人ハ弁論ノ為メ弁護人ヲ用フル(コト)ヲ得」と規定した。しかし，当初充分に行われなかったという。

とはいえ，治罪法では，重罪について必要的弁護の規定（378条2項）が存在する。他方で，公判以前については，予審段階において一般接見と同等の接見を認める規定をおきつつも，同時に「密室監禁」という制度を設けて外部との交通を厳しく制限することを可能にしていた（同144条）。

1890年の旧々刑訴法は治罪法に引き続いて公判における弁護人の選任を可能とし（179条1項），重罪についても治罪法と同様に必要的弁護の規定（237条2項）も設けた。ただし，検事の権限拡大と共に次第に弁護権保障の実質も形骸化していくこととなったという。

1922年の旧刑訴法は，その39条で「公訴ノ提起アリタル後何時ニテモ弁護人ヲ選任スルコトヲ得」と規定して弁護人の選任を予審以後に広げたが，きわめて抑制的な改革しかなされなかった。

また，その後も，治安維持法における司法大臣指定弁護士への選任限定[*7]や，戦時刑事特別法における制限など，戦時体制への移行に伴い，弁護権の後退が著しくなった。戦時刑事特別法では，治安維持法，国防保安法にならい，訴訟促進を理由に，被告人１人に弁護人２人を超えることを禁止し，かつ選任を10日間までとし（20条），訴訟書類の謄写に裁判長または予審判事の許可を要することに（21条）なった[*8]。

「政治犯罪」は「明治前期には『国事犯』と呼ばれ，外形は犯罪人として扱われても，民衆からはときに英雄視される場合さえあった」が，特にその後の「明治憲法体制下では，そういう見方をされるのは，実は真に国家権力と対立するのではなく権力の政策と基本的に同一方向をめざしながらいっそう極限的な主張をふりかざして犯罪行為をあえて行う『右翼』の政治犯人に限られ，もっとも根底から権力に反抗する立場からの政治犯罪を犯したと目せられたものは，『非国民』『国賊』『売国奴』等の言葉からうかがわれるとおりの，きびしい非難の視線を民衆の間からも受けるのを免れなかった」にもかかわらず，在野法曹は「国家権力によってもっとも憎悪される政治的犯罪被告事件において，被告人の立場を代弁し正面から主張すべきことを主張して屈しなかった事例の多かった」ことが指摘されている[*9]。

とはいえ，戦前の刑事弁護は弁護士懲戒に脅かされ続けたのであり，戦争による防御権の縮小と弾圧による刑事弁護の「衰退」が現実の姿であったといえようか。

戦後，1946年２月に民生局「人権に関する小委員会」憲法案で身柄拘束中の被疑者に関する現行憲法とほぼ同様の弁護権規定が提案され，「直ちに」の文言を加えて明文化された。

刑訴法の改正についても，1945年10月に司法省は捜査機関への強制権限付与に伴って被疑者の「一定ノ限度ニ於テノ弁護権」を提案した。これに対し，刑訴応急措置法は被疑者の弁護人選任を身柄拘束下に限ったが，国会に提出され成立した新刑訴法は，不拘束者を含む被疑者・被告人の弁護人選任を規定した（30条１項）。

次に，戦後刑訴法改正論議における被疑者国選弁護制度については，1945年11月22日司法制度改革審議会諮問事項ニ対スル方策（仮案）ですでに検討が開始され，1946年1月26日刑事訴訟法中改正要綱案に被疑者弁護に関する事項が規定された。1946年4月30日刑事訴訟法改正方針試案で被疑者官選弁護が言及され，1946年8月5日刑事訴訟法改正要綱試案で被疑者官選弁護の規定の提案がなされた。1946年12月改正刑事訴訟法案第4次案まで存続しその後削除され，1947年3月応急措置法は被疑者の弁護人選任は身柄拘束下に限定（3条）し，国選弁護の保障を被告人に限定（4条）したが，その理由は国で付すほど必要なのは公訴提起後だとされたからである。

以上の通り，新刑訴法は身体拘束を問わない被疑者・被告人の弁護制度，逮捕に伴う弁護人選任権の告知制度を実現したが，憲法上の弁護権（防御権）保障も現実における不徹底は否めず，被疑者段階の国選弁護は見送られ，接見交通権の制限的な運用（39条3項ただし書）など，なお不徹底なものであった。保釈制度も制限的なもので，被疑者の権利保釈を欠いた。

その後70年代には，公安事件における「荒れる法廷」が出現し，統一公判を求める法廷闘争において必要的弁護事件の弁護人が正当な理由なく出廷しなかったり，その解任と選任を繰り返して審理の進行を妨害する事案が生じたとして，1978年に「刑事事件の公判の開廷についての暫定的特例を定める法律案」（いわゆる「**弁抜き法案**」）が国会に上程されたが，日弁連が強く反対し，廃案となった。この際に法曹三者の協議において，不当な弁護活動に対して弁護士会自らによる懲戒で対応することとなり，これにより弁護士自治が維持される結果となっている。なお，この議論の際に弁護権の放棄との理由づけの妥当性が議論され，その後の判例（最決平7年3月27日刑集49巻3号525頁）でそのような内在的制約を肯定する方向での結論が示されたが，その安易な一般化を危惧する見解も根強いといえよう。問題とすべきは，むしろ法廷闘争を抑え込むために弁護権を制約しようとするやり方は，戦前の治安維持法事案から荒れる法廷まで共通しているということであろう。

80年代になると，平野「診断」における刑事弁護離れの指摘をきっかけとして，刑事弁護離れの深刻化が問題視されはじめ，他方で死刑再審事件の出現による誤判問題も意識され，この打開策として弁護士がボランティアで初回接見に赴く当番弁護士制度が1990年から各単位弁護士会で導入されはじめた。

当番弁護士制度の定着とともに，その財政的負担の重さも意識されるようになり，2004年の刑事訴訟法改正において被疑者国選弁護制度が設けられ（37条の２，37条の４），新設された日本司法支援センターを介した被疑者国選弁護はその後段階的にその範囲が広げられ，現在では勾留状を発せられているすべての事件について，国選弁護人を付すことが可能になっている。

ただし，被疑者・被告人の黙秘権を全うさせうることを前提とした弁護人の効果的な弁護を受ける権利が十分に達成されているかというと，まだまだ課題が多い。一つの例として，死刑事件の上訴審における弁護の空白という問題があり，未だ解決されたとは言い難い。死刑判決に対する上訴後，審級の移動の間隙の実質的な弁護人不在状態において，被告人が控訴を取り下げることにより，最も重い死刑判断についての上訴による再検討の機会を喪失してしまうという問題である。国際人権法上，死刑についてはより強力なデュープロセスが要求されることとの関係でも大きな問題である。

以上みてきた通り，グラーザーのいう「刑事訴訟法の歴史は刑事弁護拡充の歴史」であることが事実であるとともに，捜査権限との対抗の歴史でもあった。憲法の規定する弁護権の文言は「弁護人を依頼する」権利であるが，権利として重要なのは単に弁護士を選任できることにとどまるのではなく，「効果的な弁護」を受ける権利である。「弁護人の援助を受ける権利をより実質的に検討する場合には，弁護人の援助を受ける権利とは，有能な個々の弁護人の援助を受ける権利だけでなく，財政的に十分整理された刑事弁護制度のもとにおける有効な弁護を受ける権利であると考えられるのである[*10]。」

4 ●—— 防御権各論(3)：接見交通権の展開

憲法34条が弁護権を保障していることはすでにみてきた通りであるが，その中核として接見交通権は位置づけられる。弁護人以外の者との外部交通は裁判官による接見禁止も可能である（81条）のに対し，弁護人とやり取りができずには援助が受けられないからである。憲法を受けて，刑訴法39条１項は，「身体の拘束を受けている被告人又は被疑者は，弁護人又は弁護人を選任することができる者の依頼により弁護人となろうとする者……と立会人なくして接見し，又は書類若しくは物の授受をすることができる。」と規定しており，この接見，書類・物の授受を通した，被疑者・被告人の外部交通の権利を**接見交通権**という。秘密の接見交通権であり，被疑者のみならず弁護人の固有権でもある。

治罪法では，「密室監禁ノ場合ヲ除クノ外被告人ハ監獄則ニ従ヒ官吏ノ立会ニヨリ其親族故旧又ハ代言人ニ接見スル<ruby>ヿ<rt>コト</rt></ruby>ヲ得」(140条) として，予審段階において一般接見と同等の接見を認める規定をおき，同時に「密室監禁」という制度を設けて外部との交通を厳しく制限することを可能にしていた。旧々刑訴法も制定当初は同様の規定 (87〜89条) をおいていたが，密室監禁については批判もあって規定を削除し，それに伴い85条3項で「他人トノ接見，書類物件ノ授受ヲ禁シ又ハ其書類物件ヲ差押フルコトヲ得」と規定した。旧刑訴法はその45条で「被告事件公判ニ付セラレタル後ニ於テハ弁護人ト勾留ヲ受ケタル被告人トノ接見及親書ノ往復ヲ禁スルコトヲ得ス」として，被告人勾留されている場合の接見等を許している。また111条では予審段階である勾留されている被告人についても，「他人トノ」接見等を許すが，112条で罪証湮滅または逃亡を理由とする禁止を認めている。また，公判段階でも監獄法の職員立会や検閲が可能で，一般接見との差は接見手続や制限時間などにとどまったという。

上述の通り，法39条1項は弁護人との接見交通権を規定しているが，しかし，他方で同条3項は，「検察官，検察事務官又は司法警察職員……は，捜査のため必要があるときは，公訴の提起前に限り，第一項の接見又は授受に関し，その日時，場所及び時間を指定することができる。但し，その指定は，被疑者が防禦の準備をする権利を不当に制限するようなものであつてはならない。」として，ただし書の限度でのいわゆる接見指定を認めている。

かつては，まず検察官が，接見の日時場所を別に発すべき指定書の通り指定する旨を記載したいわゆる**一般的指定書**を予め警察留置場の長に交付した上で，弁護人からの接見の申し出に対して捜査に支障のない日時場所を記載したいわゆる具体的指定書を交付し，この具体的指定書を持参させて接見させる方法がとられていたが，原則と例外を逆転するものとして多くの国賠訴訟も提起され，1988年に一般的指定書は廃止された。

数多くの国賠訴訟が提起されてきた。例えば，最大判平11年3月24日民集53

巻3号514頁は,「(一)刑訴法三九条三項本文の予定している接見等の制限は,弁護人等からされた接見等の申出を全面的に拒むことを許すものではなく,単に接見等の日時を弁護人等の申出とは別の日時とするか,接見等の時間を申出より短縮させることができるものにすぎず,同項が接見交通権を制約する程度は低いというべきである。」「(二)捜査機関において接見等の指定ができるのは,弁護人等から接見等の申出を受けた時に現に捜査機関において被疑者を取調べ中である場合などのように,接見等を認めると取調べの中断等により捜査に顕著な支障が生ずる場合に限られ,しかも,(三)右要件を具備する場合には,捜査機関は,弁護人等と協議してできる限り速やかな接見等のための日時等を指定し,被疑者が弁護人等と防御の準備をすることができるような措置を採らなければならないのである。このような点からみれば,刑訴法三九条三項本文の規定は,憲法三四条前段の弁護人依頼権の保障の趣旨を実質的に損なうものではないというべきである。」「なお,刑訴法三九条三項本文が被疑者側と対立する関係にある捜査機関に接見等の指定の権限を付与している点も,刑訴法四三〇条一項及び二項が,捜査機関のした三九条三項の処分に不服がある者は,裁判所にその処分の取消し又は変更を請求することができる旨を定め,捜査機関のする接見等の制限に対し,簡易迅速な司法審査の道を開いていることを考慮すると,そのことによって三九条三項本文が違憲であるということはできない。」として接見指定が憲法34条前段に違反するとの訴えを退けている。憲法規定との矛盾を「刑訴法サイドに添って埋めるために最高裁が採用する論理展開の典型」と指摘[*11]されている。

その後,最判平12年6月13日民集54巻5号1635頁は,「弁護人を選任することができる者の依頼により弁護人となろうとする者と被疑者との逮捕直後の初回の接見は,身体を拘束された被疑者にとっては,弁護人の選任を目的とし,かつ,今後捜査機関の取調べを受けるに当たっての助言を得るための最初の機会であって,直ちに弁護人に依頼する権利を与えられなければ抑留又は拘禁されないとする憲法上の保障の出発点を成すものであるから,これを速やかに行うことが被疑者の防御の準備のために特に重要である。したがって,右のような接見の申出を受けた捜査機関としては,前記の接見指定の要件が具備された場合でも,その指定に当たっては,弁護人となろうとする者と協議して,即時又は近接した時点での接見を認めても接見の時間を指定すれば捜査に顕著な支障が生じるのを避けることが可能かどうかを検討し，これが可能なときは，留置施設の管理運営上支障があるなど特段の事情のない限り，……たとい比較的短時間であっても，時間を指定した上で即時又は近接した時点での接見を認めるようにすべきであ」るとしてこの事案での初回接見の拒否を違法としている。

さらに，最判平17年4月19日民集59巻3号563頁は，「検察官が上記の設備のある部屋等が存在しないことを理由として接見の申出を拒否したにもかかわらず，弁護人等がなお検察庁の庁舎内における即時の接見を求め，即時に接見をする必要性が認められる場合には，検察官は，例えば立会人の居る部屋での短時間の『接見』などのように，いわゆる秘密交通権が十分に保障されないような態様の短時間の『接見』（以下，便宜「**面会接見**」という。）であってもよいかどうかという点につき，弁護人等の意向を確かめ，弁護人等がそのような面会接見であっても差し支えないとの意向を示したときは，面会接見ができるように特別の配慮をすべき義務があると解するのが相当である。」として，面会接見に関する配慮義務を怠ったとの違法を認めたが，ただし，本事案では担当検事の過失を否定している。検察官に特別な配慮を求める点は評価できようが，面会接見という手法が原則化しないかという点の注意も必要であろう。本筋の権利保障とは異なるという面があろう。

なお，2008年最高検「取調べの適正を確保するための逮捕・勾留中の被疑者と弁護人等との間の接見に対する一層の配慮について」，警察庁「取調べの適正を確保するための逮捕・勾留中の被疑者と弁護人等との間の接見に対する一層の配慮について」での，取調中であってもできる限り早期に接見の機会を与える旨の通達により，接見指定をめぐる争いはほとんどなくなったといわれたりもしている。ただし，接見交通権をめぐる問題が解決したわけではない。接見の場での証拠採用されたビデオテープの再生拒否に対する賠償を認めた後藤国賠（大阪地判平16年3月9日判時1858号79頁，最決平19年4月13日判例集未登載により確定）や，検察官による接見内容の聴取が禁止されるとした（福岡高判平23年7月1日判時2127巻9頁）例はあるものの，刑事収容施設法の信書の検査を許す規定の問題性や，ビデオテープ以外の電子機器の持ち込み，弁護人以外の者との**一般接見**（207条1項・80条）の拡大なども検討されるべきであろう。現状では逮捕勾留中の一般接見は認められていないが，「市民的営み保障の観点からすれば，具体的な支障がなければ許すべき[*12]」であろう。

また，近時の接見交通において注目されるのが，いわゆる「被疑者ノート」をめぐる警察の対応である。被疑者ノートとは弁護士が被疑者に差し入れるノートのことで，日弁連作成の日本語版は2016年に第6版に及んでいる。そこでは冒頭に取調べに向けての心構えをすべての漢字に振り仮名を付して説明するほか，後半部分では取調べ状況を被疑者自身が記録するためのメモ欄が記入しやすいように工夫された各項目毎に設けられたもので，接見の際に弁護人への説明で使用することが予定されているほか，証拠として利用できるように後日弁護人へ返却することにされているものである。弁護人から外国人被疑者に差し入れられた同旨のノートについて警察の留置担当官が中身を確認し，被疑者に英文の黒塗りや破棄をさせた事案につき，接見交通権の侵害に当たるとして損害賠償を認めた下級審の判断が散見される（名古屋地判令2年9月29日裁判所ウェブサイト，なお，控訴審の名古屋高判令4年2月15日LEX/DB 25592063では，警察の英語禁止措置についても接見交通権の侵害と認めている）。

このような捜査機関の干渉の例をみても，そもそも接見交通権が本当の意味で確立されたとは到底言い難い現状が確認できよう。法39条3項本文はそのまま維持すべきなのかも改めて検討されてよい。また，接見交通が弁護人立会の代替として位置づけられていたのは公判中心主義によるものであるとの指摘[*13]に鑑みれば，弁護人立会権（詳しくは第4章参照）の導入とその制度としての確立がめざされるのにとどまらず，そもそも公判中心主義を阻害している（国際人権基準からみて異常な）長期間の身柄拘束下での被疑者取調べの是正が検討されるべきであろう。

5●——その他の防御権

以上，黙秘権，弁護権，接見交通権を中心に，特に被疑者の防御権を中心にそのあるべき保障の内容を確認してきた。ただし，防御権は上記にとどまるものではない。最後に179条に規定される証拠保全請求権を若干確認し，将来の防御権を展望することとしたい。

刑訴法179条は，「被告人，被疑者又は弁護人は，あらかじめ証拠を保全しておかなければその証拠を使用することが困難な事情があるとき」は，第一回公判期日前に裁判官に対して「押収，捜索，検証，証人の尋問又は鑑定の処分を請求することができる」と規定して，被疑者・被告人側に強制的な証拠の収集・保全手段を与えることにより，防御権の充実を図ろうとする。

また，同180条は「検察官及び弁護人は，裁判所において，前条第１項の処分に関する書類及び証拠物を閲覧し，且つ謄写することができる。但し，弁護人が証拠物の謄写をするについては，裁判官の許可を受けなければならない。」と規定している。ただし書については，検察官には裁判所の許可を要しないこととの不均衡が指摘されたりもしている。

細かい点にまで言及すれば，刑事弁護の困難性は多様にあるといえようか。困難性の克服のためには，個々の弁護の質の向上[*14]だけでなく，効果的な弁護を保障できる制度の構築も課題である。例えば，今のところ，起訴されて公判前整理手続が開始されるまでは被疑者の防御のための証拠開示の制度は存在しないし，一定の範囲で被疑者国選が導入されたがその予算が潤沢だという話も聞こえてこない。第４章で言及されているように，保釈についても大きな改善というにはほど遠い。起訴後についても，例えば開示証拠については，法281条の４で複製等の目的外使用を禁止し，同281条の５ではその違反に対して１年以下の拘禁刑または50万円以下の罰金に処するというもので，被告人や弁護人を処罰するというきわめて異例の規定が設けられている。当該事件を受任していない他の弁護士と検討のために共有したり，外部の有識者に検討を依頼して弁護方針を検討することに対しても，開示証拠の目的外使用として検察官から批判されたといった話も聞こえてくる。取調べにおける弁護人立会の可能性について弁護士側の提供可能性が課題となるとすれば本末転倒ではないか。個々の弁護人の努力もさることながら，制度として効果的な弁護を受けられる体制が未だ作られていない。後述の第12章でも指摘されるように，国際人権水準からみても，効果的な弁護が受けられる前提条件さえ満たされていない。このような状況では，そもそも，特別有能な弁護士でなければ効果的な弁護は実現できないか，あるいは特別有能な弁護士でも無罪を勝ち取ることは相変わらず困難であるといえようか。平均的な弁護士が効果的な弁護を提供できるところまで，制度として保障を実現することが到達目標であるべきだろう。

被疑者段階の国選弁護の実現といった事実自体をみれば，それ以前の刑事裁判の実際を知る人々にとってはを隔世の感があるであろう。しかし，被疑者被告人が十分に防御を尽くせるようになったかと問われれば，上述の開示記録の問題一つをとっても，相変わらず刑事弁護に対する捜査機関を中心とする有形無形の圧力は，従来と異なる形で，より強まっているようにも感じられる。

弁護人の立ち会えない取調べの現実は，黙秘権を弁護権で確保するという法律論からは程遠い。裁判員法廷で証人尋問が増えても，有罪立証の失敗に備えて捜査段階の調書が認否保留で控えている。以下のエピソードは約40年前の弁護人の記録であるが，現在と比較して，少しは改善したのであろうか。

「ある会社でブローカーが持ち込んできた技術資料を買い受けたところ，……盗品であったかと初めて気づき……友人の弁護士とともに，その対策を相談する席に加わったことがある。……買った時はそんなことは全然考えもしなかったのであって，後日従業員が持ち出したものだという新聞記事を見てびっくりしたというのであって，……それが真実であるならば，これから警察や検察庁で取り調べられることになるだろうが，そこでもそのような供述で一貫するようにと話した。……黙秘したらよいのではないか……，あるいは上役の身代りになってでようという部下もあった。それらに対しても，……まず黙秘権を行使することなど不可能に近く皆さんにはできっこない，二四時間黙秘できたら私の首をあげると笑いとばし，また身代わりで出頭してもそれで済ますほど警察や検察庁の調べは甘くないから，そんなことは一切考えない方がいいと明言した。さらに，問題の買い受けた資料を焼き捨てさせたらどうだろうという者もあったが，……そんなことをすれば焼き捨てた人がさらに罪証隠滅の罪に問われ，ますます犠牲が増えるばかりであるから，資料はそのまま保存しておくようにといい，なお一番強いのは事実であって小細工はいけない，……このような集まりをもったこと，……さらに誰がなんと話したかということまで供述する人が，このなかから何人か必ず出てくるだろうとも話しておいたのである。……しかし，われわれのいうことを聞かずに資料の一部を焼き捨てた者があって，後日，案の定，贓物故買についてだけでなく罪証隠滅でも取り調べられることになり，この日の集まりのことについても関係者が取り調べられたが，それらの人々の調書には，右に述べたようなわれわれの言葉がそっくりそのまま供述されていた。そのためにかえって取り調べに当った検察官にも，われわれ弁護人の公正な態度をよく諒解されたのである。[*15]」

今も事情はあまり変わらない。上記の例は弁護士の助言に反して資料の焼き捨てがあったという事情はあるものの，相変わらず捜査は密行を原則としているのに，弁護を秘密に行うことは困難で，弁護の適正さを監視されているかのようでもある。弁護の適正さに過干渉では本当の意味での防御権の確立とはいえまい。

＊1　福島至『基本講義　刑事訴訟法』新世社，2020年，113頁。

＊2　渡辺修『捜査と防御』三省堂，1995年，307頁，同『刑事裁判と防御』日本評論社，1998年，88頁。

＊3　以上の経緯につき，大久保泰甫『日本近代法の父　ボワソナアド』岩波新書，1977年，96-112頁等を参照。

＊4　團藤重光『刑事訴訟法綱要』弘文堂書房，1943年，416頁注(2)。

＊5　佐伯千仭『刑事裁判と人権』法律文化社，1957年，149頁。

＊6　團藤重光『刑法の近代的展開』弘文堂書房，1948年，41頁参照。そのほか，刑事弁護の歴史については，春日勉「弁護権の歴史的考察―明治・大正期を中心として」九大法学77号，1999年，331頁がそれより前の1875年の広沢参議暗殺事件における弁護官選任の詳細に言及している。また，旧々刑訴法の弁護権について379頁参照。

＊7　内田博文『治安維持法の教訓―権利運動の制限と憲法改正』みすず書房，2016年，455，516頁。

＊8　磯部靖ほか『戦時司法特別法』厳松堂書店，1943年，279頁以下。

＊9　家永三郎「在野法曹の人権のためのたたかい―明治憲法下の刑事訴訟をめぐって」『現代の弁護士［司法篇］』日本評論社，1982年，107頁以下。

＊10　岡田悦典『被疑者弁護権の研究』日本評論社，2001年，328頁。なお，戦後すぐの弁護権規定の改正経過につき，三井誠「弁護人選任権―被疑者の防禦権〔2〕」法学教室153号，1993年，148頁以下が詳しい。

＊11　内田博文『刑事判例の史的展開』法律文化社，2013年，578頁。

＊12　福島，前掲注（＊1）123頁。

＊13　三井誠「刑事手続法入門」法学教室155号，1993年，106頁。

＊14　その現在の「到達点」として「ケース・セオリー」が議論されているというところか。岡慎一＝神山啓史『刑事弁護の基礎知識〔第2版〕』有斐閣，2018年。なお，理論と有効性が問われることとなろう。

＊15　佐伯千仭「弁護士かたぎ？」『現代の弁護士［市民篇］』日本評論社，1982年，53頁以下。

（陶山二郎）

column

協議合意制度と刑事免責制度

協議合意制度と刑事免責制度はともに2016年改正により新しく導入（2018年6月1日施行）された制度である。

協議合意制度とは，経済事犯など「特定犯罪」について，検察官と被疑者・被告人が弁護人の同意を条件に共犯者等の他人の事件について供述をするなど刑事事件の解明に協力する行為を行い，検察官がこれを被疑者・被告人に有利に考慮してその被疑者・被告人の事件について不起訴処分や軽い求刑を行うことを合意する制度である（350条の2以下）。日本型の「司法取引」制度とも呼ばれる。対象となる犯罪（特定犯罪）の多くは経済関連事犯（公文書偽造罪，贈収賄罪，詐欺・恐喝罪，横領罪，独占禁止法など）とされるが，組織的犯罪処罰法，爆発物・武器等の罪，薬物関連犯罪なども含まれる。そこでの協議や合意には弁護人の同席や同意が必要とされ，一般の取調べとは異なる。また，合意の履行を確保するため，検察官が合意に違反した場合には公訴提起の無効，証拠能力の否定などを規定し，被告人が違反した場合には虚偽供述あるいは偽造・変造証拠の提出を5年以下の拘禁刑に処することとしている。しかしながら，この制度のもとでは自己の事件を有利に進めたい被疑者・被告人が他人の事件について捜査官の期待に沿った虚偽の供述をし，その結果として冤罪を生じさせるのではないか（いわゆる「巻き込み自白」）という懸念が払拭できないという批判が立法段階から根強くある。

これに対して，刑事免責制度とは，裁判所が証人に免責を与えて黙秘権を消滅させ，供述を強要する制度である（157条の2以下）。(a)検察官が，証人が刑事訴追を受け，または有罪判決を受けるおそれのある事項について尋問を予定している場合であって，証言の重要性等の事情を考慮し必要と認めるときは裁判所に対し，①尋問によって得られた証拠を証人の刑事事件において不利益な証拠として使わないこと，②証言拒否権を行使しないことを条件に，当該証人の尋問請求をすることができ，(b)さらにこれを受けた裁判所が，上記①②の条件により当該証人の尋問を行う旨の決定（免責決定）を行う。

この制度は被告人に証言を強要する点で黙秘権（自己負罪拒否特権）との抵触が問題となる。判例（最大判平7年2月22日刑集49巻2号1頁）は立法に先んじて，憲法がこうした制度の導入を「否定しているものとまでは解されない」が「刑訴法は，この制度に関する規定を置いていないのであるから，結局，この制度を採用していないものというべき」とし，もし立法するのであれば「これを必要とする事情の有無，公正な刑事手続の観点からの当否，国民の法感情からみて公正感に合致するかどうかなどの事情を慎重に考慮して決定されるべき」としていた。刑事免責制度は，対象犯罪の限定がない点，また（裁判所が一方的に自己負罪拒否特権を消滅させて供述を強制するという意味で）取引的要素を有しない点などにおいて，協議合意制度の内容を異にするものであるが，その弊害を指摘する声は少なくない。協議合意制度と同様，その運用については注意深く観察していく必要がある。

（森尾　亮）

第7章

公　　訴

◉ Introduction

刑訴法247条は「公訴は，検察官がこれを行う」とし，検察官が国家を代表して公訴の提起・遂行の権限を行使し，また検察官のみが公訴の担当者であることを示す。前者を**国家訴追主義**，後者を**起訴独占主義**と呼ぶ。さらに同248条は「犯人の性格，年齢及び境遇，犯罪の軽重及び情状並びに犯罪後の情況により訴追を必要としないときは，公訴を提起しないことができる」とし，犯罪の嫌疑・証拠が整っている場合でも諸般の事情から訴追の必要性がないと判断したとき，検察官は被疑者の起訴を見合わせることができる。これを**起訴猶予処分**と呼び，こうした裁量権を認める法形式を**起訴便宜主義**という。本章では，検察官の（有罪率99％を超える）精密な起訴・不起訴の振り分けを特徴とする日本型刑事司法の歴史的経緯や課題について考察する。

1 ●―― 検察官司法の確立

1-1　明治期の法継受まで

公的な訴追者として検察官制度が確立されたのは19世紀初頭のフランスにおいてであった。アンシャンレジーム（市民革命以前の旧体制）下の糺問判事による秘密裡の予審，自白を求めての拷問などは新興ブルジョワジーの強い不満の対象であり，啓蒙思想家の攻撃の的となった。市民革命後のフランスで刑事手続の改革が試みられ，1791年には，手続の公開，口頭による審理を建前としたイギリス型刑事手続（私人による訴え，治安判事による取調べ，起訴陪審による起訴不起訴の決定，審理陪審による有罪無罪の判定）のほとんどが導入された。しかし，革命後の政治状況や治安情勢は流動的であり，不慣れな輸入法制の運用（選挙で選ばれた治安判事の未熟さ，起訴陪審の非能率）との矛盾はたちまち改革法を否定する方向へと向かった。1799年には治安判事や起訴陪審指導判事の権限が強化され，書面主義が復活し，1810年には地方的な勢力や偏見から超越して公共の利益のために捜査を指揮して訴追を行うために検察官制度が設置された。こうして国家訴追主義（検察官訴追主義）が登場するに至る。フランスで生まれたこの検察官制度（検察官訴追主義）はその後プロイセン（1846～52年）・ドイツ（1877年），ロシア（1867年），そして日本（1872年）へと継受されていった。[*1]

1-2 戦前の動向

1872年の司法職務定制によって日本に導入された検察制度であったが，その地位は（刑事司法上のそれを含め）当初決して高くなかった。上からの近代化を強力に推し進める明治政府のもとではそもそも司法の地位が低く，行政官庁ではあっても検事局のような司法関連の部局には予算も人材も集められなかった。しかも司法の領域で大きな権限をもっていたのは裁判所であった。

明治期の刑訴法（1880年の治罪法，1890年の旧々刑訴法〔明治刑訴法〕）では**予審制度**が採用されており，学説上は（明文規定はなかったが）検察官の公訴について起訴法定主義が採用されているものと解されていた。予審とは検察官が請求した事件について予審判事と呼ばれる裁判官が公判前にこれを審理するという制度である。予審制度は，捜査における強制処分の権限（「現行犯」を除く）を捜査機関から奪って裁判官にだけこれを認めるとともに，公判を開くまでもなく手続を打ち切るべき事件については予審限りで被告人を解放するという自由主義的側面と，公判前に非公開の手続で綿密な証拠収集を遂げ，公判における有罪判決をほとんど完全に準備するという糺問主義的側面とをあわせもっていた。これにより，検察は原則として任意捜査しかできず，一応の捜査を終えればほぼすべての事件を予審に送らなければならなかった。しかし，任意捜査は多くの人員を有する警察組織に委ねられることが多かったため，検察は発足当初から予審裁判所と警察との狭間におかれ，その権限は決して大きなものではなかったという。

そこで，検察当局は1885年から「微罪不処分」という名目で起訴猶予の権限を認められたことを契機として，与えられた権限を最大限に活用して事件の詳細を把握し，公訴提起の精度を増すことに力を注いだ。そうした方針は徐々に実を結び，検察は刑事司法制度のなかで次第に大きな力を得ていく。起訴猶予処分は（法的に認められたものではなかったが）事実上の慣行として定着・拡大し，1909年には刑事統計年表に「起訴猶予」という欄が新設されるまでになった。この間，予審免訴の決定や無罪判決は激減していった（明治24年と同44年の数字を比較すると，予審免訴の言渡しを受けた被告人は１万8685人から2018人に，無罪判決を得た被告人は１万2039人から3440人に減少している。ちなみに起訴猶予率は明治42年10.9％から１年ごとに16.0％，20.6％，24.6％と急激に上昇している）。

他方で，明治期末から大正期初めにかけて，大規模贈収賄事件や思想公安事件などを積極的に摘発することによって，検察は司法だけでなく政治への影響力を強めていった。

その後1922年の旧刑訴法（大正刑訴法）では起訴便宜主義が明文化された（検察がめざす真のターゲットは予審制度の廃止と司法警察官の直属化であったとされるが，これらの目標は戦時体制への移行のために実現しなかった）。これにより，大正初めに導入された略式手続とあわせ，①通常起訴，②略式起訴，③起訴猶予，④不起訴という４つの選択肢をもちうることになり，事件処理に関する強力な権限を手中にした。起訴猶予の明文化はその運用を一段と活発にし，1918年に40.2％であった起訴猶予率は，1923年には５割を超え，1934年63.9％と上昇していった（当時のこうした動向は世界恐慌による財産犯の激増および戦争遂行のための各種統制法違反罪の増加との関連性が指摘されている）。

大正期から昭和初期にはもはや「糺問主義的検察官司法」といえるほど，検察は刑事司法を機構的にも手続的にも掌握し，さらには内閣の存亡にも影響を与える（帝人事件など）強大な組織へと変貌していた。[*2]

1-3　戦後の動向

第二次世界大戦後，GHQによる民主化改革の波は検察組織にも及びそうになったが，それに対する抵抗は強く，組織の中核にまでは及ばなかった。1948年に現行刑訴法が制定されるとともに，検察官適格審査制度，準起訴手続，検察審査会制度の導入，検察官の司法警察職員に対する捜査指揮権の制限などの改革がなされたが，大局的にみれば，その動きはむしろ戦前に検察が意図していた方向に進んだともいえる。まず刑事裁判の当事者主義化という流れのなかで，予審制度の廃止という大きな目標が達成できた。各地方公共団体に自治体警察組織を設けるという方針が立てられたため司法警察の直属化は不成功に終わったが，反面，検察は全国的な統一的組織としての地位を与えられた。従来どおり起訴猶予権限を保持しつつ，検察官作成の供述調書の証拠能力は広く認められ，公判審理に対する影響力ももつことができた。こうして検察は戦後日本における治安統治機構の核となっていく（特捜部という特別組織もこの時期に生まれた〔東京1947年，大阪1957年，名古屋1996年〕）。

この間，憲法32条（裁判を受ける権利）との関係で国家訴追主義・起訴独占主義の違憲性が争われたが，最高裁は「いわゆる，国家訴追主義を採るべきか又は私人訴追主義をも認むべきかは立法機関に委かされた立法政策の問題である」とした上で，「わが訴訟法は刑訴247条において，『公訴は，検察官がこれを行う。』ものと規定して，原則として国家訴追主義のみを採用し，ただ同法262条乃至268条においてその例外を認めているに過ぎないのであつて，右例外の場合を除く外犯罪により害を被つた者は告訴（又は請求）をし，また，一般私人は告発をして，単に，検察官の公訴の職権発動を促し得るに過ぎないのである」とし，その合憲性を認めた（最大判昭27年12月24日民集66巻11号1214頁）。

1-4　入口支援

検察官の起訴裁量をめぐる近時の問題として2016年12月に成立した「再犯防止推進法」に伴う「入口支援」があるが，その意義や運用については歴史をふまえた慎重な検討が必要である（column「入口支援」参照）。

2●――検察官の起訴裁量に対する規制

訴追権限が検察官のみに認められている現行法は，その例外として付審判制度と検察審査会制度という２つの制度を認めている。

2-1　不当な不起訴処分に対する規制

(1) 付審判制度（準起訴制度）

付審判制度とは，公務員の職権濫用罪等について不起訴になったとき，その告訴人・告発人が裁判所に対して事件を審判に付す請求を認める制度である。請求を受けた裁判所は，請求が法令上の方式に合致し理由があるときは事件を管轄地方裁判所の審判に付す決定をする。付審判の決定があった場合，公訴の維持にあたるのは検察官ではなく裁判所の指定する弁護士である（268条）。ただし，対象となる犯罪が限定されていること，不起訴の通知があった後の請求までの時間が短いこと（７日間以内）などの事情から，その請求認容率は低い。またこれまでの制度の運用について，警察・検察の偏頗な捜査，請求審・公判を通して権力犯罪を追及する裁判所の消極的な姿勢，検察官役指定弁護士や請求代理人の活動の限界性などの点が指摘されていることにも留意する必要がある。[*3]

⑵ 検察審査会制度

検察審査会制度とは，「公訴権の実行に関し民意を反映せしめてその適正を図るため」(検審1条)，抽選で選ばれた11名の市民(検察審査員)が主に検察官の不起訴処分の当否を審査するものである。検察審査会は，告訴人・告発人の請求により，または職権で検察官の不起訴処分を審査した後，①起訴相当，②不起訴不当，③不起訴相当のいずれかの議決をする(検審39条の5)。このうち，①の議決をするには，検察審査員8人以上の多数によらなければならない(検審39条の5第2項)。検察官は従来この議決に拘束されなかったが，2004年改正により検察審査会が再度の不起訴を受けて再審査し，改めて①の議決をしたときは起訴が強制されることになった。この場合，起訴議決書を受け取った裁判所が公訴提起と維持に当たる弁護士を指定し(検審41条の9)，この指定弁護士が公訴を提起する(検審41条の10)。検察審査会に起訴強制の権限を与えることについては，検察官による起訴権限に対して民主的統制が期待できるという意見が根強い。他方，証拠が不十分で有罪立証が難しい事案を無理に起訴し，被告人を不安定な地位に置くことになるのではないかとの指摘もあることから，慎重な見極めが必要である。[*4]

2-2　不当な起訴処分に対する規制

検察官の訴追裁量権の不当な行使には「不当な不起訴」と「不当な起訴」とがある。現行法上，前者について，曲がりなりにも付審判制度や検察審査会制度が設けられているが，後者についての制度的保障はない。ここから検察官が訴追裁量の範囲を逸脱し，起訴猶予すべき事件を不当に起訴した場合にその起訴の違法を理由に裁判所が公訴棄却または免訴で打ち切るべきだとする理論として**公訴権濫用論**が主張された(①訴追裁量を逸脱した起訴〔狭義の公訴権濫用〕，②嫌疑なき起訴，③違法捜査に基づく起訴，という3類型で論じられる)。[*5] 判例となっているチッソ川本事件上告審決定(最決昭55年12月17日刑集34巻7号672頁)も，一般論としてなら，検察官が訴追裁量を逸脱して不当に起訴した場合には裁判所がその公訴提起を無効として公訴棄却できることを認めている。しかし，この最高裁決定では公訴が無効となるのは「公訴の提起自体が職務犯罪を構成するような極限的な場合に限られる」とされており，この基準に従う限り公訴が無効となる事例はほとんどありえないことになってしまう。実際この最高裁決定はその後の**公訴権濫用論**の進展を阻む方向で作用してきた。

公訴権濫用論については戦後のGHQ改革が不徹底に終わったことが尾をひいている。本来であれば不当起訴をチェックする制度が設けられるべきであったのに，それがなかったがゆえに「公訴権濫用論」が生まれざるをえなかったという点を忘れてはなるまい。

3●―― 公訴の提起

3-1 公訴提起の形式

(1) 不告不理の原則

不告不理の原則とは，起訴されない事件について裁判所は審判をすることができない（起訴された事件のみ審判できる），という原則である。この原則は旧々刑訴法でも採用され，当初は検事が公訴提起をしない限り，裁判所は事件を審理することができなかったが，徐々に例外（現行犯〔旧々刑訴142条，143条〕，付帯犯〔同184条１項ただし書〕，偽証罪〔同195条１項〕）が認められるようになった。旧刑訴法ではこうした例外を排したが，当時の裁判所は「公訴犯罪事実」を同一にする範囲で広く審判する権限をもっており，不告不理の原則は徹底されていなかった。*6

現行法では，審判の対象は「訴因」（後述参照）に限定され，不告不理の原則はより厳格なものとなった。裁判所は審判の請求を受けた事件について判決をせず，または審判の請求を受けていない事件について判決をすることができない（378条３号）。つまり不告不理の原則と当事者主義とがあいまって，審判対象を設定・処分する権限が強化されたといえる。具体的には次のような点に現れる。

第１に，検察官が捜査によって知りえた犯罪事実の一部だけを起訴することもできる（**選択的起訴，一罪の一部起訴**）という点である。判例・通説によれば，検察官は争点が多岐にわたるのを防ぐため，立証が困難な部分を除くという目的でまたは情状を考慮して犯罪の一部のみを起訴することが許され（最決昭59年１月27日刑集38巻１号136頁），また立証が難しいとか迅速な処理が必要だという理由から訴因を撤回する場合もありうるとされる。

第2に，現状では検察官の不起訴処分は確定判決におけると同様の既判力を生じないため，検察官がいったん不起訴にした事件を後日また起訴しても憲法39条に違反しないとされている（最判昭32年5月24日刑集11巻5号1540頁参照）。不起訴処分になっても，すべてが運用に任され，公訴時効が関係しない限りいつでも起訴されるおそれがあり，被疑者の地位の安定という点で問題がある。[*7]

(2) 起訴状一本主義（予断排除の原則）

起訴状一本主義とは，起訴（公訴提起）にあたっては起訴状だけしか提出してはならないという原則である（256条6項）。裁判官に対して事件についての予断を与えないことにその意義がある。戦前は予審制度があったため，検察官が起訴にあたって起訴状とともに一件記録（捜査で収集した資料）を一括して裁判所に提出するのが慣行だった。裁判官は一件記録を閲読し，事件の概要を把握して公判に臨んだのである。こうしたスタイルは裁判官が第1回公判期日から迅速・的確な訴訟指揮をとることができ，公判がスムーズに進行するという利点があった。しかし，それは他方で，捜査機関が抱いた嫌疑や事件のイメージが裁判官に引き継がれることを意味する。そこで，戦後の当事者主義化に伴い，裁判官の予断を排除し，公判の形骸化を防ぐため現行法には起訴状一本主義が規定された。

むろん，それは第1回公判までに裁判所が一切の証拠の内容に触れることを許さないものではなかったが，例外は徐々に拡大していった。例えば，当初から，学説においても余事記載（訴因の明示に必要でない事項を起訴状に記載すること）は起訴状一本主義に反しないとされた。刑訴法256条6項が禁じているのは添付・引用だけであり，起訴状の記載は検察官の主張に過ぎず，余事記載が直ちに裁判所に予断を抱かせることにはならないというのがその理由であった。[*8] 同様の理由から，判例では，犯行の動機，[*9] 被告人の悪経歴や悪素行・性格，[*10] 同種前科の記載[*11]なども許容された。近時の公判前整理手続導入に際しても「（一方当事者である）検察官の捜査資料を裁判所が引き継いで，一定の心証を抱いて公判に臨むのは不公平だ」というのが予断排除の原則の趣旨であり，公判前整理手続は第1回公判期日前に両当事者が参加して争点整理を行い，審理計画を策定するのであるから，予断排除の原則に反しないとされている（公判前整理手続や証拠開示の問題については第8章参照[*12])。

3-2 公訴提起の効力

公訴が提起されると以下のような効果が発生する。①訴訟係属が発生する(329〜339条)。訴訟係属とは裁判所が事件について審判しなければならない状態をいい，これにより裁判所は何らかの裁判をしなければならない。②公訴時効が停止する(254条。後述**5-2**参照)。③二重処罰を避けるため，同一事件を重ねて起訴をすること(二重起訴)が禁じられる(338〜339条)。④「被疑者」という呼称が「被告人」に変わる。これにより，勾留が検察官の請求によるものから裁判所の職権により行うものに替わる(60条1項)。勾留期間も変更され(60条2項)，保釈の請求もできる(88条)。弁護人との接見交通につきもはや接見指定することはできない(39条3項)。

4●—— 訴因をめぐる議論

4-1 訴因と公訴事実

刑訴法256条2項は「起訴状には，左の事項を記載しなければならない」と規定し，「公訴事実」をあげる。そして，3項で「公訴事実は，訴因を明示してこれを記載しなければならない」とする。また刑訴法312条は「公訴事実の同一性を害しない限度において」訴因または罰条の追加・撤回・変更ができると定めている。これら規定が，審判の対象を「訴因」とする見解(**訴因対象説**)と「公訴事実」と考える見解(**公訴事実対象説**)の対立を，さらに「訴因」と「公訴事実」の関係をどう理解すべきなのかという問題を生じさせた。

戦前の刑事手続には「訴因」という概念はなかった。旧刑訴法291条は「公訴ヲ提起スルニハ被告人ヲ指定シ犯罪事実及罪名ヲ示スヘシ」と規定し，現在の起訴状にあたる公判請求書にはこの「犯罪事実」を記載することになっていた。当時の学説や判例はこれを「公訴犯罪事実」と呼び，公訴提起の効力は「公訴犯罪事実の同一性」がある限りその全部に及ぶと解され，裁判所は検察官の記載した事実や法律解釈に拘束されず，公訴事実を同一にする範囲で審理し，事実認定できると考えられた[*13](例えば，窃盗で起訴された事実を強盗と認定し，強盗罪の有罪判決を下すことも可能とされた)。

戦後GHQ政策の一環として，現行刑訴法の制定作業が進められたが，その過程でアメリカ側と日本側との間に起訴状の性格について「根本的なものの見方の相違」があることがわかってきた。[*14] アメリカ側は起訴状の記載は被告人の防御のためにあるという理解であるのに対して，日本側は旧刑訴法における公判請求書のような運用を念頭においていたのである。双方の見解は大きく隔たっていたが，最終的にアメリカ法のカウント（count）という概念が「訴因」と訳されて現行法に盛り込まれる一方で，旧刑訴法にあった「犯罪事実」という用語に修正がくわえられ，「公訴事実」に置き換えられて現行法に残るということとなった。現行法制定直後は訴因対象説を支持する多くの学説と公訴事実対象説を支持する司法実務家とが激しく対立していたが，しだいに訴因対象説が通説的見解となり，判例もそれを認めるに至った。訴因対象説に立てば，公訴事実という概念は結局のところ訴因変更（312条）の範囲を画する「枠組み」にすぎなくなってくる。

4-2　訴因の特定と訴因変更

訴因対象説によれば，訴因とは「検察官の主張する事実」であり，同時にそれこそが「審判および判決の対象」と理解される。現行法では当事者主義の採用により訴因を設定・変更する権限は検察官にあるとされる。これにより検察官は犯罪事実の一部だけを起訴することもできるし（**一罪の一部起訴**），第1審判決まではいったん提起した公訴を取り消すこともできる（257条）。他方で検察官は審判の請求にあたり訴因を特定しなければならない。訴因が特定されることによって審判対象が限定され，被告人側からいえば防御の範囲が明確になる。最高裁も訴因の特定が要請される理由は審判の対象を限定し，被告人の防御の範囲を示すことにあるとしている（最大判昭37年11月28日刑集16巻11号1633頁）。

要するに，訴因の特定には検察官の訴追権限を制限し，被告人の防御権を保障する機能がある。ただし，訴因の特定に際して検察官には以下のような救済措置が用意され，負担軽減が図られている。

⑴ 訴因の補正・訂正（338条4号）

起訴状に重大な瑕疵があれば，起訴状は無効となって公訴が棄却されることがある。しかし，瑕疵があってそのままでは無効な場合にも検察官は事後に補ってそれを有効なものとすることができる。これを**起訴状の補正**という。例えば，訴因が不特定ならば起訴状は無効となりうるが，だからといって直ちに無効になるわけではなく，裁判所が検察官に釈明を求め（規208条1項，2項），その結果，補正がなされればその起訴状は有効となりうる。[*15]

⑵ 予備的・択一的記載（256条5項）

検察官が収集した証拠では複数の事実の可能性が考えられ，どの訴因について立証できるか，必ずしも確定的でないことがある。このような訴訟の浮動性を考慮して，現行刑訴法は複数の訴因・罰条を予備的または択一的に記載することができると規定している。従来の実務においては，起訴状そのものに予備的・択一的記載をする例はまずない（審理の途中で事情が変わったときは訴因変更で対処できるから）とされてきたが，近時は予備的訴因が記載された起訴状も散見され，その動向には留意が必要である。

⑶ 訴因変更

訴因変更とは，検察官の請求により，起訴状記載の訴因を追加・撤回・変更することをいう。理論的には，審判対象である訴因について裁判所が心証を形成できないときは無罪を言い渡し，検察官は新たな訴因で再起訴をするということも考えられる。だが，通説的見解によればそのような取扱いは訴訟経済の面から不都合であり，かえって被告人の負担になるという理由から，現行法は訴因または罰条の追加・撤回・変更を認めたとされる（312条）。この点については，ひとたび起訴された事実について判決が形式的に確定すると，これと同一の事件について再度の公訴提起を許さないとする**一事不再理**の効力（二重起訴はできない）という点からも意義があると評されてきた。しかしながら，訴因変更制度は，審判対象を訴因としたため，裁判所での証拠調べを通じて把握された結果が検察官により示された訴因をはみ出た場合に証拠調べの結果に合わせて訴因の変更を認めて無罪を避けるための制度，要するに，起訴時における検察官の主張・立証計画の不備を救い，同一手続を利用して有罪を確保するための制度であることは否定できない。[*16]

訴因変更は，訴因と証拠調べの結果との「ズレ」が大きい場合に「**公訴事実の同一性**」を害しない範囲において許容されるものである。そもそも訴因と証拠調べの結果との「ズレ」が小さい場合には訴因変更の必要性がない（これを「**訴因変更の要否**」の問題という）。判例は，被告人の防御に実質的な不利益が生じるおそれがない場合には訴因を変更することなく，訴因と異なる事実を認定できるとしている。[*17] もし訴因変更が必要な場合は「公訴事実の同一性」の範囲内においてなされる必要がある。したがって，理論的には，検察官から訴因変更が請求されても，「公訴事実の同一性」が害される場合には裁判所はこれを許さないとすることができるはずである（これを「**訴因変更の可否**」の問題という）。判例は伝統的に「公訴事実の同一性」の判断基準について「基本的事実の同一」を主たる指標としてきた。これによれば，犯罪はある特定の日時・場所における行為と結果から構成されることから，日時・場所・被害者・行為などの自然的事実を基本的事実と位置づけ，これらの事実に共通性があれば基本的事実は同一であり，「公訴事実の同一性」は保たれているとして訴因変更が認められることになる。[*18] しかし，こうした判例の基準により，検察官の訴因変更請求に対して「公訴事実の同一性」がないとして裁判所が請求を否定した例はきわめて少ない。

例外的に，検察官の訴因変更に制限を加え，被告人の防御権保障に資する方向で推移してきた議論として「訴因変更の時期的限界」論がある。刑訴法上，訴因変更を制約するものは「公訴事実の同一性」を害することだけであったことから，訴因変更に時間的制約はないと解されていた。それゆえ一般論としては，弁論終結後，弁論再開時，判決言渡し直前など公判のすべての段階において，さらには控訴審においても，検察官は訴因変更を請求できるのである。しかし，結審後や結審直前などに訴因が変更されると当初の訴因を争ってきた被告人には重い負担となる。そこで，訴因変更に時期的限界を設けるべきだとする主張が出てきた。判例においては，最高裁は正面から訴因変更時期的限界を認めていないが，これに疑問を呈する反対意見・補足意見がみられ，[*19] 近時の下級審では時期に遅れた訴因変更を認めないものが見受けられるようになっている。[*20]

さらに加えて，刑訴法312条２項は「裁判所は，審理の経過に鑑み適当と認めるとき」は，訴因を追加または変更することを命ずることができるとしている。これを**訴因変更命令**という。[*21] それでも戦後当初は，訴因変更命令義務について消極的な判示をした判例が多くあった（最判昭33年５月20日刑集12巻７号1416頁など）。審判の対象である訴因を設定・変更する権限は検察官にあるという理念からすれば，原則として裁判所に訴因変更を命じる義務はないはずである。しかしその後，判例は訴因を変更しなければ無罪とするほかないが，訴因を変更すれば有罪であることが証拠上明らかであり，その罪が相当・重大である場合には例外的に訴因変更の命令ないし勧告の義務が裁判所にあるとするに至っている（最決昭43年11月26日刑集22巻12号1352頁）。

5●── 訴訟条件

5-1　訴訟条件の意義と機能

訴訟条件とは，訴訟が適法に成立し，実体審理・判決をするための要件をいう。訴訟条件を欠く場合は実体審理が拒否され，有罪・無罪の判断を示すことなく，手続が打ち切られる。現行法は訴訟条件が欠ける場合を4つに分け，それぞれの場合に応じた処理方法を規定している。これらを一般に**類型的訴訟条件**と呼ぶ。

(1) 類型的訴訟条件（法定されている事由）

①　管轄違い　　管轄違いは，起訴された事件について裁判所に管轄権がないときに言い渡される（329条）。事物管轄と土地管轄がある。

②　免訴（337条）　　免訴は，㋐確定判決を経たとき（同1号），㋑犯罪後の法令により刑が廃止されたとき（同2号），㋒大赦があったとき（同3号），㋓公訴時効が完成したとき（同4号），に言い渡される。

③　判決による公訴棄却（338条）　　判決による公訴棄却は，㋐被告人に対して裁判権がないとき，㋑刑訴340条（公訴取消と再起訴）に違反して公訴提起されたとき，㋒二重起訴のとき，㋓公訴提起の手続が規定に違反したため無効であるとき，に言い渡される。

④　決定による公訴棄却（339条）　　決定による公訴棄却は，㋐（起訴状謄本不送達による）公訴提起の無効，㋑起訴状が何ら罪となる事実を包含していないとき，㋒公訴が取消されたとき，㋓被告人の死亡，㋔刑訴法10～11条（同一事件が数個の裁判所に継続するとき）により審判できないとき，に言い渡される。

(2) 非類型的訴訟条件（法定されていない事由）

類型的訴訟条件を充たしてはいるが，当該事件の公訴提起や訴訟追行にかかわる諸事情を考慮すると手続を打ち切ることが妥当な場合がある。こうした事由を**非類型的訴訟条件**と呼ぶ。非類型的訴訟条件は，大きく①検察官の公訴権行使そのものに瑕疵がある場合と②それ以外の場合に分けることができるとされる。[*22] 非類型的訴訟条件は職権調査事項ではなく，被告人の申立てをまって調査すれば足りる。法定されていない訴訟条件であるから，包括的に「公訴提起の手続がその規定に違反した」場合を対象とする刑訴法338条4号が適用される。

① 公訴提起の瑕疵としては，上述した公訴権濫用論のほかに，㋐親告罪の器物損壊罪であることを知りながら，とりあえず窃盗で起訴し，事後的に告訴を得て起訴するような場合，㋑被告人の防御にとって重要な証拠の開示を検察官が正当な理由なく拒んだ場合が考えられる。㋑について判例は消極的姿勢を示すが，公判前整理手続において証拠開示制度が整備された今日，その可能性を考慮すべきであろう。また，㋒公訴権濫用とされる訴追裁量権の濫用を微罪に関する訴追裁量の逸脱と捉えるならば，平等条項違反の起訴は，訴追裁量権の濫用とは別個の公訴提起の瑕疵とみることができる。

② その他の瑕疵としては，捜査手続に属する事由と公判手続に属する事由がある。上述した違法捜査に基づく起訴が前者の例である。公判手続との関係では，㋐迅速な裁判の保障（憲37条1項）に反するような裁判の遅延が生じた場合の手続打切り（最大判昭47年12月20日刑集26巻10号631頁〔高田事件〕），㋑被告人が訴訟能力を回復する見込みのない場合の公訴棄却（最判平28年12月19日刑集70巻8号865頁参照）があげられる。

5-2 公訴時効

(1) 公訴時効の意義と歴史

公訴時効とは，一定期間内に公訴を提起することを訴訟条件とするものである。公訴時効の期間は罪の軽重に応じて定められ，時効期間が満了した場合は免訴が言い渡される。

公訴時効の歴史は古く，その制度はすでにローマ法にみられる。日本には，フランス刑事法を通じて明治期の治罪法に継受され，旧々刑訴法・旧刑訴法を経て現行法に規定されている。

公訴時効がなぜ認められるのかについては，①時の経過とともに犯罪に対する被害者や社会からの処罰感情が希薄化すること（実体法説），②証拠が散逸し訴追が困難になること（訴訟法説），③訴追していないという状態が法的に保護すべき利益になること（新訴訟法説）などの見解があげられてきた。戦後の学説

表７－１　公訴時効期間

<table>
<tr><td colspan="3">2004年改正</td><td colspan="3">2010年改正（刑訴250条１項）</td></tr>
<tr><td>法定刑の上限</td><td>改正前</td><td>改正後</td><td rowspan="8">人を死亡させた罪</td><td>法定刑の上限</td><td>改正後</td></tr>
<tr><td>死刑（に当たる罪）
［現住建造物放火罪，殺人未遂罪など］</td><td>15年</td><td>25年</td><td>死刑（に当たる罪）
［殺人罪，強盗致死罪など］</td><td>なし</td></tr>
<tr><td>無期の拘禁刑
［強制性交等致傷罪，証書偽造罪など］</td><td>10年</td><td>15年</td><td>無期の拘禁刑
［強制性交等致死罪など］</td><td>30年</td></tr>
<tr><td>長期15年以上の拘禁刑
［強盗罪，非現住建造物放火罪，
強制性交等罪，加重収賄罪など］</td><td rowspan="2">７年</td><td>10年</td><td>長期20年以上の拘禁刑
［傷害致死罪，危険運転致死罪など］</td><td>20年</td></tr>
<tr><td>長期10年以上15年未満の拘禁刑
［窃盗罪，詐欺罪，公文書偽造罪など］</td><td>７年</td><td colspan="2"></td></tr>
<tr><td>長期５年以上10年未満の拘禁刑
［背任罪，業務上過失致傷罪など］</td><td>５年</td><td>５年</td><td rowspan="2">上記以外の拘禁刑
［過失運転致死罪，業務上過失致死罪，同意殺人罪など］</td><td rowspan="2">10年</td></tr>
<tr><td>長期５年未満の拘禁刑又は罰金刑
［公務執行妨害罪，過失致傷罪など］</td><td>３年</td><td>３年</td></tr>
<tr><td>拘留・科料
［軽犯罪法違反など］</td><td>１年</td><td>１年</td><td colspan="2"></td></tr>
</table>

筆者作成

では③説が有力とされてきたが，なお見解の対立がある。

近時，2004年，2010年と立て続けに公訴時効の改正が行われた。これは，㋐「犯人に『逃げ得』を許さない」という犯罪被害者遺族の処罰感情や国民一般の規範意識の高まり，㋑科学的捜査の発達によって時間経過による証拠散逸を理由とした公正な裁判を害するリスクの低下などを背景に一定の重大事件について公訴時効の廃止や長期化を図るものであった。

2004年，2010年における改正内容は**表７－１**の通りである。

(a)　2004年改正　　重罪の時効期間が，①死刑にあたる罪は25年〔以前は15年〕，②無期の拘禁刑にあたる罪は15年〔以前は10年〕，③長期15年以上の拘禁刑にあたる罪は10年〔新設〕となった。

犯罪後に法定刑が変更された場合，時効期間は適用すべき法定刑（軽い方の法定刑）に従う（刑６条）。犯罪後，起訴前に公訴時効期間が改正された場合に適用すべき時効期間については「裁判時説」と「行為時説」がある。裁判時説によれば公訴時効の延長が可能とされるが，2004年改正では，付則３条２項により，新法施行以前に犯した罪については，改正前の時効期間によるものとされた。

(b) 2010年改正　2004年改正を前提としながら，「人を死亡させた罪であって禁錮以上の刑に当たるもの」を対象とした250条1項が新設された。これにより，①死刑にあたる罪については時効が廃止され，公訴時効が完成しないとされ（同柱書），②死刑にあたらない罪については，2004年改正に比して概ね2倍の時効期間が設定された〔無期の拘禁刑にあたる罪（強制性交致死など）の時効は30年（同1号），長期20年の拘禁刑にあたる罪（傷害致死など）の時効は20年（同2号），これら以外の罪（業務上過失致死など）の時効は10年（同3号）に延長された〕。

2010年改正は即日施行され，新法施行時に時効未完成の罪についても適用されることとなった（付則3条2項）。この点については強い批判があったが，判例（最判平27年12月3日刑集69巻8号815頁）は「公訴時効制度の趣旨は，時の経過に応じて公訴権を制限する訴訟法規を通じて処罰の必要性と法的安定性の調和を図ることにある」として，進行中の公訴時効の廃止は憲法39条，31条に反しないとした。

(c) 2023年改正　2023年6月，刑法典の性犯罪全般について公訴時効が従来より5年延長された。また，被害時に未成年の場合には，満18歳に達するまでの期間さらに延長されることになった。

(2) 公訴時効の起算点（253条）

公訴時効の期間は「犯罪行為が終った時」から進行する。「犯罪行為が終った時」とはいつかが議論となるが，結果発生によりはじめて処罰可能な状態に達するため，結果犯（結果の発生が要件となっている犯罪）については結果発生時というのが判例・通説である。

(3) 公訴時効の停止

公訴時効は公訴の提起により進行を停止する（254条1項）。「犯人が国外にいる場合」もその間は停止する（255条1項）が，それは単に犯人が国外にいるだけでよく，捜査官がそのことを知っているか否かを問わない（最判昭37年9月18日刑集16巻9号1386頁）。

＊1　横山晃一郎「司法と検察」法学セミナー増刊『現代の検察―日本検察の実態と理論』日本評論社，1981年，10頁以下。

＊2　松尾浩也「現代検察論」法学セミナー増刊『現代の検察―日本検察の実態と理論』日本評論社，1981年，2頁以下参照。なお，戦前における起訴猶予制度の運用や汚職事件の摘発といった検察の活動を理解するうえで有用な事例として大浦事件がある。大浦事件については，三井誠『刑事手続法Ⅱ』有斐閣，2003年，26頁以下参照。

＊3　小田中聰樹＝大出良知＝川崎英明編著『刑事訴訟法（刑事弁護コンメンタール(1)）』現代人文社，1998年，230頁［新谷達之執筆］。

＊4　検察審査会での議決後に起訴されて無罪となった著名な事案として甲山事件（1974年事件発生，1976年不起訴不当議決，1978年再逮捕・起訴，1999年無罪確定）がある。また2009年に起訴強制制度が実施されて以降の著名な事件として，明石花火大会歩道橋事故，JR福知山線脱線事故，陸山会事件など（いずれも2010年に起訴議決）がある。

＊5　田淵浩二「公訴権の濫用」井上正仁＝大澤裕＝川出敏裕編『刑事訴訟法判例百選〔第10版〕』有斐閣，2017年，88頁以下参照。

＊6　寺崎嘉博『刑事訴訟法〔第3版〕』成文堂，2013年，233頁。

＊7　三井，前掲注（＊2）7頁等参照。

＊8　平野龍一『刑事訴訟法の基礎理論』日本評論社，1964年，54頁参照。しかし，刑訴法256条2項は起訴状の記載事項を列挙し，同条3項は簡潔な記載で訴因を明示・特定するように求めている。

＊9　最決昭27年6月12日裁判集刑65号171頁。

＊10　最判昭26年12月18日刑集5巻13号2527頁。

＊11　最大判昭27年3月5日刑集6巻3号351頁は，同種前科の記載は予断を生じさせるおそれのある事項にあたるが，前科が犯罪の構成要件となっている場合（例：常習累犯窃盗），公訴事実の内容である場合（例：前科があることを手段とした恐喝）などは前科を記しても適法だとする。

＊12　「《鼎談》」ジュリスト1208号，2001年，120頁［井上正仁発言］。

＊13　小野清一郎『刑事訴訟法講義〔全訂3版〕』有斐閣，1933年，197頁以下，368頁以下。

＊14　松尾浩也『刑事法学の地平』有斐閣，2006年，131頁。

＊15　高松高判昭27年10月9日高刑5巻12号2015頁，高松高判昭29年2月12日高刑7巻4号517頁，近時の例として大阪高判平2年9月25日判タ750号250頁など。

＊16　白取祐司『刑事訴訟法〔第10版〕』日本評論社，2021年，304頁。訴因変更制度導入の経緯については，三井，前掲注（＊2）185頁以下参照。

＊17　最判昭33年7月18日刑集12巻12号2656頁，最決昭35年8月12日刑集14巻10号1360頁など。

＊18　「訴因変更の可否」に関する判例の判断基準については，淵野貴生「訴因変更の可否」葛野尋之＝中川孝博＝渕野貴生編『判例学習・刑事訴訟法』法律文化社，2010年，142頁以下参照。

＊19　最決昭47年7月25日刑集26巻6号366頁［田中二郎反対意見］，最判昭58年2月24日判タ491号58頁［団藤重光補足意見，谷口正孝意見］など。

＊20　福岡高那覇支判昭51年4月5日判タ345号321頁，浦和地決昭63年9月28日判タ687号267頁，大阪地判平10年4月16日判タ992号283頁など。

＊21　訴因変更命令をめぐる立法経緯については，三井，前掲注（＊2）239頁以下参照。

＊22　上口裕『刑事訴訟法〔第5版〕』成文堂，2021年，199頁。

（森尾　亮）

column

入口支援

近時「再犯防止」が国の重要課題ととらえられ，政府が開催する犯罪対策閣僚会議が示す行動計画や基本方針に沿った多様な再犯防止施策が検討・試行されてきた。2016年には再犯防止推進法が成立し，再犯防止のための司法，更生保護および福祉等の多機関連携や，犯罪を犯した者等の特性をふまえた指導や支援，就業機会や住居の確保，医療および福祉サービスの提供といった，様々な施策等が実施されている。

こうした施策の一つとして入口支援がある。入口支援とは，罪を犯した者のうち起訴猶予処分等により刑務所等の矯正施設への収容に至らないことが予定される被疑者等に対して，再犯防止のために必要であれば，国が積極的な社会復帰支援を行うものである。従来，犯罪者の社会復帰支援，再犯予防といえば，公判終了後や収容施設からの出所後といった出口支援として行われるのが一般であった。これに対して，入口支援は刑事司法手続の早い段階において再犯の予防を図ろうとする措置である。

法務省および厚生労働省は，2018年度から，より効果的な入口支援の実施方策を含む刑事司法関係機関と保健医療・福祉関係機関等との連携の在り方について検討会を開催し，2020年３月，刑事司法関係機関の機能強化のための取組みや，刑事司法関係機関と福祉関係機関等との連携強化のための取組み等に関する今後の方向性等についての検討結果を公表。2021（令和３）年度から，刑事司法手続の入口段階にある被疑者・被告人等で，高齢または障害により自立した生活を営むことが困難な者に対する支援に関する取組みを開始した。

具体的には，地域生活定着支援センターが実施している地域生活定着促進事業の業務として，新たに被疑者等支援業務を加え，刑事司法手続の入口段階にある被疑者・被告人等で高齢または障害により自立した生活を営むことが困難な者に対して，地域生活定着支援センターと検察庁，保護観察所等が連携し，釈放後直ちに福祉サービス等を利用できるように支援を行うとともに，釈放後も地域生活への定着等のために援助等を行う取組みを実施している。また，保護観察所においては，更生緊急保護の申出をした者に対し，継続的に関与し，その特性に応じた支援が受けられるよう関係機関等と調整を行うため，社会復帰対策班を設置し，社会復帰支援の充実を図ることとしている。

現在の入口支援は検察官がその中心的担い手と位置づけられている点にポイントがある。その取組みとして紹介されている事案の多くは，高齢などの事情により収入や住居がなく釈放後の生活状況が不安定であったり，認知症等の精神疾患の治療が必要と思われる被疑者に対し，社会福祉機関や医療機関等の関係機関と連携して帰住先や入院先を確保するといったものである。

こうした人々に対し刑事手続の早い段階での福祉的支援が必要であることは否定できない。だが，裁判所において犯罪者と認定されたわけではない者を，刑事司法の一方当事者である検察官が（一定の自由制約を伴う形で）なぜ積極的に処遇することができるのかという点には根本的な疑問がある。たとえ本人や保護者からの同意をとるという形式で行われるとしても，そこでは検察官の訴追裁量権濫用の危険性が付きまとう。例えば，犯罪の嫌疑のない者に対しては，福祉を伴う早期釈放をもちかけ自白を引き出すとか「嫌疑なし」「嫌疑不十分」の判断を懈怠するおそれがあるし，被疑者に嫌疑がある者に対しては，検察官がその意思を確認する際に起訴（多くは勾留が長期化）か福祉的措置を伴う起訴猶予かを問えば，被疑者は後者を選ぶことになりがちになる。

そこで，そうならないための対応策として，弁護士が担当検察官の意図や目的を見極めながら，法的知識を背景に検察官と交渉し，時には検察官に苦情を申し入れたり，場合によっては裁判所に勾留取消を求めるなどの活動により，被疑者を不必要な身柄拘束から解放するなどの活動を推進する動きがある。こうした活動には一定の意義があると思われる。

とはいえ，広く知られているように，日本における福祉事業（日本型福祉）では自助・共助が強調されてきたという特徴があることに加え，日本の更生保護事業は社会事業から切り離され，国家の管理統制下におかれてきたという歴史的経緯がある。安易に刑事司法の担い手が福祉的措置を名目として積極的に（本来の司法的役割を越えて）対象者に関与することによって，彼らがより脆弱な管理すべき客体と化してしまう可能性があるという点には十分な注意が必要である。担い手を同一とした司法と福祉・医療との相互浸潤（blurring）という現象は決して好ましい状況ではないということを再認識すべきであろう（「特集　刑事手続と更生支援」法時89巻４号，2017年，参照）。

（森尾　亮）

第8章

公判手続と簡易な手続

◉ Introduction

本章では，公判を概観する。公判中心主義という言葉があるように，公判は，刑事手続の中核をなす。まずは，この公判中心主義の意義を確認することからはじめる。また，公判には守らなければならない原則があり，さらには，公判手続には一定の流れがあることから，それらを確認する。その上で，それぞれの確認の中で浮上してくる問題，さらには99.9%という有罪率を誇る公判の現状について，公判中心主義の意義をふまえつつ検討を行うこととしたい。なお，本章では，簡易な手続も取り上げる。

1 ●―― 公判と公判中心主義

一口に**公判**といっても，そこには広狭ふたつの意義が当てられる。まず１つが，公訴提起により事件が裁判所に係属してから裁判が確定して事件が裁判所を離れるまでの全過程を指す意義である（**広義の公判**）。このうち，特に公判期日に公判廷で行われる手続のことを指して公判と呼ぶこともある（**狭義の公判**）。

戦後刑事手続は，弾劾主義的訴訟構造をとり，当事者主義を採用した。そこでは，有罪の主張と立証は原告である検察官の責任とされる。検察官が主張した審判対象である訴因事実について自ら立証し，その立証に対して対等な立場から被告人側が反証をし，これら当事者のやり取りを公平な観点から裁判所がみて事実認定を行い，心証が形成されるのである。そして，このやり取りが行われるのが，狭義の公判である。すなわち，日本の刑事手続は，実質的な審理の中心となるやり取りを，狭義の公判においている。その意味で狭義の公判こそ刑事手続の中心であり，このことをして，日本の刑事手続は**公判中心主義**をとると表現されることがある。

ところで，旧刑訴法下においても，公判中心主義という表現が用いられていた。[*1] しかし，旧刑訴法下では，起訴に際して，検察官は，証拠物・証拠書類などの一件記録を起訴状とともに裁判所に提出する慣行があった。裁判官は，それらを第1回公判期日までに閲読し，公判に臨んだ。そのため，裁判官は，捜査段階の嫌疑を引き継ぎ，有罪の心証をもって審理を開始していた。[*2] しかも，公判前に作成された供述録取書の証拠能力の制限も十分ではなかった。それゆえ，およそ狭義の公判が実質的な審理の中心であるとは言い難かった。他方，戦後刑訴法は**起訴状一本主義**を採用したために（256条6項），検察官は起訴に際して起訴状以外の証拠類を提出することはできず，実質的な審理は，狭義の公判で行うこととなる。裁判所は，ここでの当事者のやり取りをみて，有罪・無罪の心証を抱く。したがって，いうまでもなく狭義の公判での当事者のやり取りこそが，刑事手続の中核となる。

もっとも，狭義の公判が刑事手続の中核であるとしても，狭義の公判での当事者のやり取りをみて有罪・無罪の心証を抱くという形式面をとらえて公判中心主義と呼ぶのは不十分である。それというのも，捜査官が抱いた事件の心証をそのまま引き継ぎ，先入観をもったまま狭義の公判における当事者のやり取りをみて有罪・無罪の心証を抱くのでは，真の意味での公判中心主義とはいえないからである。とりわけ戦後日本国憲法は，被告人に**公平な裁判所の裁判を受ける権利**を保障した（憲37条1項）。ここにいう公平な裁判所とは，「構成其他において偏頗の惧なき裁判所の裁判」をいう（最判昭23年5月5日刑集2巻5号447頁）。したがって，有罪との先入観を抱いた裁判所は，およそ「偏頗の惧れなき」とは言い難い。それゆえ，公平な裁判所の実現のためには，公判前の捜査活動と有罪・無罪を判断する公判審理が分離されなければならない。

公判前の捜査活動と有罪・無罪を判断する公判審理を分離するために，戦後刑訴法は，裁判所の予断排除の観点から起訴状一本主義を採用した。そのため，公訴提起に際して一件記録が付されないので公判前の捜査活動と有罪・無罪を判断する公判審理が分離されることとなり，裁判所は実質的な審理に公平性をもって臨むこととなる。狭義の公判における当事者のやり取りのみをみて，裁判所は有罪・無罪の心証を抱く。この意味において，真に，狭義の公判こそ刑事手続の中核といえるのである。これこそ公判中心主義の実質的意義であり，この意味において公判中心主義は理解されなければならない。

2 ●—— 公判の諸原則

日本の刑事裁判は，公開の法廷において（**公開主義**），口頭で弁論され（**口頭主義**，**弁論主義**），直接調べられた証拠によって事実認定をすること（**直接主義**）を原則としている。

公開主義とは，審理を公開の法廷で行い，一般国民に自由な傍聴を許す原則をいう。これは，個人の生命・自由・財産を奪うことになる裁判手続を密室で行っていた過去の糺問主義に対し市民が勝ち取った重要な権利の一つで，裁判の公正さを制度的に担保したものである（憲82条）。ところで，公正さ担保のために裁判を公開しても，口頭で弁論されなければ公開の意味をなさない。**口頭主義**とは，裁判所は口頭によって提供された資料に基づいて審理を行うべきとする原則をいい（43条，305条など），**弁論主義**とは，当事者の弁論，すなわち当事者の主張および立証に基づいて審理を行うべきとする原則をいう。また，法廷外で取り調べられた証拠を用いて事実認定をすることになれば，公平さ担保のための公開の趣旨に反するものであるから，公開主義をとっている以上，公判廷において直接調べた証拠から事実を認定する必要がある。**直接主義**とは，公判廷において直接取り調べられた証拠に限って裁判の基礎にすることができるとする原則をいう（315条など）。このように，これら公判の諸原則は，いずれも公判を開くための形式的原則ではなく憲法37条１項が定める「公平な裁判所の迅速な公開裁判を受ける権利」を保障するための原則であって，実質的な公判中心主義を実現するための原則なのである。

加えて，憲法37条１項は，**迅速な裁判**を規定する。ところで，なぜ，裁判には迅速性が求められるのか。この点，被告人には応訴義務があり，一度起訴されれば，その間不安定で様々な不利益を被る立場におかれる。したがって，こうした立場からは，出来る限り早く解放されるべきである。また，裁判に時間がかかると，証人の記憶喪失，証拠の散逸など，適正な事実認定という見地からも被告人に不利益を与えてしまう可能性がある。そうしたことから裁判の迅速性は求められるのであって，憲法37条１項は，迅速な裁判を受けることも，被告人の権利として定めている。

もっとも，この迅速裁判を受ける権利に関して，かつて判例はプログラム規定であると解し，迅速を欠く裁判があったとしても，被告人に対する訴訟上の具体的救済措置はないとした（最大判昭23年12月22日刑集２巻14号1853頁）。しかし，その後，起訴後理由なく15年余りの間公判審理が進行されずに放置されたという**高田事件**において，迅速裁判規定はプログラム規定ではなく実効性のある規定であり，審理の著しい遅延が生じ迅速裁判規定に明らかに反する事態が発生したときは，免訴の裁判によって訴訟を打ち切るべきとした（最大判昭47年12月20日刑集26巻10号631頁）。ここにおいて，迅速裁判を受ける権利が，被告人の具体的権利であることが明らかにされたのである。しかし，その後の最高裁判例は，迅速裁判規定に反するとする主張について，高田事件を引用しつつもことごとく斥けており，高田事件以降訴訟が打切られた例はない。その理由として，高田事件では要求法理を採用しなかったものの，その後の判例では被告人の帰責事由を迅速裁判違反の重要な判断要素としていることや，高田事件では被告人の「有形無形の社会的不利益」を迅速裁判規定が守るべき権利としたにもかかわらず，その後の判例では被告人の訴訟上の防御の不利益のみを考慮していることがあげられる。[*3] そのため，現状では，高田事件の打ち出した具体的権利説は，打切りを認める根拠として機能しえていない。

ところで，**裁判員制度**導入に際して，司法制度改革の中で迅速裁判が見直されたが，そこでの視点は，裁判員となる市民の負担の見地からの見直しであって，被告人の権利として見直しが提案されたものではなかった。たしかに迅速裁判は被告人の利益にとって望ましいものではあるが，司法制度改革における迅速裁判の見直しは裁く側の都合によるものであり，場合によっては被告人の権利を侵害しても迅速化を図るというものにつながりかねない。後にみるように，公判審理の充実・迅速化を目的として導入された**公判前整理手続**に向けられた批判の中に，こうした内容のものがみられる。また，公判前整理手続に対しては長期化が指摘されており，裁判員裁判対象事件における期間の平均は，2019年には8.5月，2020年には10.0月であり，否認事件に限ると2019年には10.5月，2020年には11.7月となっている。[*4] いくら公判審理の充実・迅速化を目的として公判前整理手続で争点や証拠等を絞り込んだとしても，公判開始までに時間がかかることは，上述した不利益をはじめ，被告人にとって有形無形の不利益が働くことになりかねない。あくまでも迅速裁判は被告人の具体的権利であり，これを考えるにしても，被告人の視点から考えられなければならない。

3●—— 公判準備

3-1 公判準備の意義と種類

検察官が提出した起訴状が受領権限を有する裁判所書記官に受領されると起訴状が受理されたことになり，事件が裁判所に係属する。来るべき狭義の公判に向けて，裁判官および当事者は準備をしなければならない。公判期日に公判廷で行う審理を充実したものとし，かつ迅速・能率的に行うためには，当然そのために必要な準備を果たさなければならない。それゆえ，公判準備をきちんと行うことは，公判中心主義の実現に資するものである。もっとも，公判準備において事件の実体に触れる手続を過度に行うと，公判中心主義が形骸化するおそれもある。

公判準備は，第1回公判期日の前後で区別される。第1回公判期日前の公判準備のことを**事前準備**と呼び，第1回公判期日後の公判準備のことを**期日間準備**と呼ぶ。このように区別するのは，次の理由に基づく。審理の中心を狭義の公判におくとする公判中心主義の建前からすると，公判前の準備段階では実体審理に入ることはできず，さらに，憲法37条が定める公平な裁判所の見地から，公判審理前に裁判所が事件について触れる範囲を制限することが必要となる。そのため，公訴において起訴状一本主義を採用し，裁判官の予断排除に慎重な注意を払っているのである。この精神は，公判前の準備段階においても妥当する。それゆえ，第1回公判期日の前後で区別するのである。また，充実した公判審理を継続的，計画的かつ迅速に行うために必要があると認めるときには，第1回公判期日前に**公判前整理手続**に付されることがある。

3-2 事前準備

(1) 裁判所の事前準備

起訴状が受理されると，事件は，裁判所内部で予め定められた事務分配規程に基づき機械的に各部・各係に分配され，公判を担当する裁判所が決定する。事件の分配を受け公判を担当することになった裁判所を，**受訴裁判所**と呼ぶ。事前準備には起訴状一本主義の精神がなお妥当するから，事前準備において受訴裁判所が事件について触れることのできる範囲は制限されており，事件につき予断を生じさせるおそれのある事項への関与はできず，起訴状謄本の送達(271条)，弁護人選任権等の告知と弁護人の選任(272条，289条)，第1回公判期日の指定と被告人の召喚(273条)など，その関与は補充的なものにとどまる。

(2) 当事者の事前準備

当事者の事前準備は，第1回公判期日前に十分に準備させて，第1回公判よりできる限り実体的審理に入ることを目的としてなされる。具体的には，次のようなものがある。

両当事者は証拠の収集・整理を行い(規178条の2)，検察官は取調べを請求する予定の証拠書類，証拠物の閲覧・謄写の機会を付与しなければならない(299条1項，規178条の6第1項)。これは弁護人も同様である(規178条の6第2項)。両当事者とも，閲覧の機会の与えられた証拠書類・証拠物に対する同意・不同意，異議の見込みの通知を行わなければならない(規178条の6第1項2号，2項2号)。また，両当事者は，訴因もしくは罰条を明確にし，事件の争点を明らかにするために当事者間でできる限り打ち合わせをしなければならない(規178条の6第3項1号)。

3-3 証拠開示

(1) 証拠開示の問題

当事者は事前準備において証拠の収集・整理を行うが，その証拠取集力は大きく異なる。すなわち，当事者の一方である検察官の背後には，第一次的捜査機関である警察が位置するのである。警察，検察は国家機関であり，証拠を収集する際，法定された強制的な証拠収集権を駆使して，これを行う。しかも，捜査機関が大部分の証拠を保全しているという現状もある。これに対し，被告人は一個人であり，強制処分による証拠収集はできないし，任意出頭，さらには，逮捕・勾留という形で捜査機関が捜査をする間身体を拘束されることも少なくなく，主体的に証拠を収集することができないこともある。すなわち，当事者間の証拠収集のパワーバランスとして，「検察官＞被告人」ということは否定しがたい事実なのである。

ところで，上でみたように，事前準備において，検察官は取調べを請求する予定の証拠につき，相手方に閲覧・謄写する機会を与えなければならない。ここで重要なことは，「検察官が取調べを請求する予定の証拠」とされている点である。裏を返せば，「検察官が取り調べる予定のない証拠」は閲覧・謄写の対象外ということになる。

当事者間の証拠収集力は検察官の方が強く，検察官，また，その背後に位置する警察は，強制処分により大部分の証拠を集める。もっとも，収集した証拠のすべてを立証に用いるのではなく，その中で被告人の犯行を証明しうるものを吟味して，ピックアップして証拠を組み立てる。つまり，検察官は，自らの手持ち証拠の中から，その一部しか出さないこともあるのである。もっとも，捜査機関が収集した大部分の証拠の中には，有罪方向へ認定を向かわせる性質の証拠ばかりでなく，有罪方向へと進まない性質の証拠，さらには，無罪方向へと向かわせる性質の証拠も存在しよう。しかし，被告人の犯行の立証を旨とする検察官は，当然そうした証拠を立証に用いることはない。いわゆる，検察官の証拠隠しの問題である。**松川事件**で被告人のアリバイが書かれたメモ（諏訪メモ）を隠していたことをはじめとして，かねてより，検察官の証拠隠しが広く行われていることが指摘されてきた。また，**厚労省郵便不正利用事件**では，担当していた主任検事が証拠を改ざんしたということも明るみに出ている。

旧刑訴法下では，証拠物・証拠書類などの一件記録は，起訴状とともに裁判所に提出されることとなっていた。それゆえ，弁護人は，裁判所において一件記録を自由に閲覧・謄写することができた（旧刑訴44条1項）。しかし，現行法では，起訴状一本主義が採用された結果，捜査機関が収集した一切の証拠は公訴提起後も検察官の手元にあるということになった。したがって，被告人が証拠を閲覧・謄写しようとすれば，検察官にこれを求めなければならない。

捜査機関が集めた数多の証拠の中には被告人に有利な証拠もあり，それを検察官がもっていることもある。しかし，そうした証拠は有罪の立証には使えないから，取り調べる予定のない証拠ということになる。そうすると，検察官が出してこなかった被告人に有利な証拠は，閲覧・謄写の対象外ということになる。さらに，検察官がいかなる証拠をもっているかわからない状況では，証拠の閲覧・謄写の求めすらできない。そうしたことから，「検察官が取調べを請求する予定の証拠」だけではなく，「検察官のもっている手持ちの証拠」を相手方に示すという**証拠開示**が大きな問題となるのである。

(2) 証拠開示をめぐる判例の変遷と現状

最高裁は，当初明文の根拠がないことを理由に，証拠開示に拒否的態度を示した（最決昭34年12月26日刑集13巻13号3372頁）。その後も，最高裁は，証拠調べ請求の意思のない証拠を進んで開示する義務は検察官になく，弁護人にも請求権はないと判示した（最決昭35年2月9日判時219号34頁）。しかし，最決昭44年4月25日刑集23巻4号248頁が，「裁判所は，その訴訟上の地位にかんがみ，法規の明文ないし訴訟の基本構造に違背しないかぎり，適切な裁量により公正な訴訟指揮を行ない，訴訟の合目的的進行をはかるべき権限と職責を有するものであるから，本件のように証拠調の段階に入った後，弁護人から，具体的必要性を示して，一定の証拠を弁護人に閲覧させるよう検察官に命ぜられたい旨の申出がなされた場合，事案の性質，審理の状況，閲覧を求める証拠の種類および内容，閲覧の時期，程度および方法，その他諸般の事情を勘案し，その閲覧が被告人の防禦のため特に重要であり，かつこれにより罪証隠滅，証人威迫等の弊害を招来するおそれがなく，相当と認めるときは，その訴訟指揮権に基づき，検察官に対し，その所持する証拠を弁護人に閲覧させるよう命ずることができる」と述べ，証拠調べの段階で，一定の証拠につき個別開示の命令ができるとするにいたっている。

たしかに，従前のように証拠開示を全面的に否定するというよりは，個別開示でも証拠開示をできるとした最高裁の態度は一歩前進したといえよう。しかし，最高裁昭和44年決定は裁判所の訴訟指揮権に委ねた解決であって，裁量任せというきわめて不安定なものであり，また，当事者の権利性を否定しているといえる。さらに，個別開示を認めたものの，そもそも検察官の手持ち証拠になにがあるかわからない状況では，証拠開示請求そのものができないことに変わりはない。したがって，証拠開示をめぐっては，いまだ全面開示の必要性が有力に主張されている。

もっとも，こうした証拠開示の状況に変化を与えたのが，公判前整理手続の導入である。以下，項を改めて確認することにしよう。

3-4　公判前整理手続

(1) 公判前整理手続の概要

公判前整理手続（316条の2以下）は，「充実した公判の審理を継続的，計画的かつ迅速に行う」ことを実現するために，2004年の刑事司法改革で，第1回公判期日前に事件の争点および証拠を整理するための公判準備として新たに導入され，2005年11月より運用が開始された。対象事件については特に制限されていないが，すべての事件で行われるものではなく，例えば複雑な事件などで，裁判所が充実した公判の審理を継続的，計画的かつ迅速に行うために必要があると認めるときは，裁判所は，第1回公判期日前に，検察官，被告人もしくは弁護人の請求により，または職権で，事件を公判前整理手続に付すことができる（316条の2第1項）。つまり，選択的であって，公判前整理手続に付されない場合には，事前準備が行われる。ただし，裁判員裁判では，公判前整理手続が必要的である（裁判員49条）。

公判前整理手続は，受訴裁判所が主宰し（316条の2），かつ，弁護人がなければ手続を行うことができない**必要的弁護事件**である（316条の4第1項）。したがって，被告人に弁護人がついていないときは，裁判長は職権で弁護人を選任しなければならない（316条の4第2項）。公判前整理手続には，検察官，弁護人の出席が必要となる（316条の7）。被告人の参加は任意であるが，裁判所が必要と認めるときは，被告人の出頭が義務となる。被告人が参加する場合，黙秘権の告知がなされる（316条の9）。刑訴法は明文規定をおいていないが，あくまでも準備手続ということから，非公開で行われることが通例である。

公判前整理手続では，①争点整理，②証拠整理，③証拠開示，④審理計画の策定がなされる。[*5] 具体的には，訴因・罰条の明確化，訴因・罰条の追加・変更，予定主張の明示（①関連），証拠調べ請求，立証趣旨・訊問事項の明確化，請求証拠に対する意見の確認，証拠決定，証拠調べの順序・方法の決定，証拠調べに関する異議の裁定（②関連），証拠開示に関する裁定（③関連），公判期日の指定・変更（④関連）が行われる（316条の5）。

また，第1回公判期日後に，裁判所が必要と認めるときは，事件の争点および証拠の整理のために，検察官，被告人もしくは弁護人の請求により，または職権で，事件を**期日間整理手続**に付すことができる（316条の28）。

(2) 公判前整理手続の進行

検察官は，公判期日において証拠により証明しようとする事実（**証明予定事実**）を記載した書面（**証明予定事実記載書**）を裁判所に提出し，被告人または弁護人に送付するとともに，証明予定事実を証明するために用いる証拠の取調べを請求し，速やかに被告人または弁護人に**請求証拠の開示**を行わなければならない（316条の13第1項，2項，316条の14第1項）。また，検察官は**保管証拠の一覧表**の作成を行い，被告人または弁護人から請求があったときは，これを交付しなければならない（316条の14第2項）。この一覧表の交付は，当該事件の捜査を通じて収集された検察官の手持ち証拠の全体像を被告人または弁護人に把握することを可能にすることで的確な開示請求を行わせる目的で，2016年改正により導入されたものである。さらに，検察官の証明予定事実と請求証拠によってその主張・立証の全体像が明らかになった段階で，被告人側が防御としていかなる主張・立証をするかを決定することができるようにするため，被告人または弁護人は，検察官の請求証拠の開示を受けた後，その証明力を判断するために重要であると認められる一定の類型の証拠（**類型証拠**）の開示を請求することができる。検察官は，その重要性・必要性と当該開示によって生じるおそれがある弊害を考慮し，相当と認めるときは，速やかに類型証拠の開示を行わなければならない（316条の15第1項，2項）。

被告人または弁護人は，以上をふまえて，検察官請求証拠に対して証拠意見を明らかにしなければならない（316条の16）。また，被告人側に**予定主張事実**がある場合にはこれを明らかにし，その証明に用いる証拠の取調べを請求し，速やかに検察官に**請求証拠の開示**を行わなければならない（316条の17，316条の18）。これに対し，検察官は，開示を受けた弁護人・被告人の請求証拠に対して証拠意見を明らかにしなければならない（316条の19）。なお，予定主張事実の明示を義務づけることが自己負罪拒否特権を定める憲法38条1項に反しないかが問われたが，最決平25年3月18日刑集67巻3号325頁は，予定主張をすること自体を強要するものではないとして，憲法38条1項に反しないとした。

さらに，被告人側が具体的に明示した主張によって生じた争点に関連する証拠を開示することにより，さらなる争点整理や被告人側の防御の準備を可能にするため，被告人または弁護人は，予定主張事実を明示した後，検察官の請求証拠および類型証拠として開示されなかった証拠につき，主張に関連する証拠（**主張関連証拠**）の開示を請求することができる。検察官は，その関連性の程度その他被告人の防御のために開示が必要な程度と当該開示によって生じるおそれがある弊害を考慮し，相当と認めるときは，速やかに主張関連証拠の開示を行わなければならない（316条の20）。

なお，以上のような証拠開示の要否の判断をめぐって当事者間で意見が一致せず争いが生じた場合には，裁判所が**証拠開示に関する裁定**を行う。この裁定には，開示すべき当事者の請求により，開示の必要性および当該開示によって生じるおそれがある弊害を考慮し，決定で，開示の時期・方法を指定し，または条件を付する**開示時期の指定等**（316条の25），および，検察官が請求証拠，類型証拠，主張関連証拠を開示していないと認めるときは弁護人の請求により，被告人・弁護人が請求証拠を開示していないと認めるときは検察官の請求により，決定で，当該証拠の開示を命じる**証拠開示命令**（316条の26）がある。

以上の手続により証拠の整理，証拠決定がなされ，証拠調べの順序，方法が決定される。事件の争点および証拠の整理を遂げ，証拠決定がなされ，公判期日を指定されると，公判前整理手続が終了する。裁判所は，手続の終了に当たり，検察官および被告人または弁護人との間で，**事件の争点および証拠の整理の確認**をしなければならない（316条の24）。

⑶ 公判前整理手続の導入と証拠開示をめぐる状況の変化

このように，公判前整理手続の導入により，手続に付された場合に限ってという留保付きではあるが，検察官請求証拠の開示，類型証拠の開示，被告人・弁護人の請求証拠の開示，主張関連証拠の開示という４つの証拠開示が立法化された。上述の通り，従前は刑訴法299条１項の規定があったものの証拠開示に関する具体的な明文の根拠をもたず，また，刑訴法299条１項の解釈論にも限界があったことに照らせば，証拠開示は，こうした立法によって拡大をみたということが可能であろう。また，2016年改正により，被告人・弁護人の請求があるときは検察官は保管する証拠の一覧表を交付しなければならないこととされたほか，類型証拠開示の対象も拡大（316条の15第１項８号，９号）されたことで，立法による証拠開示のさらなる拡大がみられる。

他方で，判例も，開示命令の対象を積極的に拡張した。すなわち，公判前整理手続における証拠開示命令の対象となる証拠は，検察官が現に保管している証拠に限られず，当該事件の捜査の過程で作成され，または入手した書面等で，公務員が現に保管し，かつ検察官においてその入手が容易なものも含まれると解されており，警察官が捜査の過程で作成し保管するメモもその対象となると解している（最決平19年12月25日刑集61巻9号895頁，最決平20年6月25日刑集62巻6号1886頁，最決平20年9月30日刑集62巻8号2753頁）。

さらに，証拠開示の実務上の運用の変化もみられる。すなわち，公判前整理手続に付されていない事件についても，検察官の任意開示が拡大したのである。これは，公判前整理手続に付されれば立法化された証拠開示規定を利用できることから，任意開示を行わないと，必ずしも主張や証拠の整理が必要でない事案まで公判前整理手続の申し出がなされてしまうということに起因する。この点，上述の通り，現行規定では検察官，被告人もしくは弁護人に公判前整理手続に付すための請求権が認められているが，これは2016年改正によるもので，かつては職権によってのみ公判前整理手続に付されてきた。

このように眺めると，たしかに公判前整理手続の導入が旧態の証拠開示をめぐる問題に変化を与えたといいうるように思われるものの，証拠開示そのものの問題としてではなく，公判前整理手続との関係で進展してきたことを看取できよう。その意味で，旧態の証拠開示をめぐる問題はなお手つかずといえる。しかし，このように，実際の運用が，公判前整理手続に引っ張られる形で公判前整理手続に付されない事件にも波及したということは，一定程度の評価ができるのではなかろうか。もっとも，従来から問題とされてきた証拠開示の問題の真の解決にはなっていないことも，また事実であり，さらに公判前整理手続には後述するような問題点もあることから，公判前整理手続導入後の証拠開示をめぐる状況の変化は，手放しで評価できるものではない。やはり，証拠開示そのものの解決が必要である。

⑷ 公判前整理手続の問題点

公判前整理手続に対しては，争点・証拠整理や証拠開示を通じて，受訴裁判所が当事者の主張を知ることとなってしまい，起訴状一本主義の精神，予断排除の原則に反するのではないかという疑問を抱こう。この点，公判前整理手続導入時の議論の中で，次のように述べられた。予断排除の原則とは，公判審理前に，裁判所が予め事件の実体について心証を形成することを防止しようとするものであり，そのために，捜査機関の抱いた嫌疑が一方的に引き継がれることのないように，起訴状一本主義が採用されている。他方，公判前整理手続では，裁判所は，当事者に，公判で行う予定の主張を明らかにさせたり証拠調べ請求やそれに対する証拠意見を明らかにさせたりするが，それは公判審理が計画的かつ円滑に進行するように準備するに過ぎないものであり，当事者双方が等しく参加する場において，それぞれの主張に触れるに過ぎない。それに，証拠自体を取り調べるものではなく，証拠は，やはり，公判廷において取り調べるものである。[*6] こうして，公判前整理手続は，予断排除の原則に反しないとされた。

しかし，公判前整理手続の実際の運用において，裁判官によって，弁護人が同意した書面を排除することを含めた方向での「証拠の圧縮」が行われている現状があること，裁判官が検察官に対し，「有罪にもっていくための証拠」に口出しをしている現状があることが，実際に公判前整理手続を担当した弁護士よりいわれることがある。また，東名高速道路あおり運転事件にかかる東京高判令元年12月６日東高刑時報１～12号119頁は，裁判員裁判の公判前整理手続で原裁判所が見解を表明したことは違法であり，この見解を変更して有罪判決を宣告したことは不意打ちになるとして原判決を破棄したが，ここでの問題点は，「不意打ちをしたことではなく，公判前整理手続において裁判所が『見解』と称して，まだ裁判が行われていないにもかかわらず，裁判の『結論』を示したこと」[*7]であり，結局のところ，公判前整理手続において裁判所が実体審理を行っていることを如実に表したものといえよう。すなわち，公判前整理手続の中で当事者の主張や証拠につき実質的に判断を行い，心証形成をしてしまっているのである。公判前整理手続を通じて，裁判官は，予断をもって公判に臨むことが可能となっている。[*8]

また，公判前整理手続における争点・証拠の整理の実効性を担保するために，公判前整理手続を経た場合には，「やむを得ない事由」がある場合を除き，後の公判廷において新たな証拠調べ請求を認めないとされており，公判前整理手続に付さない事件との比較において，公判前整理手続を行うとその後の公判手続が左右されてしまうとの評価がなされている。[*9] さらに，公判前整理手続において冒頭手続から最終弁論までの細密な公判スケジュールが組まれており，徹底した進行管理がなされるという。[*10] しかし，これに対しては，誰の／何のための効率化なのかという疑問を抱く。加えて，公判前整理手続に対してはその長期化が指摘されていることは，すでにみた通りである。

結局，こうした手続は実質的な公判中心主義を骨抜きにするものであって，その後実施される公判は，形骸化したものとならざるをえないといえるのではなかろうか。公判前整理手続には，こうした問題を指摘しうるように思われる。

3-5　被告人の出頭の確保

上でみたように，裁判所は，公判期日に被告人を召喚しなければならない。特に通常第1審においては原則として被告人が出頭しなければ公判を開廷することはできないから（286条），裁判所が行う事前準備のうち，被告人の出頭を確保することは，最も基本かつ重要な事項といえる。

被告人の出頭を確保するための手続として，現行法は，**召喚**，**勾引**，**勾留**を定める。**召喚**とは，被告人に対して一定の日時，場所に出頭することを命じる処分のことをいう（57条）。被告人が住居不定の場合，正当な理由なく召喚に応じない場合または応じないおそれがある場合には，被告人を**勾引**することができる（58条）。勾引とは，被告人を一定の場所に引致する強制処分をいう。**勾留**とは，被告人の公判廷への出頭を確保するための制度であり，被告人を拘禁する裁判とその執行のことをいう。被告人が住居不定である，あるいは，被告人に罪証隠滅のおそれ，逃亡のおそれがあるという場合に，前もって被告人の身体を確保しておかなければ公判廷への在廷が見込めず公判を開くことができないという場合に行われる（60条1項）。起訴後行われるこの勾留は，被疑者段階で行われる勾留（**被疑者勾留**）と区別するために，**被告人勾留**と呼ばれることもある。被告人勾留の期間は，公訴提起のあった日から2か月であり，その後は1か月ごとに更新される（60条2項）。勾留から解放される場合として，**勾留の取消し**（87条），**勾留の執行停止**（95条），**保釈**（89条〜91条）がある。このうち，保釈に関しては被告人にのみ認められた制度であり，被疑者の保釈は認められていない。なお，保釈の詳細については，第4章を参照。

4 ── 裁判員制度

4-1　裁判員制度導入の経緯

司法制度改革審議会は，2001年6月の最終意見書の中で，「国民の一人ひとりが，統治客体意識から脱却し，自律的でかつ社会的責任を負った統治主体」

として活動することが重要であると説き,「刑事訴訟手続において,広く一般の国民が,裁判官と共に責任を分担しつつ協働し,裁判内容の決定に主体的,実質的に関与することができる新たな制度を導入すべき」ことを提言した。この提言を受けて,政府は2001年12月に司法制度改革推進本部を設置し,その中に「裁判員制度・刑事検討会」を設け,刑事訴訟手続の新たな参加制度の導入について検討を行った。そして,2004年5月に「**裁判員の参加する刑事裁判に関する法律**」(**裁判員法**)が制定・公布され,2009年5月より裁判員裁判がはじまった。**裁判員制度**導入の意義は,広く国民が裁判の過程に参加し,その感覚が裁判に反映されることになることによって,司法に対する国民の理解や支持が深まり,司法がより強固な国民的基盤を得ることができるようになることにあるとされている。

諸外国に目を向けると,国民の司法参加は広く行われており,その参加形態としては,主に**陪審制**と**参審制**がある。日本でも,1923年に**陪審法**が制定され,1928年より陪審裁判が行われていた。しかし,1943年の陪審法ノ停止ニ關スル法律により,陪審法は停止された。もっとも,その附則3項は,「陪審法ハ今次ノ戦争終了後再施行スルモノトシ」と規定しており,本来ならば,戦後,陪審法は復活させられるべきものであった。

戦後改革の中で,GHQは陪審制度の導入に積極的な態度を示していた。そして,将来陪審制を導入することは,日本側も既決事項になっていたとされる。実際,1947年に制定された裁判所法において,陪審制度導入の可能性をうかがわせている(裁3条3項)。しかし,周知のように陪審法は再施行されず,陪審制度は導入されないまま今日にいたっている。そして,この陪審法の再施行に代えて,日本は,裁判員制度を新たに導入したのである。

4-2 裁判員制度の概要

裁判員裁判は,死刑または無期拘禁刑に当たる犯罪および法定合議事件であって故意の犯罪行為により被害者を死亡させた犯罪が対象となる(裁判員2条1項)。裁判員裁判では,裁判員(基本的に6名)と裁判官(基本的に3名)がともに事実認定および量刑判断を行うこととなっており,両者は基本的に同等の地位を有し,裁判員は衆議院議員の選挙権を有する者(裁判員13条)で,かつ欠格事由(裁判員14条)・就職禁止事由(裁判員15条)に該当しない者から選任され,参加は１つの事件のみとされる。

裁判員裁判では，裁判員の過重な負担を避け，理解しやすく充実した裁判を行うために，**公判前整理手続が必要的**である（裁判員49条）。裁判員は，裁判官と同様に，証人尋問や被告人質問をすることができる。裁判員の関与する判断に際しても，証拠の証明力に関しては，裁判員の自由心証に委ねられている（裁判員62条）。評議は裁判官および裁判員が協働して行うが，ここでは，多数決による評議が原則となる。もっとも，この評議には，有罪判決に関しては，裁判官および裁判員の双方の意見が含まれていなければならない（裁判員67条１項）。評議によって有罪となれば，再び，裁判官と裁判員の協働による評議により量刑判断が行われる。

4-3　裁判員制度の問題点

裁判員制度については，以下のような問題点を指摘できる。

まず，裁判員裁判に必要的とされている公判前整理手続である。すでにこの手続に対する問題点は上で述べたが，裁判員裁判との関係でも，公判前整理手続は，次のような問題点を指摘することができる。すでにみたように，公判前整理手続では，検察官のみならず被告人も自らの予定主張事実を明示し，その際に用いる証拠の取調べ請求を行わなければならない。このことが，検察官の主張・立証を増強する方向に働くのではないかというのが問題点の１つ目である。すなわち，検察官は，挙証責任を負う一方当事者として有罪を主張し，被告人の犯罪を立証しようとするが，公判前整理手続においては，争点・証拠整理，証拠開示という事項を通じて，被告人側の「手の内」を垣間みることができる。さらに，上述したように，公判前整理手続において裁判所が実体審理を行い，その結論を当事者に示すといったことが実際に行われているといった事実もある。検察官としては，それらをふまえた上で，自らの主張・立証を補強・修正することができるのである。いわば，公判前整理手続を経ることによって，より洗練された主張・立証を構成することが可能になるのである。したがって，裁判員裁判においては，洗練された強固な検察官側の主張・立証が，裁判員に提示されることになる。

このことと関わって，被告人側の反証の点が，２つ目の問題点である。刑事裁判では検察官が挙証責任を負うから，検察官が，被告人は有罪であることを，合理的疑いを超えて証明しない限り被告人は無罪となる。つまり，被告人は，自ら積極的に無罪を主張する必要はなく，検察官の主張に疑いを投げかけるだけでよい。しかし，公判前整理手続を経て疑いの余地を出来る限り排除した洗練された検察官の立証に対して，いかに疑いを投げかければよいのか。むしろ，被告人が，積極的な無罪立証を行いそれに成功しない限り，検察官の主張・立証を覆すことができなくなるのではないか。そうであれば，いかに刑事弁護に長けた弁護人であっても，なかなか困難であろう。また，この点は，事実認定におけるいわゆるアナザー・ストーリー論を促進させることになるのではなかろうか。実際，裁判員制度導入以来，公判前整理手続において証拠開示が拡張されたこととも相俟って，当事者が事実認定者に対して提起する事件の説明としてすべての証拠と矛盾のない説明を与えるという**ケース・セオリー**が弁護側に導入され，発展してきたことが，多くの刑事弁護人によって指摘されている。

次に，憲法とのかかわりがあげられる。裁判員は，一定の除外事由に該当しない限り参加しなければならず，義務とされている。しかし，憲法上国民の義務とされているのは，教育・納税・勤労であり，裁判員への参加義務は，憲法上の義務ではない。こうした憲法に存在しない義務を国民に科す法律は，憲法違反ではないか。また，憲法上意に反する苦役を禁止しているが（憲18条），国民に裁判員の職務を強制することは，この規定に反するのではないか。憲法上思想信条の自由が認められているが（憲19条），裁判員制度は思想信条の自由に基づく辞退についても消極的であり，この規定にも反するのではないか。こうした問題点を指摘できよう。もっとも，最大判平23年11月16日刑集65巻８号1285頁は，裁判員制度は違憲ではないとしている。

また，裁判員制度が採用する，多数決制度にも問題がある。刑事裁判では，挙証責任を負う検察官が，合理的疑いを超えた証明をなした時に有罪とされる。つまり，検察官が合理的疑いを超える証明ができなかった場合，被告人は無罪になる。これが原則である。しかし，裁判員制度は，こうした原則に反しているのではないか。すなわち，上でみたように，裁判員制度の評議は，裁判官と裁判員の双方を含むとされながらも，数だけでみれば，単純多数決である。つまり，裁判官が３名，裁判員が６名関与した場合に，関与した全員が有罪に投じた場合はもちろん有罪となるが，裁判官２名と裁判員３名が有罪に投じた場合も等しく有罪となるのである。しかし，前者の場合と異なり，後者の場合はわずか１票差であり，４人が合理的疑いを差し挟んでいる。こうした場合に，はたして合理的疑いを超えたといえるのか。はたして単純多数決制度が，合理的疑いを超える証明を制度的に保障しているのか。とりわけ，日本が死刑制度を存置しているという点を併せ考えたとき，４人が合理的疑いを差し挟んだ場合であっても，制度としては死刑まで科すことが出来るという点は問題ではなかろうか。

こうした問題点を指摘しうるものの，裁判員制度実施10年を契機とした総括では，結論として，「精密司法・調書裁判などと呼ばれてきた運用から脱却し，核心司法・公判中心主義を実現するための取組が進められ，裁判員制度は，国民の理解と協力の下，幅広い国民参加を得て概ね順調に運営されてきた」との結論が示されている[*11]。しかし，こうした結論に対しては，なにをもって「順調な運営」なのかという疑問を抱く。たしかに，裁判員裁判によって改善された面があることは否定できない。法律に詳しくない一般市民に対して「わかりやすい裁判」がめざされ，口頭弁論主義の徹底が図られたり，ケース・セオリーの導入にみられるような弁護人の法廷技術の向上，公判前整理手続との関連ではあるが証拠開示の拡大といったことがその好例であろう。もっとも，そもそも論として，裁判員制度は旧態の刑事手続に接ぎ木をしただけのものにすぎず，捜査，証拠法，(特に検察官) 上訴制度，判決書，控訴審の構造などには，一切変更が加えられていない。一審の裁判員裁判において無罪が言い渡されたものの，検察官上訴がなされ，裁判官のみの控訴審でこれがひっくり返され有罪となったケースなども，この間目にしてきたところである。裁判員裁判に限定するのではなく，広く刑事手続という観点から，裁判員制度の総括を行う必要があるのではなかろうか。

5 ●—— 公判手続

5-1　公判手続の概要

公判期日における手続は，公判廷で行う (282条１項)。原則として，裁判の対審および判決は公開しなければならない (憲82条)。公判廷には，裁判官，裁判所書記官が列席し，検察官が出席して開かれる（282条2項）。被告人も，原則として出頭しなければ，開廷することはできない（286条）。被告人は刑事裁判における一方当事者であるから，被告人の公判廷への出席は，権利であるとともに義務でもある。弁護人については原則として公判廷への出席が開廷の要件とはされていないが，弁護人の出席は被告人の防御権行使にとって不可欠のものであり，実際にはほぼすべての事件について弁護人が付されているのが現状である。なお，死刑または無期もしくは長期3年を超える拘禁刑に当たる事件については，**必要的弁護事件**として，弁護人の出席が開廷の要件とされている（289条1項）。

公判期日における手続は，**冒頭手続**からはじまる。冒頭手続は，**人定質問**よりスタートする（規196条）。人定質問とは，裁判長が，被告人として出廷している人物に対し，起訴状記載の被告人と同一であることを確認するために行う質問のことである。次いで，検察官による**起訴状の朗読**がなされる（291条1項）。朗読後，裁判長による**黙秘権等の告知**がなされ，その上で，被告人および弁護人に，**被告事件について意見を陳述する機会**を与える（291条4項，規197条）。

冒頭手続が終わると，**証拠調べ手続**に入る（292条）。証拠調べ手続は，まず，検察官が**冒頭陳述**を行い，証拠によって証明しようとする事実を明らかにする（296条）。検察官の冒頭陳述の後，被告人および弁護人も冒頭陳述をすることができる（規198条1項）。検察官の冒頭陳述と異なり，被告人・弁護人の冒頭陳述は義務的なものではないが，公判前整理手続に付された事件については，必要的である（316条の30）。冒頭陳述の後，犯罪事実に関する**検察官側の立証**がはじまる。検察官は，冒頭陳述で示した事実を立証するために用いる**証拠の取調べ請求**を行う。この証拠調べ請求において，検察官は，これから立証に用いようとする証拠すべての取調べを請求しなければならない。もっとも，これには例外があり，例えば被告人の自白などの被告人の供述調書や身上調書など（**乙号証**）に関しては，乙号証以外の他の証拠（**甲号証**）を取り調べた後でなければ，その取調べ請求をすることができない（301条）。これは，次の理由に基づく。「**自白は証拠の（女）王**」と呼ばれるほど，その証拠価値が高いものとされてきた。それゆえ，かねてより，自白を得るための拷問や強要が行われ，また，自白に頼った裁判が横行してきた。現行法は，こうした自白の証拠としての価値について，とりわけそれが得られる経緯に着目して，第9章でみるような自白法則を設け（319条2項，憲38条3項），これを制限したのである。この自白法則を手続上担保するために，また，自白の証拠価値の高さから，裁判所に対する予断防止のために，被告人の供述調書の取調べ時期が制限されているのである。したがって，甲号証について一括して取調べ，その後乙号証の取調べを行うこととなる。もっとも，実務上は，甲号証と乙号証につき，一括して**証拠等関係カード**により取調べ請求が行われているのが現状である。この点，判例は，自白調書が他の証拠と同時に取調べ請求がなされたとしても，現実の証拠調べ手続において，他の証拠を取り調べた後に自白調書が取り調べられた以上は，刑訴法301条に反しないとしている（最決昭26年6月1日刑集5巻7号1232頁）。検察官の証拠調べ請求に対して，裁判所は被告人側の意見を聞き，取り調べてもいいとされた証拠について**証拠決定**を行うこととなる。証拠決定がなされると，これに従って証拠調べが実施される。なお，公判前整理手続に付された事件については，公判前整理手続の中で証拠調べ請求，証拠決定が行われているから，公判廷における証拠調べ請求は原則として許されず（316条の32），**公判前整理手続の結果の顕出**を行った上で（316条の31），証拠調べから実施されることとなる。証拠調べとして，**証拠書類の朗読**（305条），**証拠物の展示**（306条），**証人の尋問**（304条）が行われ，また**被告人質問**（311条）も行われる。

その後，**弁論手続**に入る。弁論手続では，まず，検察官が，事実および法律の適用についての意見を述べ（293条1項，**論告**），さらに具体的な刑の量定の意見も述べる（**求刑**）。次いで，弁護人の**最終弁論**，被告人の**最終陳述**が行われ（293条2項，規211条），**結審**となる。

5-2　公判の現状

日本の刑事裁判の無罪率は，0.1%である。裏を返せば，99.9%の有罪率である。否認事件に限っても，無罪率はわずか3%に過ぎない。日本の刑事裁判は，検察官による起訴がなされれば，ほぼ例外なく有罪が認定されている。

実質的な審理の中心を狭義の公判におくとして，こうした数字は妥当なものといえるであろうか。国家機関である検察官と一私人である被告人が実質的に対等かというと必ずしもそうとはいえないだろうが，それでも建前として，日本の刑事手続は，弾劾主義的訴訟構造，当事者主義を採用している。また，現行刑事手続は，訴因制度を採用し，審判対象を訴因に限定した。公判において，検察官は，自らが設定・主張した訴因事実があるということを立証していく。訴因が審判対象である以上，その有無こそ問題であり，裁判所が仮に別罪の心証を抱いたとしても，公訴事実対象説をとっていた旧法と異なり別罪の言い渡しはできず，原則的に，あくまでも訴因事実はないとして無罪を言い渡さなければならない。しかも，挙証責任を検察官に負担させており，検察官が，自らの主張する訴因事実があったことを，証拠を用いて合理的疑いを超えて立証しない限り，有罪を勝ち取ることはできない。加えて，被告人は，もともと無罪が推定されている。そうすると，公判において有罪を勝ち取るのは，並大抵のことではないはずである。有罪率・無罪率に多少の差が生まれることはあるとしても，一方に大差が生じること，況や，ほぼ一方のみが数字を占めるという現象は生じまい。しかし，日本の公判の現状は，有罪率が99.9%なのである。この数字自体きわめて異様であるといえよう。

もっとも，この数字の異様さは，負の方向に働くものではなく，むしろ，日本の刑事裁判の誇るべき事情であるとされてきた。すなわち，こうした状況は，起訴独占主義，起訴便宜主義の反射効とされる。起訴独占主義によって訴追権限を検察官に集中させ，かつ，起訴便宜主義によって起訴するか否かの裁量権を検察官に認めたことから，検察官としては十分な捜査に基づいて事案の真相を把握した後でなければ起訴しない。その結果，詳細な捜査と慎重な起訴によって早い段階で事案の真相を把握し有罪・無罪の選り分けができており，かつ，捜査段階での調書を多用し，綿密な公判審理によって詳細な事案の解明を追及している結果であるとされてきたのである。いわゆる，**精密司法論**である。

そうであれば，すでに裁判所の手元に届く前の検察官の起訴段階で，検察官によって有罪・無罪の判断がなされ，有罪と判断されたものに限って公判手続に乗せられているということになる。しかも，99.9%で有罪とされているのであるから，検察官のなす判断は概ね妥当ということになろう。このように，実際には，検察官の起訴によって，「有罪宣告」がなされたに等しい状態にあるといえるのである。公判は，検察官が自ら下した有罪宣告に誤りはないことを主張し，裁判所がその当否を審査する場となっているのが実状なのである。[*12]

6●――簡易な手続

6-1 簡易な手続の必要性

刑事司法に割くことのできる人的・物的資源は，有限である。したがって，争いのある事件や複雑な事件にこそ重点的に資源が分配されるべきであり，逆に争いがなく簡易明白な事件については，これまでみてきたような正式な公判手続ではなく，簡易な手続で審理を行うほうが効率的であり，訴訟経済に資する。そこで，現行法は，正式な公判手続によらず，**簡易な手続**で審理を行う制度を設けている。

現行法上の簡易な手続として，①**簡易公判手続**（291条の２），②**即決裁判手続**（350条の16），③**略式手続**（461条）がある。[*13]

ところで，簡易であるがゆえに，これら制度では安易に有罪判決を言い渡していいのかということが問題になろうが，そうではなく，正式な公判手続と同様に合理的疑いを超えた証明が必要であることに変わりはない。さもなければ，資源の有効活用のための簡易な手続が，証明度緩和の道具とされかねない。

6-2 現行法上の簡易な手続

(1) 簡易公判手続

裁判所は，被告人が冒頭手続で有罪の陳述をした場合，検察官および被告人・弁護人の意見を聞いた上で**簡易公判手続**によって審判をする旨の決定を行うことができる。対象となるのは比較的軽微な事件であり，法定合議事件はその対象から除かれる。簡易公判手続では，証拠調べ手続が簡易化され「適当と認める方法」で行うことができるようになるほか（307条の２），伝聞法則の適用もない（320条２項）。

簡易公判手続は，被告人が有罪の答弁をした場合に事実審理を行うことなく直ちに量刑手続に入ることを認める英米法の**アレインメント制度**を参考に，1953年に新設されたものである。もっとも，冒頭手続までその実施が不明確であるため捜査および公判準備は正式な公判手続と同様に行う必要があること，証拠調べ手続が簡略化されるといっても証拠調べの運用が正式な公判手続と大差がないことから，簡易公判手続を採用するメリットに乏しく，実際の利用状況はそれほど高くないのが現状である。

⑵ 即決裁判手続

即決裁判手続は，簡易公判手続の利用が活発でなかったことに鑑み，2004年に新たに設けられた簡易迅速な事件処理のための制度である。

検察官は，事案が明白かつ軽微な事件であり，公判での証拠調べが速やかに終わると見込まれることなどの事情を考慮し，相当と認めるときは，被疑者に手続を理解させるための必要な事項を説明し，同意を得た上で，公訴提起と同時に即決裁判手続の申立てを行うことができる。ただし，法定合議事件はその対象から除かれる（350条の16第１項，２項）。裁判長は，即決裁判の申立てがあったときは，できる限り公訴提起された日から14日以内に公判期日を定めなければならない（350条の21，規222条の18）。裁判所は，冒頭手続において被告人が有罪の陳述をした場合，即決裁判手続によることが相当でないと認めるときなどを除き，即決裁判手続によって審判をする旨の決定をする（350条の22）。即決裁判手続では，証拠調べ手続が簡易化され「適当と認める方法」で行うことができるようになるほか（350条の24），伝聞法則の適用もない（350条の27）。裁判所は，原則として即日判決を言い渡さなければならない（350条の28）。

即決裁判手続では，拘禁刑の言渡しをする場合には，必ず刑の全部執行猶予の言渡しをしなければならない（350条の29）。また，手続の迅速・効率化を図るため，罪となるべき事実の誤認を理由とする上訴はできない（403条の２，413条の２）。この上訴制限について，裁判を受ける権利を認める憲法32条に反しないかが問われたが，最決平21年７月14日刑集63巻６号623頁は，上訴制限に相応の合理的な理由があるとして，合憲判断を下している。

ところで，即決裁判手続によって審判する旨の決定後，判決までの間に，被告人が即決裁判手続への同意あるいは有罪である旨の答弁を撤回して簡易な手続を実施する前提がなくなった場合などには，裁判所は決定を取り消し，正式な公判手続へと移行することとなる。もっとも，この場合において，再起訴を制限する刑訴法340条との関係で，公訴取消となった場合に再起訴をすることは困難であるから，検察官は，それにも備えていわゆる「念のため捜査」をする必要があった。それゆえ，即決裁判手続が，検察官の負担軽減に結び付かないという制度上の問題点が指摘されていた。実際，即決裁判手続は，導入当初こそ比較的多くの運用がなされたものの，徐々に申立て数が減少するという現象がみられていたが，こうした制度上の問題点がその原因の一つであるという認識が示されていた。[*14] そこで，2016年改正において，即決裁判手続により審判する旨の決定が取り消された場合，いったん公訴を取り消し，補充捜査をしたうえで再起訴することを可能にするために，再起訴を制限する刑訴法340条の例外を定め（350条の26），「念のため捜査」の必要性による検察官の負担軽減を図った。

(3) 略式手続（略式命令請求）

略式手続とは，軽微な事件について設けられた手続である。略式手続では，簡易裁判所が，公判手続を開かずに，検察官の提出した資料について書面審理を行って，被告人に対して，略式命令で100万円以下の罰金または科料を言い渡すことができる（461条）。対象事件は，簡易裁判所の事物管轄に属する事件であって，100万円以下の罰金または科料が法定刑に含まれるものである。

検察官は，被疑者に手続を理解させるための必要な事項を説明し，被疑者に異議がないことを確認してそれを書面で明らかにさせた上で，簡易裁判所に対して公訴の提起と同時に書面で略式命令の申立てを行う（461条の2，462条）。なお，検察官は，申立てに際して，証拠書類・証拠物を一緒に提出することとなっており（規289条），起訴状一本主義の例外に当たる。

略式命令を受けた場合でも，被告人または検察官は，告知を受けた日から14日以内に正式裁判の請求をすることができる（465条1項）。この請求が適法であれば，事件は正式な公判手続に移行し（468条2項），そこで判決が宣告されれば略式命令は効力を失う（469条）。ただし，判決があるまでは正式裁判請求を取り下げることができる（466条）。正式裁判の請求期間が経過するか，正式裁判請求が取り下げられた場合，略式命令は確定判決と同一の効力を生ずる（470条）。

略式手続は，明治末期から大正初期にかけて国家財政逼迫に対処するために裁判所の統廃合という事態が生じたため，事務の能率化を図るために，ドイツの科刑命令を参考に1913年に制定された刑事略式手続法に起源をもつ。1922年には，旧刑訴法に略式手続が組み込まれた（旧刑訴第7編）。このように，もともとは裁判所の負担軽減という目的であったが，戦時中には，戦争という非常事態に対応するという当時の時代的要請の面から，1943年10月の戦時刑事特別法の改正により，事案の内容が単純で犯罪の成立が明白である場合には，略式命令により１年以下の懲役（窃盗罪等については３年以下の懲役）・禁錮，拘留といった自由刑も言い渡しうることになり，その適用範囲を拡大した（戦特29条の２）。しかし，戦後，戦時刑事特別法は廃止され，また，日本国憲法施行に際して憲法37条に抵触するとして廃止論も主張されたが，現行刑訴法でも，なお維持された。この点，最大決昭23年７月29日刑集２巻９号1115頁は，略式命令手続は，罰金・科料といった財産刑に限ってこれを科する公判前の簡易訴訟手続であって生命または自由に対する刑罰を科する場合の手続ではなく，正式裁判の請求によって迅速な公開裁判を受ける権利が保障されているとして，合憲であるとしている。

かつては起訴人員総数の９割以上が略式手続の請求がなされていた時期もあったが，その割合は徐々に減少しているものの，起訴された被告人のうち７割がなお略式手続で処理されているのが実状であり，略式手続が刑事手続において果たす役割は，決して小さなものではない。

6-3　簡易な手続をどのように眺めるか

こうした簡易な手続を前にして，誰の／何のための効率化なのかという点を考える必要がある。すなわち，限りある人的・物的資源の有効活用という目的があろうとも，刑事手続の一つである以上，そこに乗せられる被疑者・被告人の利益を第一に考えなくてはならないことはいうまでもない。上述したように，簡易な手続が証明度緩和の道具とされるようなことは，決してあってはならないことである。しかし，その手続を眺めると，例えば，即決裁判手続や略式手続が検察官の申立てによるとされている。これは，結局，被疑者・被告人の利益というよりも，事案を処理する検察官，さらにはそれを裁く裁判官の負担軽減を図る色彩が強いといえるのではないか[*15]。即決裁判手続における再起訴を制限する刑訴法340条の例外を定めた2016年改正は，まさに検察官の負担軽減を図ったものである。

また，簡易な手続は，いずれも被疑者・被告人の同意や異議のないことを条件としているが，正式な公判手続に付された場合との負担を衡量したり，即決裁判手続では実刑を回避できるという点，略式手続では罰金で済ませることができるという点との衡量から，簡易な手続を選択する可能性もある。さらに，このことから，検察官が被疑者・被告人に対して簡易な手続に付すことを司法取引的に運用することも否定できないように思われる。

＊1　團藤重光『刑事訴訟法綱要』弘文堂書房，1943年，553頁では，「現行法（旧刑訴法-引用者註）はいふまでもなく公判中心主義を採るものであり，審理は公判に集中されねばならぬ」と述べられる。

＊2　団藤重光は，戦後著した教科書において旧刑訴法下を振り返り，「従来は起訴と同時に捜査記録が裁判所に提出され，前手続の主宰者としての検察官から，公判手続の主宰者としての裁判所にいわば事務引きつぎが行われるかのような観を呈していた」と回顧する（団藤重光『新刑事訴訟法綱要〔六訂版〕』創文社，1958年，345頁）。

＊3　白取祐司『刑事訴訟法〔第10版〕』日本評論社，2021年，86頁。

＊4　最高裁判所『裁判の迅速化に係る検証に関する報告書（第９回）』2021年，140頁。

＊5　その他，特に裁判員裁判の場合，⑤公判前整理手続において鑑定を行うことを決定した場合で，その結果報告までに相当の期間を要すると認められるときには，鑑定の経過および結果の報告を除く鑑定の手続を行うことができる（裁判員50条）。

＊6　井上正仁＝長沼範良＝山室恵「鼎談　意見書の論点④国民の司法参加・刑事司法」ジュリスト1208号，2001年，120-121頁［井上発言］。

＊7　趙誠峰「判批」季刊刑事弁護103号，2020年，160頁。

＊8　高野隆「裁判員制度の効果―10年を振り返って」自由と正義70巻５号，2019年，25頁は，「現在のプラクティスは，裁判官に対して事件の見通しについて予断を持つことを必然的に要請している」と指摘する。

＊9　東京弁護士会弁護士研修センター運営委員会編『公判前整理手続』商事法務，2008年，30頁以下。

＊10　高野，前掲注（＊8）25頁。

＊11　最高裁判所事務総局「裁判員制度10年の総括報告書」2019年，24頁。

＊12　小田中聰樹も，起訴便宜主義がもたらす問題として，「公訴の提起・不提起はあたかも第一次的裁判であるかのような観を呈し，……検察官は，行政官であるにも拘らず，あたかも司法官であるかのようにみえることになる」と述べる（小田中聰樹『ゼミナール刑事訴訟法（下）演習編』有斐閣，1988年，126頁以下）。

＊13　その他，道路交通法違反事件に限り，被告人の異議がないことを条件に，検察官の請求により即決裁判で50万円以下の罰金・科料を科することができる交通事件即決裁判手続もあるが，現在では交通事件の大部分が交通反則通告制度や三者即日処理方式によって処理されるために行われておらず，そのためここでは触れない。

＊14　法制審議会新時代の刑事司法制度特別部会「第11回会議（平成24年６月29日）議事録」28頁［川出発言］。

＊15　森尾亮「検察の強大な権限が生まれた背景とその影響」内田博文編『歴史に学ぶ刑事訴訟法』法律文化社，2013年，142頁。

（福永俊輔）

第9章

証拠法

◉ Introduction

刑事裁判は限られた証拠から過去の犯罪事実を証明する営みである。事実認定および証拠に関する手続上の法規の総体を**証拠法**という。刑法に規定されている犯罪も証拠によって認定されることによってはじめて処罰が可能となる。証拠法は犯人処罰の必要性のために盲目となりがちな人間の誤りや偏りを予め排除し，適切な事実認定を実現する上で大きな役割を果たしている。しかし，現行刑訴法の証拠法は制定当時の時代状況を反映して，その出自から処罰の必要性に傾斜したものであった。本章では，現行の証拠法の歴史的課題について触れつつ，証拠法の基本原則と基本概念をみていくことにしよう。

1 ●—— 証拠裁判主義の意義

1-1 証拠裁判主義とその歴史

事実の認定は，証拠による（317条）。これを**証拠裁判主義**という。**証拠**とは，裁判所が事実認定の基礎とすることができる資料をいう。

証拠によって裁判するということは現在では当たり前かもしれないが，歴史を振りかえると必ずしも自明のものではなかった。古くは，犯罪の嫌疑をかけられた者が神の前で単独で，または宣誓補助者と共同して**宣誓**することによって嫌疑を晴らすという裁きが行われた。また，**神判**や**決闘**によって自分の無実を証明するということが行われた。証拠による裁判とは，神の裁きから人間による裁きを意味するものであった。もっとも，この人間による裁きにおいては歴史的に**自白**という証拠が重要視され，自白獲得のために**拷問**が用いられた。

日本においても，**盟神探湯**（くかたち）や**湯起請**（ゆぎしょう）などの神判が行われていたが，公的な裁判手続の整備等に伴い，江戸時代中期には廃れていくことになった。

中国の律の影響を受けた江戸時代の刑事裁判（吟味筋）においては，犯罪事実の認定のために本人の自白が重要視され，「証拠分明」であるにもかかわらず犯罪事実を否認している場合には，笞打・石抱・海老責・釣責という肉体的苦痛を伴う尋問が用いられた（正確にはこのうち釣責を「拷問」というがほとんど用いられなかったとされる）。嫌疑をかけられた者の供述は「口書」という調書に書面化され，裁きの場である白洲における裁きにおいて口書を読み聞かせて確認・押印させるという形で吟味が行われた。その手続を経た「吟味詰り之口書」によって犯罪事実が認定され，刑罰が決定された（なお，自白が得られない場合は，奉行が自白以外の証拠によって犯罪事実を認定する「察度詰（察斗詰）」が行われた）。

1873年6月に定められた改定律例は，証拠法に関しては依然として中国の律の影響を残し「凡ソ罪ヲ断スルハ口供結案ニ依ル」（318条）と規定していた。口供結案とは自白のことである。そして，自白がなければ証拠とすることはできなかったため，自白獲得のため，いわば合法的に拷問が認められた。

1876年6月の断罪依証律は，上記規定を改めて，「凡ソ罪ヲ断スルハ証ニ依ル」とし，自白以外の証拠によっても断罪しうることとした（後述の自由心証主義の採用。治罪法146条2項も参照）。

その後，証拠裁判主義に関しては，旧刑訴法336条において「事実ノ認定ハ証拠ニ依ル」と規定され，現行刑訴法にも継受されている。

1-2　証拠の意義

証拠は様々な観点から分類される。まず，事実認定の基礎になる情報そのものと，その情報の媒体とに区別される。前者を**証拠資料**といい，後者を**証拠方法**という。そして，人が証拠方法である**人的証拠**と，それ以外の**物的証拠**に区別される。

また，証拠は，**供述証拠**と，それ以外の**非供述証拠**に分けられる。**供述証拠**とは，その供述の内容通りの事実の存否を推認するために使われる証拠をいう[*1]。したがって，供述証拠かどうかはその供述によって何を推認するかで決まる（なお，単なる挨拶など事実の存否という情報を伝達しないものは言語的表現であっても供述ではない）。供述証拠の場合，①供述者の見間違いでないか等（知覚），②記憶違いではないか（記憶），③何らかの事情で記憶とは違った嘘を述べていないか（表現・真摯性），④当時の状況をうまく語ることができているか（叙述）という各段階で供述の信用性の検証が不可欠となる。これらのチェックは通常，①法廷における反対尋問，②宣誓と偽証罪による威嚇，③裁判所による供述者の供述時の態度等の観察によって行われる。供述証拠については，後述のように，**伝聞法則**が適用される（**5-1**参照）。

証拠は，最終的に証明すべき犯罪事実（**主要事実**）を直接的に証明するか，それとも主要事実を推認する間接事実（情況証拠）を証明するかによって，**直接証拠**と，**間接証拠**に区別される。直接証拠や間接証拠のように，事実認定に用いることができる証拠を**実質証拠**という。それに対し，他の証拠の証明力（後述）に影響を与える事実を証明するための証拠を**補助証拠**といい，特に当該証拠の証明力を弱める証拠のことを**弾劾証拠**という。

証拠は，証拠調べの方式によって，**人証**（証人・鑑定人等），**書証**（供述調書等），**物証**（凶器等の証拠物）に分けられる。人証は尋問の方法で，書証は朗読の方法で，物証は展示の方法でそれぞれ取り調べる。

1-3　証拠能力・証明力

証拠は刑事裁判における事実認定のために利用される。事実認定に用いることができる証拠の法的資格のことを**証拠能力**（証拠の許容性）という。証拠能力の有無に関して，現行法では明文で伝聞法則および自白法則が定められている。他方，証拠が一定の事実を推認する力（強さ）のことを**証明力**という。自白の証明力に関しては明文で補強法則が定められている。

1-4　事実と証明の意義

かりに事実が真偽不明の場合に不利益を受けるべき当事者の地位のことを**挙証責任**（**実質的挙証責任**）という。刑事裁判の場合，検察官がこの挙証責任を負う。それに対して，当事者が訴訟の進行に伴い負う事実上の立証の負担のことを**形式的挙証責任**という。

事実の認定は証拠によらなければならないという法的規範は，**事実**の認定には**厳格な証明**を必要とすることを示したものとされる。厳格な証明とは，証拠能力のある証拠により，かつ，適式な証拠調べの手続を経て事実認定を行うことをいう。他方，これらを必要としない証明を**自由な証明**という。

厳格な証明を要する「事実」とは，通説によれば，犯罪事実（罪となるべき事実）のほか，法律上の刑の加重減軽など刑罰権の存否または範囲に関する事実をいう。量刑に関わる事由のうち狭義の情状（経歴，犯行後の事情等）は自由な証明で足りるというのが多数説であるが，被告人の立場からは重要な事実であるため，上記の「事実」には狭義の情状もすべて含まれ，厳格な証明が必要であると解するのが妥当と思われる。

2●―― 自由心証主義と心証の程度

証拠の証明力は，裁判官の自由な判断に委ねる（318条）。これを**自由心証主義**という。他方，法で予め証拠の証明力を定めておくこと，換言すれば，一定の証拠がなければ被告人を有罪とすることができないという考え方を**法定証拠主義**という。そして，すでにみたように，法定の証拠として，歴史的に最重要視されてきたのは自白であり，自白獲得のために非人道的な拷問が用いられた。近代の啓蒙思想家が怨嗟の的としたのが，まさにこの拷問であった。こうして，歴史上，自由心証主義は法定証拠主義を乗り越える形で発展してきた。その発展はとりわけ大陸法における陪審制の導入と深くかかわっている。

心証とは，事実認定に関する裁判官（および裁判員）の認識または確信のことをいう。自由心証主義の場合，どの程度の心証があれば有罪とできるかという問題が生じるが，刑事裁判では「**合理的な疑いを超える証明**」（最決平19年10月16日刑集61巻7号677頁参照）まで必要とされる。

証拠の証明力は裁判官の「自由な判断」に委ねるという趣旨は，裁判官の心証が法的規律に制約されないことをいい，純粋に裁判官の自由裁量であるということを意味するものではない。事実の認定は証拠に基づいて**論理則・経験則**に従って行われる（もっとも実務では特に「経験則」の用い方につき疑問が残る事例も散見される。「経験則」による推認につき第10章**5-1**参照）。

3●―― 証拠の関連性

3-1 関連性の意義

立証すべき犯罪事実と証拠との結びつきを**証拠の関連性**（**自然的関連性**）という。証拠の関連性は供述証拠であれ，非供述証拠であれ，どのような証拠にも必要である。事実と証拠との結びつきとは，当該証拠から一定の事実（犯罪事実の全部または一部やその前提となる事実など）を推認できること，すなわち証拠がそれにより証明しようとする事実に対して最低限度の証明力を有していることである。それゆえ，噂のたぐいや捏造証拠などそもそも証明力がない証拠は関連性がない。

もっとも，もっぱら捜査機関が収集する証拠が，立証すべき犯罪事実と関連性を有するか直ちに判断できない場合も多い。凶器の特定など，一定の科学的知見を用いて関連性を判断する場面も多い。

3-2　科学的証拠

科学的証拠とは，科学的または専門的な論理則・経験則の働きによって一定の事実を推認する証拠のことをいう。科学的証拠については特にその証拠能力と証明力が問題となるが，次の点にも注意しなければならない。

第1に，科学的証拠は自白がない場合の間接証拠として有用ではあるが，逆に，捜査においては科学的証拠があることを理由として，取調べの場で自白が誘導される危険もあるということである。

第2に，日本においては戦前から，科学的証拠の活用が高唱されてきたものの，そこでは犯人検挙という必罰主義的な観点から，「科学」は治安の維持に奉仕すべきという考えが強かったということである。[*2] しかし，むしろ科学的証拠は被告人が有罪ではないことを示すものとしても重要である。それゆえ，科学的証拠は過大評価されてはならないし，事後的にも検証可能でなければならない。そして収集された資料は適正に管理されなければならない。事後検証が不可能な「科学的証拠」は「科学」の名に値しないといえる（**10-2**参照）。

科学的証拠は一般的なものから特殊なものまで多種多様であるが，判例においては，①**筆跡鑑定**（最決昭41年2月21日判時450号60頁），②**ポリグラフ検査**（326条1項の同意のあった同検査回答書につき最決昭43年2月8日刑集22巻2号55頁），③**声紋鑑定**（東京高判昭55年2月1日東高刑時報31巻2号5頁），④犬による**臭気選別**（最決昭62年3月3日刑集41巻2号60頁），⑤**DNA型鑑定**（MCT118型につき最決平12年7月17日刑集54巻6号550頁・足利事件。しかし，同事件は当時のDNA型鑑定が誤りであったことがのちに判明し再審無罪となっている）などにつき，証拠能力が肯定されている。

3-3　類似事実による犯人性の立証

被告人が以前に同じような行為をしていた事実から，起訴された事件の犯人性を立証することが許されるだろうか。ここでは被告人の犯人性と類似事実との関連性が問題となるが，考え方によれば，同じような悪い行為をする人だから今回の事件も犯人に違いないという合理性に乏しい推認になりかねないことに注意が必要である。また，類似事実に立ち入ることで争点の混乱・拡散をもたらす危険もある。

判例は，放火の事実の立証のために前科にかかる証拠が請求された事案に関し，「前科も一つの事実であり，前科証拠は……様々な面で証拠としての価値（自然的関連性）を有している」としつつ，前科証拠を被告人と犯人の同一性の証明に用いる場合については「前科に係る犯罪事実が顕著な特徴を有し，かつ，それが起訴に係る犯罪事実と相当程度類似することから，それ自体で両者の犯人が同一であることを合理的に推認させるようなものであって，初めて証拠として採用できるものというべき」としている（最判平24年9月7日刑集66巻9号907頁。また，最決平25年2月20日刑集67巻2号1頁も参照）。

4●——証拠法規定の歴史的沿革

320条は「第321乃至第328条に規定する場合を除いては，公判期日における供述に代えて書面を証拠とし，又は公判期日外における他の者の供述を内容とする供述を証拠とすることはできない」と規定する。一般に，この規定は**伝聞法則**を定めた規定とされている。もっとも，現行刑訴法制定時には，証拠は裁判所が直接取り調べたものに限るという**直接主義**の規定と理解する見解（小野清一郎など）も提唱されていた。以下では現行刑訴法の証拠法規定のなりたちについて簡単にみていこう。

4-1　戦前の人権蹂躙問題と直接主義の要求

捜査段階の供述調書に着目すると，治罪法，旧々刑訴法および旧刑訴法においては，大別して，予審判事によって作成された**訊問調書**と検事・司法警察官作成の**聴取書**が存在した。検事・司法警察官は現行犯等の場合を除き，訊問調書を作成する権限はなかった。訊問調書は強制処分である「訊問」を経て作成されるため無条件で証拠能力が認められるのに対し，聴取書は法令に基づかない調書であるため，判例により供述者が任意で供述した場合，すなわち，供述にいわば「**任意性**」が認められる場合に証拠能力が認められた（例えば大連判明36年10月22日刑録9輯26巻1721頁など参照）。

もっとも，捜査機関の聴取書に証拠能力が認められたことは，事実上，大きなものがあった。捜査機関の無理な取調べによる自白の追及も行われ，明治30年代後半以降，人権蹂躙問題として徐々に世間で問題となっていった。自白の強要という人権蹂躙を防ぐため，当時の帝国議会では，捜査機関が取り調べる際には立会人をつけること，聴取書に証拠能力を認めないことなどが提案された（1914年の「犯罪捜査ニ関スル法律案」など）。

自白の強要という人権蹂躙問題を受けて，旧刑訴法（1922年）では直接主義を強化し，被告人か，被告人以外の者かを区別せずに，法令に依らない聴取書等については，①供述者が死亡したとき，②疾病その他の事由により供述者を訊問することができないとき，③訴訟関係人に異議がないときを除き，原則として証拠能力を否定することになった（旧刑訴343条1項参照）。

さらに，陪審法（1923年）は，直接主義の明文規定をおくとともに（同71条），訊問調書の証拠能力についても大きな制限を課し（同73条），聴取書の証拠能力についても，上記の旧刑訴法のような制限を定めた（同74条）。

4-2　思想犯処罰のための自白獲得

1925年に制定された治安維持法は，当初は刑事手続に関する規定はおいていなかったものの，よく知られているように捜査機関（特に特高警察）による脱法的な自白獲得を促すことになった。思想犯処罰のためには，必然的に「思想の告白」である自白が積極的に求められたからである。周知のように，特高警察の脱法的な拷問により死者も出ることになった。特高警察の拷問によって獲得された自白は当然，その「任意性」に疑いが生じるため，検事によって改めて「クリーンな自白」を取り直すことも行われ，むしろ裁判官もそれを希望した。治安維持法の制定過程では，裁判所が人権蹂躙をチェックする役割を期待されたが，当時の裁判所が果たした実際の役割は捜査機関の人権蹂躙を追認し，同法の「拡大解釈」を積極的に推進することであった。[*3]

4-3　戦時の進展と直接主義の後退

直接主義の要求は戦時の進展により全面的に後退していくことになった。戦時においては国内治安を盤石にするため簡易迅速な処罰が求められたからである。そのために捜査段階の供述調書が重要視された。国防保安法および改正治安維持法（1941年）においては，当該事件において，検事に強制処分権が付与され，それに伴って訊問の権限も与えられた結果，検事が作成できる訊問調書の範囲が拡大した。他方，戦時刑事特別法（1942年）においては通常の事件においても上記の旧刑訴法343条１項の規定の制限は適用しない（戦特25条参照）とされて，捜査段階の供述調書の証拠能力が全面的に許容された。

4-4　戦後における予審の廃止と供述録取書等の証拠能力

すでにみたように，戦後においては戦前の司法改革構想が実現し，予審が廃止された（序章**3-1**参照）。それに伴い，予審判事の訊問調書はその存在を失った。その訊問調書に実質的に代わったのが捜査機関による聴取書，すなわち供述録取書であった。他方，捜査機関に強制捜査権が付与されたものの，自己負罪拒否特権の関係から，訊問権は与えられなかったため，捜査機関がなしうるのは任意取調べに限られることになった。したがって，予審廃止が基本方針におかれたのちには，この捜査機関が作成した供述録取書（聴取書）の証拠能力の有無とその程度が問題となった。旧刑訴法とは異なり，現行刑訴法がいわゆる起訴状一本主義を採用したという事情も証拠法に大きな影響を与えた。

現行刑訴法の制定過程においては当初，陪審法の証拠法規定をモデルとして，直接主義を徹底した証拠法規定がおかれていたが（日本側第６次案），その後に制定・施行された刑訴応急措置法では，自白法則・補強法則を定めた日本国憲法の規定を引き写した規定（応急10条）がおかれ，任意でありさえすれば被告人の供述録取書を証拠とすることが許されるようになった。また，反対尋問の機会を与えさえすれば被告人以外の証人その他の者の供述録取書を証拠とすることができるようになった（応急12条参照）。

以降，この刑訴応急措置法の緩やかな規律が，日本側の改正案の基本線におかれ（日本側第９次案参照），最終段階の日米協議に入っていくことになった。

4-5　日米協議における直接主義の後退と伝聞法則の導入

当初，アメリカ側は，日本側が提案する上記のような緩やかな証拠法の規律を拒否した上で，捜査機関の作成した供述録取書の証拠能力を原則として否定し，直接主義・口頭主義を徹底することを要求した。

しかし，日本側とアメリカ側との協議の過程で，直接主義の厳格な規律は大幅に緩められることになった。それは次のような理由からであった。[*4]

第１に，日本側は捜査段階の調書を用いずに直接主義・口頭主義を徹底することは，①現在（当時）犯罪が多く，裁判官と検事の数が足りていないため訴訟が遅延すること，②選挙，涜職，闇取引など共犯が主な証人となる事件においては処罰するのが困難になること，③的屋等の組織犯罪の事件では，その勢力を恐れて検事のところでは供述しても法廷では供述しない場合もあること等を根拠に，アメリカ側の提案に対して抵抗し，その結果，直接主義が後退した。

第２に，捜査機関のうち検察官は信頼できるが，警察官は信用できないため，検察官調書と警察官調書に証拠能力の違いを設けるべしとの日本側の主張を受けて，検察官調書に優位的な位置づけがなされることになった。上記のような当時の特殊事情のためか，会議の席上では検察官調書に優越的地位を与えることには特に異論がなかった。検察官は準司法官であるという考え方が念頭におかれていた可能性もある。そして最終的に現行刑訴法321条１項２号および３号の規定に反映されることになった（同１号は旧刑訴法の裁判官による訊問調書の規定が承継された可能性がある。また，証人が法廷で供述を覆すおそれを考慮して捜査機関の証拠保全のために刑訴法226条，227条の規定も設けられた）。

第３に，被告人の捜査段階の供述録取書等（自白調書等）については，法廷で証人は基本的に証言を拒むことができないが，被告人は法廷で供述を拒むことができることなどを根拠に「検事の便利のための規定」として「任意性」を条件に証拠能力が付与された。当事者が自己に不利なことをいえばそれを証拠とできないはずはないというアメリカ的な「当事者主義」の考え方も考慮された。そして，「任意性」は裁判官がチェックするものとされた。その上，上記の理由から検察官調書と警察官調書の証拠能力に差異は設けないものとされ，最終的に現行刑訴法322条に反映されることになった。

このように，戦後直後の治安の悪化に対処するため，現行刑訴法の証拠法規定は直接主義を後退させ，検察官の調書につき優越的な地位を与えた。その背景には，戦前・戦中の議論の蓄積や刑訴応急措置法期の実務運用があったといえる。伝聞法則という考え方も現行証拠法規定の最終段階で「唐突」に入れられたものにすぎなかった。[*5] そして，最終的にアメリカ側の細かな指示と「日本の陪審法の証拠能力の制限」とを参考にして証拠法の規定が策定された。[*6]

4-6　伝聞法則の日本的変容

従来，現行刑訴法の「伝聞法則」は多くの点で日本的な変容を受けているという指摘がなされてきた。アメリカの証拠法と比較すると，❶現行証拠法は

「伝聞」という基本的な術語の使用を拒んでいること，❷伝聞例外において明らかに書面の比重が高いこと，❸裁判官面前調書や検察官面前調書など特異な扱いをしているものがあること，❹アメリカ法における伝聞例外を顧慮していないようにみえることなどの特徴が指摘されている。[*7] こうした伝聞法則の「日本化」は，すでにみたような歴史的な文脈をふまえてはじめて理解することができるだろう。

特に公判外の書面に関していえば，予審の廃止や憲法に規定された自己負罪拒否特権のため，現行証拠法は，旧刑訴法のような訊問調書と聴取書の区別を廃止した。それにより，公判外の供述証拠の収集のために，従来の実務で行われていた捜査機関による任意の取調べが前面に出てくることになった。「任意性」のある供述であれば証拠能力があるという点に鑑みれば，戦前の聴取書の実務が戦後にもスライドしたと評価することもできる。

刑訴応急措置法の影響も大きなものがあった。現行刑訴法施行後，証拠法の実際の運用の大きな指針となったのは，日本国憲法下で運用されていた刑訴応急措置法のもとの判例だったからである。同法のもとの判例によれば，憲法の規定によってどの程度，直接主義が具体的に現実化されてゆくかは社会の実情に即した「立法政策の問題」とされ（最大判昭23年7月19日刑集2巻8号952頁），憲法37条2項の証人審問権は，実際に法廷に出てきた証人（形式的意義の証人）に対する反対尋問権を保障したにすぎず（最大判昭24年5月18日刑集3巻6号789頁），証人たりうべき者（実質的意義の証人）に対する審問権までは保障したものでないとされた。[*8]

そしてこの刑訴応急措置法期の判例の趣旨に従って，現行刑訴法における裁判官面前調書および検察官面前調書（321条1項1号および2号）も合憲とされた（1号書面につき最大決昭25年10月4日刑集4巻10号1866頁，2号書面につき最大判昭27年4月9日刑集6巻4号584頁など参照）。こうして，刑訴応急措置法の解釈が現行刑事訴訟法の解釈として引き継がれ，刑訴321条各号の伝聞法則の例外規定をすべて合憲と認める判例理論を導くこととなった。[*9]

以上のように，現行刑訴法320条以下の証拠法規定は，戦前からの直接主義の流れと戦後における伝聞法則の導入が交錯して制定された。それに対応して321条以下の「例外規定」も，直接主義の例外という性格と，伝聞法則の例外という２つの性格が混交しているといえる。戦前，訊問調書が無条件で証拠能力を認められていたことに鑑みれば，「現行刑訴法が伝聞証拠禁止原則を採用したことは，日本法で初めて直接審理主義を実現する結果を伴った」という評価もある[*10]。しかし，かりにそうだとしても，戦前からの予審廃止論および戦後直後の治安の悪化を背景として，多くの「例外規定」が許容されることになった。戦後の証拠法の運用も，違法収集証拠排除法則の適用など，アメリカ法の示唆を受けながら，日本的に変容してきたといえる。

5●── 伝聞と非伝聞

5-1　伝聞証拠の意義

伝聞法則は，供述証拠のうち伝聞証拠のみを規律の対象とする。**伝聞証拠**とは，公判廷外の供述を内容とする書面または供述で，当該公判外供述の内容たる事実の真実性を証明するために用いられるものをいう。換言すれば，公判外供述を供述証拠（その供述どおりの事実の存否を推認するために用いられる証拠）として利用するもののことをいう。伝聞証拠が禁じられる理由は，原供述者がいない法廷ではその供述の真実性をチェックできないからである。例えば，被告人Ｘの殺人事件の公判において，証人Ａが「わたしはＹが『Ｘが被害者Ｖを殺すのを見た』と言っているのを聞いた」と証言した場合，『Ｘが被害者Ｖを殺すのを見た』というＹの公判廷外の供述を内容とするＡの証言から，「Ｘが被害者Ｖを殺害した」という事実を推認するのであれば，Ａ証言は伝聞証拠（伝聞供述）ということになる。Ａにいくら反対尋問をしても，本来的にＹの供述の真実性をチェックすることはできない。Ｙを公判廷に呼んで反対尋問等しなければ，Ｙ供述の①知覚，②記憶，③表現・真摯性，④叙述の各段階を確認し，その供述の真実性をチェックすることはできない。

日本の場合，伝聞証拠は書面の形をとる場合が多い。例えば，被告人Ｘの殺人事件の公判において，『Ｘが被害者Ｖを殺すのを見た』というＹの供述を録取した捜査段階の供述録取書が証拠請求された場合などがそれである（後述の321条１項参照）。また，『自分が被害者を殺した』という供述を録取した捜査段階の被告人Ｘの供述録取書も伝聞証拠と考えられている（なお，供述録取書は厳密にいえば後述のように再伝聞である）。

5-2 伝聞・非伝聞の区別

(1) 供述の存在自体が主要事実となる場合

公判廷外の供述を内容とする書面または供述であっても，その内容たる事実の真実性が問題とならない場合は，伝聞証拠とはいえない（伝聞法則の適用を受けない場合を**非伝聞**という）。伝聞証拠かどうかは，①問題となる供述証拠によってどのような事項を証明しようとしているのか（これを**立証事項**や**要証事実**ということがある。なお，立証事項の特定に当たっては被告人の認否やその他の証拠関係等も問題となる），②その立証事項との関係で，当該公判外供述の内容たる事実の真実性が問題となるかによって相対的に決まる。

例えば，Yを被告人とした，Xに対する名誉毀損事件の公判において，証人Bが「わたしはYが『Xが被害者Vを殺すのを見た』と言っているのを聞いた」と証言したとする。①B証言の立証事項が「Yが名誉毀損行為を行ったこと」であるとすれば，②Yの供述の存在それ自体が主要事実（最終的に証明すべき犯罪事実）となるため，Y供述の内容たる事実の真実性は問題とならない（Yの供述があったか，なかったかは，証人Bを反対尋問すればBの供述過程をチェックしうる）。それゆえ，B証言は非伝聞である。

(2) 供述の存在自体が間接事実となる場合

供述の存在自体が間接事実となり，そこからある事実を推認する場合も，伝聞証拠ではない。例えば，殺人事件の公判において，被告人Xの責任能力が問題となっている場合に，証人Cが「Xは『わたしは全能の神だ』と言っていました」と証言した場合などがそれである。

(3) 自己矛盾供述（弾劾証拠）として利用する場合

また，同一人の自己矛盾供述を弾劾証拠として利用する場合も，①同一人の以前の供述と「違うこと」，それゆえ供述者が信用できないことが立証事項となるため，②公判外供述の内容たる事実の真実性は問題とならず，非伝聞である。例えば，殺人事件の公判における証人Yの「わたしはXが被害者Vを殺すのを見ました」との証言を弾劾するため，弁護側証人Dが「Yはわたしに対して『Xが被害者Vを殺すのを見たことはない』と言っていました」と証言した場合などがそれである。

⑷ 供述が行為の一部をなす場合

行為の内容は社会的な意味づけを得て理解できることも多い。例えば，Xを被告人とする贈賄事件において，証人Eが「XがZに『このお金でよろしく』と言ってお金を渡していました」と証言したとしても，Xの「よろしく」という発話内容は行為の一部であり，「XがZに賄賂を渡していたこと」を立証事項とする証人Eの目撃証言として扱えば足りる。

⑸ 供述時の心理状態の供述

議論があるのは，原供述者の供述時の心理状態の供述である。例えば，被告人Xの殺人事件の公判において，Xが犯行を否認しているところ，証人Fが「Xは『Vを殺したい』と言っていました」と証言したとする。この場合，①F証言の立証事項が「XがVに対する殺害の意思を有していたこと」であるとすれば，②Xの供述内容たる事実の真実性（XがVを殺したいと思っていたか否か）が問題となりうるが，F証言は伝聞証拠であろうか。

通説は，Xの上記供述部分がXの供述当時の心理状態を吐露したにすぎず，知覚・記憶のプロセスは問題とならないため誤りが少ないこと，供述の正確性は証人Fを尋問すればチェックが可能であることなどを根拠に非伝聞であるとする（**非伝聞説**）。

これに対して，知覚・記憶のプロセスは問題とならないものの，表現・叙述の問題（Xが心にも思っていないことを言っていることなど）は残ること，それゆえ証人Fを尋問するだけでは供述の正確性をチェックしえないことなどを根拠に伝聞とする見解も有力に主張されている（**伝聞説**）。

また，問題となっている供述証拠の立証事項によって，そこに含まれる公判外供述が心理状態の供述かどうかも判断が分かれる。例えば，被告人Xの強姦致死（現在の不同意性交等致死）事件の公判において，Xが犯行を否認していたところ，証人Gが「被害者Vが，生前，被告人Xについて『あの人はすかんわ，いやらしいことばかりするんだ』と言っていた」と証言した。控訴審は被害者Vの供述部分は被告人Xに対する「嫌悪の感情」を告白したものでG証言は非伝聞と判断したのに対し，最高裁は「犯行自体の間接事実たる動機の認定」との関係において伝聞証拠であることは明らかと判示した（最判昭30年12月9日刑集9巻13号2699頁）。

この事案において，控訴審は，①G証言の立証事項を「VはXを嫌っていたこと」とし，②その立証事項との関係でG証言に含まれる『あの人はすかんわ』というVの供述部分を心理状態の供述と捉えてG証言を非伝聞としたのに対し，最高裁は，被告人Xが犯行を否認している状況のもとでは，『Xがいやらしいことばかりする』というVの供述部分が含まれるG証言の立証事項は，①犯行の動機を推認しうる「被告人Xが被害者Vに対していやらしいことをしていた」という（Vの供述時からみて）過去の事実であり，②Vの供述の内容たる事実の真実性（XがVにいやらしいことをしていたか否か）が問題となると判断したと理解しうる。

5-3 再伝聞

供述の中には，単純な伝聞供述ではなく，再伝聞もある。**再伝聞**とは，供述の中に伝聞の過程が二重に含まれている場合をいう。典型的には，捜査機関が『被告人Xが被害者Vを殺すのを見た』というYの供述を録取した供述録取書などがそれである。ここには①供述者→②捜査機関の録取→③供述録取書の公判廷への顕出という二重の伝聞の過程が含まれている。もっとも，通説では，署名・押印の存在により，供述録取書の「①供述者→②捜査機関の録取」という伝聞過程の正確性が保証され，その伝聞過程が解消される結果，通常の供述書と同列になると説明される。供述書（単なる伝聞）と供述録取書（再伝聞）を伝聞という観点から同列化する試みといえる。

現行刑訴法の証拠法規定が，供述書も供述録取書も同じ規定のもとにおいているのは，歴史的にみれば「直接主義の例外」という観点から同列化が図られた可能性がある。

たしかに署名・押印の存在によりその内容の正確性はいちおう担保されるかもしれないが，客観的にみて「①供述者→②捜査機関の録取」という伝聞の性質が解消されるとすることには疑問が残る。従来の誤判の事例をみても「①供述者→②捜査機関の録取」という供述の採取過程は最も注意しなければならない過程である。署名・押印のある供述録取書については「二重の伝聞」ということを基本としながら，その証拠能力を慎重に検討する必要があるといえる。

通常，供述録取書の再伝聞の証拠能力が問題となるのは，供述録取書の供述の中に他人の供述内容が含まれる場合である。例えば，被告人X・Yらの放火事件の公判において,「Yから『V宅に火をつけた』と聞きました」という内容のXの供述録取書が証拠請求された場合などがそれである。ここでは,①Y供述→②X供述→③捜査機関の録取→④Xの供述録取書の公判廷への顕出という伝聞過程が看取される。このような再伝聞について現行法は規定をおいていないため,そもそも証拠能力が認められるか,認められるとすれば,どのような要件で証拠能力が認められるかが問題となる。

従来,証拠能力を否定する見解もあったが,このような再伝聞でも証拠能力を認めるというのが通説・判例である。そして,判例によれば,❶各供述録取書の証拠能力の要件によって当該供述者の供述(上記の例でいえばX供述)の証拠能力を認め(321条1項,322条参照),❷さらに供述者の供述のうち伝聞の部分(上記の例でいえばY供述)については324条を類推適用して,322条または321条1項3号の要件により証拠能力を認めることができるとされている(最判昭32年1月22日刑集11巻1号103頁参照)。

6 ●—— 伝聞法則の例外

6-1 伝聞例外の意義

321条以下に規定する場合は,伝聞証拠であっても伝聞法則の規律を受けない(ただし328条については後述)。伝聞法則の例外(伝聞例外,論者によれば直接主義の例外)は,大別して,①被告人以外の者の**供述書**(供述者が自ら作成した書面)または**供述録取書**(供述者の供述を第三者が書き留めた書面,321条),②被告人の供述書または供述録取書(322条),③戸籍謄本等その他の書面(323条),④伝聞供述(324条),⑤同意した書面または供述(326条),⑥合意による書面(327条),⑦証明力を争うための証拠(328条)がある。供述よりも,もっぱら書面につき多くの例外を認めているのが特徴である(供述録取書の場合は原則として署名・押印が要求されている)。まず,実務上多用されている326条からみていこう。

6-2 同意した書面または供述(326条)

検察官および被告人が証拠とすることに同意した書面または供述は,その書面が作成されまたは供述のされたときの情況を考慮し相当と認めるときに限り,証拠とすることができる。現行刑訴法制定当時,「刑訴法第326条は,刑事訴訟手続という複雑な一つの機構における潤滑油[*11]」として期待され,現在でも実務上，証拠請求に当たって，最初に証拠等関係カード記載の書面の同意・不同意が問われるなど，きわめて大きな働きをしている。歴史的には，旧刑訴法の証拠法規定である「訴訟関係人異議ナキトキ」(旧刑訴343条３号) の運用が承継されたとも評価しうる。

したがって，伝聞法則・伝聞例外の複雑な規定も，検察官と被告人とが書面または供述に同意すれば「一挙に吹き飛んでしまう」ことになる[*12]。一見すると，両当事者の同意を要件とする点で「当事者主義」に基づいた規定にみえるが，実務では同意後もその供述者に対する反対尋問権を放棄したことにはならず，同人に対する証人尋問請求を認めている。そのため，同意によって，まず捜査書類を取り調べ，その後に書面の正確性等を証人尋問によって確認するという旧刑訴法的な運用が許容されている。このような運用は「なるべく多くの証拠を裁判所が検討することこそ真実発見の道」と考える職権主義的発想に支えられており，「当事者の『同意』という外被をまとってはいるが，当事者主義的な発想ではまったくない」と指摘されている[*13]。

6-3　被告人の供述書および供述録取書 (322条)

被告人が作成した供述書または被告人の供述を録取した書面で被告人の署名もしくは押印があるものについては，①その供述が被告人に不利益な事実の承認を内容とするものであるとき，または②特に信用すべき情況の下にされたものであるときに，証拠とすることができる (322条１項)。①については，自白でない場合でも319条１項が準用され，**任意性**の要件 (**7-1**参照) が課される (同１項ただし書)。

任意性がありさえすれば証拠とできるという点で，320条の規定と逆行しているようにみえるが，すでにみたように制定過程の日米協議において「検事の便利のための規定」として導入された規定である。被疑者が任意に供述した以上，証拠にとれるはずだという「当事者主義」的発想も看取できる。

被告人の公判準備または公判期日における供述を録取した書面も任意性があれば証拠とすることができる (同２項)。

6-4　被告人以外の者の供述書および供述録取書 (321条１項３号)

被告人以外の者の供述書および供述録取書 (供述録取書については供述者の署名・押印が必要) については，①公判準備または公判期日において，その供述者が死亡，精神若しくは身体の故障，所在不明または国外にいるため供述することができないとき（**供述不能**），②犯罪事実の存在に欠くことができないとき（**不可欠性**），③前の供述を信用すべき特別の情況があるとき（**特信性**または**特信情況**，特にその公判外供述自体に特信性が必要という意味で絶対的特信性という）の要件を満たした場合に証拠能力が認められる。

①～③については制定過程時に参照されたウィグモア証拠法の伝聞例外の要件にならったものである。同規定のもと許容される書面としては司法警察職員に対する供述調書等があげられる。

6-5　被告人以外の者の裁判官の面前における供述録取書（321条１項１号）

上記の３号書面に対して，裁判官の面前における供述録取書については特別な規定がおかれている。歴史的には治罪法から続く裁判官の「訊問調書」の系譜に連なる規定といえる。

裁判官面前調書は，①供述者の署名・押印があり，②その供述者が公判準備もしくは公判期日において供述不能，または供述者が前と異なった供述をしたとき（自己矛盾供述）に，証拠とすることができる。特に②の要件については，供述不能のみで証拠とできるという点で，旧刑訴法または陪審法の証拠法規定との類似性を指摘できる。同規定のもと許容される書面としては226条，227条による起訴前または第１回公判期日前の証人尋問調書等があげられる。

また，公判準備もしくは公判期日における手続以外の刑事手続，または他の事件の刑事手続において，ビデオリンク方式による証人尋問が実施され，その記録媒体（録音・録画）がその一部とされた調書は，被害者保護の観点から，訴訟関係人に対し，その供述者を証人として尋問する機会を与えれば，証拠とすることができる（321条の２）。再度の証人尋問でもビデオリンク方式をとることができる。

6-6　被告人以外の者の検察官の面前における供述録取書（321条１項２号）

検察官の面前における供述録取書についても特別な規定がおかれている。歴史的には，治罪法，旧々刑訴法および旧刑訴法においてはこのような明文上の規定はみられず（ただし一定の場合に検察官は訊問調書を作成できた），現行刑訴法においてはじめて取り入れられた規定である。すでにみたように，同規定が創設された背景には当時の治安の悪化等があり，現行刑訴法における検察官の権限強化としての「当事者主義化」を象徴するシンボリックな規定といえる。

検察官面前調書は，①供述者の署名・押印があり，②その供述者が公判準備もしくは公判期日において供述不能であるとき，または前の供述と相反するかもしくは実質的に異なつた供述をした場合（**相反性**）で公判準備または公判期日における供述よりも前の供述を信用すべき特別の情況の存するとき（**特信性**，特に公判供述と比較して特信性があるという意味で相対的特信性という）に，証拠とすることができる。もっとも制定過程からは本規定の合憲性には疑問が残る。

6-7　被害者等の聴取結果を記録した録音・録画記録媒体（321条の３）

㋑不同意わいせつ・不同意性交等などの被害者，㋺児童淫行または児童買春などの被害者，㋩「犯罪の性質，供述者の年齢，心身の状態，被告人との関係その他の事情により，更に公判準備又は公判期日において供述するときは精神の平穏を著しく害されるおそれがあると認められる者」の取調べの全過程を録音・録画した記録媒体については，❶法定の措置（㋑供述者の年齢，心身の状態その他の特性に応じ，供述者の不安または緊張を緩和することその他の供述者が十分な供述をするために必要な措置，㋺供述者の年齢，心身の状態その他の特性に応じ，誘導をできる限り避けることその他の供述の内容に不当な影響を与えないようにするために必要な措置）が特に採られた情況の下にされたものであると認める場合で，❷聴取に至るまでの情況その他の事情を考慮し相当と認めるときには，訴訟関係人に対し，その供述者を証人として尋問する機会を与えれば，証拠能力が認められる（321条の３，2023年改正法）。いわゆる司法面接の録音・録画の記録媒体等がそれに該当するが，①聴取対象者が厳格に限定されていないこと（特に上記㋩），②聴取主体が限定されていないこと，③措置内容が不明確であること（上記❶）等の問題があり，伝聞例外が大きく拡大してしまうことが危惧される。

6-8　公判準備・公判期日における供述録取書および裁判所・裁判官または捜査機関の検証調書（321条２項・３項）

①被告人以外の者の公判準備・公判期日における供述録取書（321条２項前段，例えば裁判所・裁判官の証人尋問調書，公判調書の証人の供述部分），②裁判所・裁判官の検証調書（321条２項後段）は無条件で証拠とすることができる（供述者の署名・押印も要求されていない）。

また，検察官，検察事務官または司法警察職員の検証の結果を記載した書面は，その供述者が公判期日において証人として尋問を受け，その真正に作成されたものであることを供述したときに限り，証拠とすることができる（321条3項）。

6-9　鑑定書（321条4項）

鑑定の経過および結果を記載した書面で鑑定人の作成したものについては，その鑑定人が公判期日において尋問を受け，その真正に作成されたものであることを供述したときに限り，証拠とすることができる。

6-10　戸籍謄本等その他の書面（323条）

上記の書面以外の書面は，①戸籍謄本，公正証書謄本その他公務員（外国の公務員を含む）がその職務上証明することができる事実についてその公務員の作成した書面，②商業帳簿，航海日誌その他業務の通常の過程において作成された書面，③その他特に信用すべき情況の下に作成された書面に限り，証拠とすることができる。アメリカ法の伝聞例外にならった規定である。

6-11　伝聞供述（324条）

被告人以外の者の公判準備または公判期日における供述で，①被告人の供述をその内容とするものについては322条の規定を準用し，②被告人以外の者の供述をその内容とするものについては321条1項3号の規定が準用される（要件については上記の322条，321条1項3号参照）。

6-12　合意による書面（327条）

検察官および被告人または弁護人が合意の上，文書の内容または公判期日に出頭すれば供述することが予想されるその供述の内容を書面に記載して提出したときは，無条件でその書面を証拠とすることができる。

6-13　証明力を争うための証拠（328条）

321条から324条の規定により証拠とすることができない書面または供述であっても，公判準備または公判期日における被告人，証人その他の者の供述の証明力を争う証拠（弾劾証拠）であれば証拠能力が認められる。もっとも，弾劾目的であればあらゆる伝聞証拠が許容されるとする考え方（**非限定説**）をとると，事実上伝聞法則が形骸化することから，通説・判例は自己矛盾供述に限られるとする**限定説**の立場に立っている（最判平18年11月7日刑集60巻9号561頁）。それゆえ，この立場によれば，328条は伝聞例外の規定ではなく，公判外供述を補助証拠として用いる場合には伝聞法則の適用はないことを定めた確認規定と理解される。

7●—— 自白法則

7-1 自白法則の意義

自白とは，犯罪事実の全部または主要部分を認める供述をいう。強制，拷問または脅迫による自白，不当に長く抑留または拘禁された後の自白その他任意にされたものでない疑のある自白は，証拠とすることができない（319条1項）。これを**自白法則**という。**任意性**を条件に自白の証拠能力を認めるものである。この自白には起訴された犯罪について有罪であることを自認する場合も含む（同2項）。この自白法則はまず憲法38条2項において規定され，それを受けた刑訴法319条1項では「その他任意にされたものでない疑のある自白」という文言が加わっているが，通説・判例（最大判昭45年11月25日刑集24巻12号1670頁）によれば両者の規定は同じ意味と理解されている。

憲法38条2項の規定は，その制定過程からアメリカ法の影響を強く受けているものの，日本の戦前の人権蹂躙問題に鑑みれば，「暴行陵虐の所為による自白の排除は，アメリカ法の刺戟なしにも構想され得たもの」といえ，「日米双方の法思想の協同」という評価もなされている。[*14]

7-2 自白法則の根拠

上記のような自白が許容されない根拠として，従来，①虚偽を含む危険性が大きいから証拠能力が否定されるとする**虚偽排除説**，②黙秘権を侵害して得られたものであるから証拠能力が否定されるとする**人権擁護説**，③上記①と②の**併用説**（なお，前三者を**任意性説**ともいう），④違法な手続により獲得されたから証拠能力が否定されるとする**違法排除説**が提唱されてきた。また，後述するように，違法収集証拠排除法則との関係も問題となる。

もっとも，実務上，自白の任意性（証拠能力）が否定される場合は少なく，むしろ，自白の信用性（証明力）が否定されることの方が多い。このことは，裁判官にとって任意性を否定するのがいかに難しいかを物語っている。判例では，①勾留されている被疑者が両手錠をしたまま取調べを受けた事案につき「反証のない限りその供述の任意性につき一応の疑いをさしはさむべき」とした事例（最判昭38年9月13日刑集17巻8号1703頁），②自白すれば起訴猶予にするという検察官の話が弁護人を介して伝わり被疑者が自白した事案につき「起訴不起訴の決定権をもつ検察官の，自白をすれば起訴猶予にする旨のことばを信じ，起訴猶予になることを期待してした自白は，任意性に疑いがあるものとして，証拠能力を欠く」とした事例（最判昭41年7月1日刑集20巻6号537頁），③いわゆる切り違え尋問によって被疑者が自白した事案につき「もしも偽計によって被疑者が心理的強制を受け，その結果虚偽の自白が誘発されるおそれのある場合には……自白はその任意性に疑いがあるものとして，証拠能力を否定すべき」とした事例（最大判昭45年11月25日刑集24巻12号1670頁）などがある。

8●—— 補強法則

8-1　補強法則の意義

被告人は，公判廷における自白であると否とを問わず，その自白が自己に不利益な唯一の証拠である場合には，有罪とされない（319条2項）。これを**補強法則**といい，自白以外の有罪を支える証拠のことを**補強証拠**という。憲法38条3項は「自己に不利益な唯一の証拠が本人の自白である場合」には有罪とされない旨規定するが，判例（最大判昭23年7月29日刑集2巻9号1012頁）によれば，この「本人の自白」には公判廷の自白を含まないとされる。したがって，刑訴法319条2項は「公判廷における自白」についても補強を必要としている点で憲法の規定よりも射程が広くなっている。有力な自白があってもそれだけでは有罪とできないという点で，補強法則は自由心証主義の例外であり，それゆえ証明力に関する規律である。自白に補強が必要な理由としては，一般に，捜査機関による自白強要の防止と誤判の防止があげられる。補強証拠については，大きく分けて，①補強の対象と範囲，②補強の程度，③補強証拠の適格性が問題となる。

8-2　補強の対象と範囲

憲法38条3項および刑訴法319条2項にいう補強が必要な「自白」には共犯者の自白（供述）を含むであろうか。例えば，被告人が否認している場合に共犯者の「被告人と犯行を行った」という供述（自白）のみで有罪とすることができるだろうか。共犯者の自白（供述）については補強必要説と不要説が対立しているが，判例は不要説の立場に立つ（最大判昭33年5月28日刑集12巻8号1718頁など）。

自白に補強が必要なのは自白のどの部分についてか。罪体の全部または主要部分につき補強を要するとする**形式説**と，犯罪事実の信用性を担保する補強証拠があればよいとする**実質説**が対立しているが，一般に，判例は実質説の立場に立つとされる。

8-3　補強の程度

上記と関連して，補強証拠にはどの程度の証明力（強さ）があればよいかが問題となり，その補強証拠それ自体に一定の証明力が必要とする**絶対説**と，自白と補強証拠とが相まって犯罪事実を認定できればよいとする**相対説**が対立しているが，上記のように，実質説に立っているとされる判例では相対説の考えがとられているといえる。

8-4　補強証拠の適格性

補強証拠は事実認定に供する証拠であるため証拠能力がなければならない。また，公判廷の自白であるか否かに限らず，本人の自白を本人の自白で補強することは，補強法則の意義を没却するものであるため許されない。もっとも，判例（最大判昭23年7月19日刑集2巻8号952頁）は被告人の自白を共犯者の供述で補強できるとしている。被告人に対する関係では，共犯者の自白は「被告人以外の者の供述」となるため，321条1項の伝聞例外が大きな役割を果たすことになる。

9 ●── 違法収集証拠排除法則

9-1　違法収集証拠排除法則の意義

違法な手続によって収集された証拠の証拠能力は否定されるという考え方を**違法収集証拠排除法則**（以下，排除法則）という。ここでは，できるだけ多くの証拠を集めることが真実探求の道ととらえる実体的真実主義と，手続的正義の対立が先鋭化することになる。もっとも，同法則は憲法および刑訴法において明示的に規定されていないことから，①証拠排除の根拠，②証拠排除の基準などが問題となる。

一般に，証拠排除の根拠としては，❶司法の無瑕性（廉潔性）論，❷違法捜査抑止論，❸適正手続論があげられる。証拠排除の基準に関しては，㋐端的に手続の違法をもって証拠排除する**絶対的排除説**，㋑証拠排除の必要性と弊害を比較考量して必要かつ相当と認める場合に証拠排除する**相対的排除説**がある。

判例は，証拠が単に違法な手続で収集されたというだけでは足りず，憲法35条・憲法33条に照らせば「証拠物の押収等の手続に，憲法35条及びこれを受けた刑訴法218条1項等の所期する令状主義の精神を没却するような重大な違法があり，これを証拠として許容することが，将来における違法な捜査の抑制の見地からして相当でないと認められる場合においては，その証拠能力は否定されるものと解すべきである」としており（最判昭53年9月7日刑集32巻6号1672頁），相対的排除説の考え方をとっているといえる。

もっとも，最高裁の判断において「重大な違法」があるとして証拠排除した事例はほとんどなく（後掲の最判平15年参照），裁判所の実体的真実主義へ傾斜した姿勢をみてとることができる（最近の事例として最判令4年4月28日刑集76巻4号380頁）。

9-2　証拠排除の範囲

かりに違法な証拠収集であったことによって証拠を排除する場合，当該手続の違法が後行の手続に承継されるか，当該手続に関連するどの範囲の証拠を排除するのかが問題となる。

判例（最判平15年2月14日刑集57巻2号121頁）では，違法な逮捕（逮捕状の不呈示）ののち，①任意に提出された尿から覚醒剤成分が検出された旨の鑑定書が作成され，②その後，この鑑定書を疎明資料とした捜索差押許可状による捜索に基づき覚醒剤が差し押えられ，その鑑定書が作成された事案が問題となった。

この事案において，最高裁は「違法な逮捕に密接に関連する証拠を許容することは，将来における違法捜査抑制の見地からも相当でないと認められるから，その証拠能力を否定すべき」として，尿とその鑑定書（上記①）の証拠能力を否定した。他方，差し押えられた覚醒剤（上記②）は「証拠能力のない証拠と関連性を有する証拠」ではあるが，❶司法審査を経て発付された捜索差押許可状によってされたものであること，❷逮捕前に適法に発付されていた被告人に対する窃盗事件についての捜索差押許可状の執行と併せて行われたものであることなどの諸事情にかんがみると，上記①の尿の鑑定書と覚醒剤の差押えとの関連性は「密接なものではない」ため，覚醒剤とその鑑定書の「収集手続に重大な違法があるとまではいえず……その証拠能力を否定することはできない」

とした。

このように，最高裁の事例においては，かりに「重大な違法」があるとして証拠を排除したとしても，その排除の範囲は「密接に関連する証拠」に限られるとされる。ここでも裁判所の実体的真実主義へ傾斜した姿勢をみてとることができる。

9-3　自白法則との関係

排除法則が，自白法則とどのような関係にあるのかについても議論がある。①自白には自白法則しか適用されず排除法則は適用されないという**任意性一元説**，②排除法則を基本としながら自白法則は排除法則の特別規定と理解する**違法排除一元説**，③自白には自白法則および排除法則の両方が適用されるとする**二元説**がある。

10●――残された課題

これまで証拠法の基本的な枠組みについてみてきた。証拠法の領域でも，今後の残された課題は多岐にわたるが，紙幅の関係上，ここでは2点のみ指摘しておこう。

10-1　録音・録画の記録媒体の証拠能力

2016年の刑訴法改正によって，裁判員裁判対象事件と検察の独自捜査事件において原則，録音・録画が義務づけられた（第4章**2-4**参照）。これらの録音・録画の記録媒体は捜査段階で被告人が自白したことを前提として，その自白の任意性立証のための補助証拠としての利用を想定したものである。

しかし，この記録媒体自体が実質証拠として許容されるかが問題となっている。裁判例の中には，①記録媒体を供述の信用性の補助証拠として採用しつつ，その被告人の供述態度から直接的に犯人性を認定した場合を刑訴法317条（証拠裁判主義）違反とした事例（東京高判平30年8月3日判時2389号3頁・今市事件控訴審判決），②時間を限定した上で音声部分のみを証拠採用した事例（東京高決令元年7月4日判時2430号150頁）などがある。かりに記録媒体を実質証拠として積極的に用いることになれば，形を変えた自白偏重主義にもなりかねないため，今後も慎重な運用が望まれる。

10-2 証拠保管のルール

すでにみたように，証拠開示にも多くの課題があるが（第８章3-3参照），捜査機関が収集した証拠の保管のルールにも多くの課題が残されている。現在でも科学的証拠は有罪立証の手段としての性格が強く，収集した証拠も捜査機関のものという意識がまだまだ強い。データの保管・利用方法等についてはもっぱら警察内部のルールに委ねられているのが実情であり，事実上，警察の自由裁量といってよい（例えば，防犯カメラの映像の収集・保管等については各都道府県の「公安委員会規程」および「街頭防犯カメラシステム運用要綱」，DNAデータの収集等の規律については「DNA型記録取扱規則」〔平17年８月26日国家公安委員会規則第15号〕など）。これらの証拠の保管等について，無辜の不処罰という観点からどのような法的規律を及ぼすかも今後の課題となっている。

＊1　後藤昭『伝聞法則に強くなる』日本評論社，2019年，６頁など参照。
＊2　古畑種基『簡明法医学』金原出版，1964年参照。また，同『犯罪と法医学』河出出版，1938年，『法医学と犯罪捜査』人文書院，1939年なども参照。
＊3　内田博文『治安維持法の教訓―権利運動の制限と憲法改正』みすず書房，2016年，511頁など参照。
＊4　井上正仁ほか『刑事訴訟法制定資料全集　昭和刑事訴訟法編⑾』信山社，2015年所収の「刑事訴訟法改正協議会議事録」第４回〔資料70〕，５回〔資料71〕，９回〔資料95〕など参照。
＊5　渡辺咲子「現行刑事訴訟法中の証拠法の制定過程と解釈」『河上和雄先生古稀祝賀論文集』青林書院，2003年，328頁，329頁。
＊6　横井大三「現行刑事訴訟法の四つの改正点―二十数年後に見る」ジュリスト551号，1974年，173頁。
＊7　松尾浩也『刑事訴訟法　下〔新版補正第二版〕』弘文堂，1999年，56頁。
＊8　田宮裕『刑事訴訟法』有斐閣，1992年，362頁も参照。
＊9　浦辺衛「被告人の証人審問権の範囲」『総合判例研究叢書・刑事訴訟法⑸』有斐閣，1958年，５頁。
＊10　後藤，前掲注（＊1）30頁。
＊11　勝尾鐐三「証拠とすることについての同意」『総合判例研究叢書　刑事訴訟法⑿』有斐閣，1961年，152頁。
＊12　小野清一郎ほか「（座談会）新刑訴における証拠法」法律時報22巻10号，1950年，７頁，８頁。
＊13　松尾，前掲注（＊7）73頁。
＊14　松尾，前掲注（＊7）42頁。

（大場史朗）

第10章

裁　　判

◉ Introduction

厳密にいうと，裁判とは，裁判官の意思表示を内容とする訴訟行為と定義されている。判決も裁判の一種である。本章では，近代刑事法原則が示す価値に照らして導かれた，あるべき刑事裁判を出発点に，それが日本では歴史的にどのように変節したのかに触れる。そして，裁判に係る諸規定をふまえ，判決にしぼってその要件を押さえた上で，その効力とそこから生じる諸問題を概観する。判決を中心とした刑事裁判の問題点とその克服に向けた処方箋を学ぶことが本章における課題である。

1●—— 近代刑事法原則に基づく刑事裁判と日本の刑事裁判

1-1　刑事裁判の歴史

刑事裁判の歴史を紐解くと，革命前のフランスにおいては，非公開の場で，予審判事を前で真実を述べる旨の宣誓を強制され，自白を主な証拠として有罪判決が下されていた。たとえ，被告人の自白が得られなくとも，裁判所が被告人に無罪判決を言い渡したくないときは，**仮放免**として，新たな証拠が発見され次第，再び裁判所に呼び出され，有罪判決が下されうる不安定な状態におかれることもあった。[*1]

このように，ひとたび被告人となると，潔白が明らかにされない限り永遠に有罪となる危険に曝される制度は，フランス革命を契機に制定された1791年憲法によって明確に禁止された。そして，無罪推定の原則が刑事裁判において貫徹されることを通して，「疑わしきは被告人の利益に」(In dubio pro reo) 原則（以下，利益原則）に照らして，裁判官が有罪の確信を得た場合，あるいは，合理的な疑いを超えて有罪の証明がなされた場合に有罪判決を言い渡すことができる制度が，欧米においては確立したのである。

1-2 特殊日本的な有罪判決

このような刑事裁判の原則が日本にも継受されたのは，フランスの刑法・刑事訴訟法を参考にして1880年に制定された治罪法からといえる。そこから，旧刑訴法では，有罪判決の要件として，証拠によって罪となるべき事実を認定した理由を示すこと，いわゆる**証拠説明**まであげられるようになった（旧刑訴360条）。

しかし，1942年に立法された戦時刑事特別法26条は裁判官の負担軽減を目的に，有罪判決に必要なものを証拠の標目で足りるとし，それが現行刑訴法にも継受されたまま，現在に至っているのである。戦後の刑事訴訟法学界をリードした平野龍一によれば，この近代刑訴法の原則と現行刑訴法の矛盾があたかも憲法と整合するかの如く，次のように説かれた。すなわち，現行刑訴法は，当事者主義，公判中心主義を標榜しており，公判廷における証人尋問などの証拠調べによって裁判官が心証を形成することが必要不可欠となる。しかし，自由心証主義を基礎とする，こうした心証形成は直感的・総合的なものであるため，証拠による事実認定過程を言葉で説明することは困難な場合が多く，論理的説明にはなじまない。これを，無理に要求すると，「裁判官は，証拠，ことに調書の文字のおもてで，つじつまを合わせることに努力し，真に公判での審理から心証をとることを怠る結果になり易い[*2]」。あるいは，手続が当事者主義化することによって，裁判所の心証形成過程も自ずから当事者に察知できる場合も多くなるので，証拠説明までは必要がないと[*3]。

しかし，こうした証拠説明の省略こそ，被告人が罪を犯したことは証拠によって証明されているとの検察官の主張に対して，弁護人や被告人が，公判において，どれほど多くの合理的な疑いを提示しようとも，その疑いを解消する説明を欠いたままの有罪判決を生み出している根といえよう。

言い換えると，戦後日本の刑訴法は，裁判官が恣意的に有罪判決を書けないようにしてきた近代刑事法の原則から生み出された制度的保障を，戦時を理由に削ったままにして，現在に至った特殊日本的なものなのである。

2 ●—— 現行刑事訴訟法における裁判

2-1 裁判の種類

上でみたような問題がある，現行刑訴法における裁判とは，一般的には，裁判官の意思表示を内容とする訴訟行為と定義されている。

この裁判には，**判決**，**決定**，**命令**の３種類がある。

判決という形式がとられる裁判には，有罪（333条），無罪（336条）などがある。決定という形式がとられる裁判には，勾留（60条）およびその取消し（87条），付審判（266条），公判前整理手続（316条の２），証拠開示（316条の25），再審開始（446条）などがある。命令という形式がとられる裁判には，検察官または弁護人への在廷命令（278条の２）などがある。

これらの裁判は，訴訟をその審級において終了させる効果をもつ**終局裁判**と，そうした効果をもたない**非終局裁判**に分類される。さらに，前者は，有罪判決や無罪判決といった，被告事件そのものを判断する**実体裁判**と，家庭裁判所の検察官送致決定なしに検察官が少年事件を公訴提起したために被告人に対する裁判権がないことなどを理由に**訴訟条件**を欠くなどの場合に，被告事件の実体について判断することなく，公訴棄却や免訴などで訴訟手続を打ち切る**形式裁判**とに分類される。

2-2 裁判主体，口頭弁論の要否，裁判の成立

３種類の裁判を行う主体には違いがある。判決と決定は，裁判所が裁判の主体である。したがって，無罪判決の主体は個々の裁判官や合議の裁判体ではなく，個々の裁判所ということになる。これに対して，在廷命令などの命令の主体は，個々の裁判官である。

さらに，判決と決定・命令の間には，それが行われる際になされねばならない手続にも違いがある。判決は，原則として**口頭弁論**を経なければならない（43条１項）。口頭弁論とは，裁判所を構成する裁判官の面前における，当事者の主張・立証などの手続全体をいう。他方，決定・命令には，口頭弁論は不要とされている（43条２項）。ただし，公判期日における決定に際しては，常に当事者の意見が聴取されねばならない（規33条１項）。

これらの裁判の内容である，裁判官の意思表示はなにを以て成立したといえ

るのかについては，裁判所の内部における成立をいう内部的成立と，裁判所の外部に対する成立をいう外部的成立とに分けて論じられてきた。裁判が内部的に成立し，後は判決言渡しだけという場合は，その後に裁判官の交代があっても手続を更新する必要がない（315条ただし書）と解されてきたために，内部的成立も論じられる必要がある。

この裁判の内部的成立は，単独の裁判官による場合，裁判の主文等を記した裁判書を作成したとき，合議体の場合，**評議・評決**があったときとされる。裁判長，右陪席，左陪席の３人の裁判官から構成される**合議体**で裁判をする場合，あるいはこれに裁判員６人が加わる裁判員裁判の場合に評議が行われる。この評議は，裁判長が開き（裁75条２項），裁判官は必ず意見を述べねばならない（裁76条）。なお，評議の経過ならびに各裁判官の意見およびその多少の数については各裁判官に守秘義務が課せられる（裁75条２項）。裁判員裁判においては，裁判員にも同様の義務が課される（裁判員66条２項，70条）。評決は，３人の裁判官の過半数の意見によることとされている（裁77条）。評決は，①訴訟条件の有無，②罪責問題，③刑罰問題という先決関係の順で行われる。[*4] したがって，たとえ裁判官の１人が無罪との意見を表明したとしても，残る２人の裁判官が有罪との意見であれば，有罪の評決となり，次いで，刑罰問題について，この無罪意見の裁判官が無期の拘禁刑との意見であっても，残る２人の裁判官が死刑との意見であれば，死刑の評決となるのである。裁判員裁判の場合，裁判官と裁判員の双方の意見を含む合議体の過半数の意見による（裁判員67条１項）。したがって，１人の裁判官と４人の裁判員の計５名が有罪意見であれば，たとえ２人の裁判官が無罪の意見であっても，有罪となるのである。なお，裁判員裁判で量刑について意見が分かれた場合，その説が各々，裁判官と裁判員の双方の意見を含む合議体の過半数の意見にならないときは，裁判官と裁判員の双方の意見を含む合議体の過半数の意見になるまで，被告人に最も不利な意見の数を順次利益な意見の数に加えていき，過半数になったときに，その中で最も利益な意見による（裁判員67条２項）。したがって，10年の拘禁刑が裁判官を含め３人，８年の拘禁刑が裁判官を含め３人，５年の拘禁刑が裁判官を含め３人と意見が分かれた場合は，８年の意見を加えたところで６人となり，裁判官・裁判員の双方を含めて過半数になるので，その中で最も利益な８年の拘禁刑が結論となる。

裁判の内部的成立後になる裁判の外部的成立の方法は告知による。判決の告知は公判廷における宣告（342条）の形をとり，決定・命令の告知は，公判廷の場合は宣告，公判廷外の場合は裁判書謄本の送達（規34条）の形をとる。

裁判をするときは，これを表す書面である裁判書を作らなければならないが，決定または命令を宣告する場合には，裁判書を作らないで，これを調書に記載させることができる（規53条）。したがって，判決の場合は，その内容を記した書面である判決書が作成されねばならないが，判決言渡しのときに判決書が作成されていなければならないわけではなく，多くの場合は，判決言渡し後に作成されているといわれる。判決書には，結論をなす意思表示である**主文**と，理由が必ず記載される。

3●── 有罪・無罪判決とその記載事項

3-1　有罪判決と無罪判決

上でみた，裁判のうち，被告人の運命を決める決定的なものは終局裁判の一種である判決のうち，実体裁判である**有罪判決**と**無罪判決**といっても過言ではない。

有罪判決とは，被告事件について犯罪の証明があったときに，刑または刑の免除を言い渡す判決をいい（333条，334条），無罪判決とは，被告事件が罪とならないとき，または，被告事件について犯罪の証明がないとき言い渡される判決をいう（336条）。

この有罪と無罪の判決は，その要件だけでなく，それに必要とされる事項も異なるので，以下で詳述する。

3-2　有罪判決とその要件

有罪判決の主文は，「被告人を３年の拘禁刑に処する」などの刑の言渡しからなる。この主文には，死刑，拘禁刑，罰金など，単独で科すことができる主刑の他に，未決勾留日数の本刑算入，罰金未納の場合の労役場留置，刑の執行猶予・保護観察，付加刑としての没収・追徴，訴訟費用の負担なども示される場合がある。

有罪判決には，罪となるべき事実，証拠の標目および法令の適用が示されねばならない（335条1項）。これらが判決の理由を構成する。

罪となるべき事実は，特定の犯罪構成要件に該当する具体的事実をいう（最判昭24年2月10日刑集3巻2号155頁参照）。例えば，窃盗であれば，他人の財物をその意思に反して移転させたことに該当する具体的事実が罪となるべき事実として示されねばならない。未遂や共犯に該当する場合は，それに該当する具体的事実が示されねばならない。また，犯行の日時・場所・方法も，罪となるべき事実の中心であるから，できる限り具体的に示されねばならない。

もっとも，判例によれば，犯罪の日時は罪となるべき事実に属さず，単に犯行の同一性を示すべき事項に過ぎないので，犯罪事実を特定しうる限り，必ずしも具体的に特定する必要はないと判示しており（最判昭24年4月14日刑集3巻4号547頁参照），罪となるべき事実の抽象化が認められている。理論上も，この罪となるべき事実は，「微細な部分に至るまで一義的に明確に特定することは，必ずしも常に可能ではないし，また妥当であるともいえない*5」と，その抽象化が正当化されている。加えて，犯罪構成要件じたいが抽象的であれば，二重の抽象化が生じることが避けられない。刑法判例においては，犯罪成立要件の解釈が緩められていることは常態化しており，それを多くの刑法学説が追認ないしは，さらに緩めようとしていると評されるからである*6。その結果，実務上は，火の点いたマッチを落として点火したことが証拠によって認定できなくとも，何らかの方法によって点火したと認めてもよいとした原審の判示を，最高裁が違法ではないとした（最判昭38年11月12日刑集17巻11号2367頁参照）ことにみられるように，罪となるべき事実の抽象化が進んでいるのである。被告人の行為は抽象化された犯罪構成要件に該当するという規範的評価が先になされて，この評価に符合する「事実」だけを抽出する，あるいは符合するような形の「事実」に加工して列挙するという形の罪となるべき事実であれば，それは，治安維持法下の有罪判決と異なるものではないことが銘記されねばならない*7。

次に，証拠の標目とは，罪となるべき事実を認定する根拠となる証拠の標題・種目をいい，実務上は，「被告人の公判廷供述」などと記載される。すでに述べたように，旧刑訴法においては，証拠説明も求められていたが，戦時刑事特別法により簡略化された。そして，判例によれば，証拠を取捨した理由を判決書で明示する必要はないとされる（最決昭34年11月24日刑集13巻12号3089頁参照)。この判例を前提にすると，証拠調がなされたのに，証拠の標目にはあげられない証拠がなぜあるのかについての理由も明示されないことになる。これは，適用した経験則や論理則の誤りなどの自由心証の誤りを控訴審において正すことを，より難しくするハードルの一つとなる。そこで，特に争いのある事件では証拠説明は不可欠であると説かれるのである。

法令の適用とは，罪となるべき事実に適用すべき実体法を示すことである。個々の犯罪構成要件を定めている規定だけでなく，刑の加重減免の規定なども示されねばならない。

有罪判決においては，被告人・弁護人から，法律上犯罪の成立を妨げる理由または刑の加重減免の理由となる事実が主張されたときは，これに対する判断を示すことも求められる(335条2項)。したがって，弁護人が，被告人が犯行時に心神喪失あるいは心神耗弱であったと主張したときは，それについての判断が理由において示さなければならない。

なお，被告人にとって最も重大な関心事の一つともいえる，量刑理由の説明は，刑訴法上必要とはされていない。たしかに，実務上は，量刑理由も説明されているのが一般的である。しかし，控訴理由に量刑不当があげられている(381条)ことに照らせば，量刑理由の説明は必要不可欠なはずである。量刑を基礎づける事実については，いわゆる自由な証明で足りると解されている上，死刑と無期拘禁刑とを分ける基準すら不明確といわざるをえないように，量刑には様々な問題があるが，量刑理由の説明が法律上義務づけられていないことも，大きな問題といえよう。

3-3　無罪判決とその要件

被告事件が罪とならないとき，または，被告事件について犯罪の証明がないときの無罪判決の主文は「被告人は無罪」という簡潔なものである。被告事件が罪にならないとは，訴因(第7章**4-1**参照)にあげられた事実が犯罪構成要件に該当しないことが明らかになった場合の他，違法性・責任といった犯罪成立要件が欠けるために犯罪とならない場合をいう。被告事件について犯罪の証明がないとは，法廷で証拠調された証拠では，被告人が罪を犯したことにつき合理的な疑いが残った場合も含む。なお，被告人の自白があっても，補強証拠がない場合も，犯罪の証明がない場合に当たる。

この無罪判決も，裁判の一種である以上，理由は必要とされる（44条）。しかし，その具体的内容は，有罪の場合と違い，法定されていない。なお，判例は，犯罪の証明がないとして無罪とする場合は，「個々の証拠につき，その採るをえない理由を逐一説明する必要はない」（最判昭35年12月16日刑集14巻14号1947頁参照）と判示している。したがって，犯罪の証明がないとして無罪とする場合，有罪の証明には，「合理的な疑いを超える証明」（最決平19年10月16日刑集61巻7号677頁参照）が必要である（第9章2参照）以上，取り調べられた証拠からは，被告人が罪を犯したことにつき合理的な疑いが残ったと理由を説明すれば足りるはずである。他方，近代刑事法の原則たる利益原則に照らせば，有罪判決には，取り調べられた証拠によって，被告人が罪を犯したことは疑いがない，ないし，被告人が罪を犯したことを裁判官が確信に至ったことの説明が求められるはずであって，有罪判決の理由は詳細なものとなるはずである。つまり，無罪判決は有罪判決に比べて，主文も理由も簡潔なもので済むので，判決書の厚さでいえば，無罪判決の判決書は薄いものとなるはずなのである。

ところが，実際の無罪判決における理由では，まず，検察官の主張・立証に触れた上で，それではなぜ有罪にできないのかという点が詳細に記されており，無罪の判決書はとても分厚いものとなっているのが通例である。しかも，そうした詳細な無罪判決が構造的に生み出されていることを，中川孝博は次のように指摘している。

> 1審有罪率が常に99%以上という日本において，1審裁判官が無罪を出すということは特別なことであり，ある意味異常なことなのである。このうち，ほとんど検討しなくとも無罪が明白であるような事例が多く存在するとは通常考えられないので，1審裁判官が無罪判決を出す場合のほとんどは，有罪，無罪が微妙な事件であるということになる。そうであれば，無罪判決が上訴され，破棄される可能性は高いといわざるを得ない。したがって，1審裁判官は，あらゆる「一般的説明」の可能性を排除して自身の疑いが如何に反駁できないものであるかを事実上示さなければならない。無罪判決理由が詳細になるのは必然的といえる。[*8]

こうした構造からは，裁判官は無罪判決に対する検察官上訴（第11章**2-2**参照）を恐れ，検察官に遜（へりくだ）り，裁判官がどんなに「頑張っても」有罪にできない理由を無罪判決に詳細に書くという現実が浮き彫りになる。歴史的にいえば，日本の刑事司法ならではの「検尊判卑」(第2章1-5参照)の表れということもできよう。

3-4　判決書の入手をめぐる問題

1審の有罪判決に対して，被告人に不服がある場合，控訴を申し立てることができる(372条)。しかし，控訴を有効に機能させるには，有罪判決のどこにどのような不服があるのかを被告人が弁護人とともに，判決書を見ながら検討することが必要不可欠である。

この判決書は，民事訴訟事件の場合は，当事者に送達されねばならない(民訴255条)ので，当然に原告・被告の双方に裁判所から届けられる。民事訴訟法においても当事者主義が妥当する以上，当然といえよう。

しかし，刑訴法にも，同じく原理として当事者主義が妥当するはずであるのに，裁判所から判決書が当事者たる被告人に送付されるわけではない。刑訴法は，「被告人その他訴訟関係人は，自己の費用で，裁判書又は裁判を記載した調書の謄本又は抄本の交付を請求することができる」(46条)と定めるのみであって，被告人はおろか弁護人といえども，判決書の謄本の交付を請求し，1頁につき60円を支払わなければ，判決を手許で検討することさえできないのである。[*9] 当事者主義といいながら，民事訴訟法とは異なり，当事者に判決書が届けられる権利が保障されていないことが妥当なのかが問われなければならない。

4 ●—— 裁判の効力

4-1　裁判の告知による効果

裁判が外部的に成立する告知によって，様々な効果が発生する。これを裁判の付随的効果と呼ぶ。例えば，保釈されていた被告人に対して，拘禁以上の刑に処する判決が宣告された場合，この判決の告知によって保釈や勾留の執行停止は失効する(343条)。したがって，支援者や弁護人とともに入廷した，保釈中の被告人は，拘禁刑の有罪判決を受けると，そのまま身体を拘束され，再び拘置所に収容されてしまうのである。同様に，拘禁以上の刑に処する判決の宣告によって，勾留期間更新の回数制限や権利保釈の適用もなくなる(344条)。

逆に，無罪，刑の全部執行猶予，罰金等の裁判の告知があると，勾留状は失効する(345条)。したがって，勾留されていた被告人に対して無罪の判決が宣告されると，裁判所の外で支援者と喜びをともにすることができるのである。もっとも，無罪判決に対して検察官が控訴した場合に，控訴裁判所が被告人を再勾留することができるというのが判例の立場である（最決平12年6月27日刑集54巻5号461頁参照）。しかし，この判例には，上訴審で異なる判断がなされる可能性があるのに無条件の釈放を定めている刑事訴訟法の趣旨や，無罪判決の存在を無視する点で疑問が呈されている[*10]。

4-2 裁判の確定による効力

裁判を，上訴（上告・控訴・抗告），高等裁判所に対する異議申立て（428条2項），判決訂正の申立て（415条），準抗告（429条1項），略式命令に対する正式裁判の請求（465条）からなる通常の不服申立て方法によって取消し，変更することができなくなることを裁判の形式的確定という。

例えば，有罪判決，無罪判決のような終局裁判が宣告された後に，上訴期間の経過，上訴の放棄・取下げ，上訴を棄却する裁判の確定があると，終局裁判が確定することになる。こうした確定終局裁判によって，当該事件は解決することになる。そこから，確定終局裁判の内容を強制的に実現する効力としての**執行力**と，後訴において裁判所が確定裁判に矛盾する判断をすることを許さない**拘束力**が生じる。

この執行力と拘束力からなるものが，**内容的確定力**と呼ばれる，裁判の形式的確定から生じる効力である。有罪判決のような実体裁判の場合は，これを**実体的確定力**という。

裁判は，確定した後に執行されるのが原則である（471条）。したがって，内容的確定力を構成する執行力に基づいて，裁判の執行がなされる。有罪判決で宣告された刑の他に，追徴・訴訟費用などの刑の付随処分，過料・没取などの制裁処分，および勾留・捜索・差押え・鑑定留置などの強制処分の執行もこれに含まれる。なお，罰金・科料・追徴の仮納付の裁判は，確定を待たずに執行することができる（348条3項）。他方で，死刑のように，有罪判決の確定だけでは執行できないものもある（法務大臣の命令が必要：475条）。裁判の執行は原則として，その裁判をした裁判所に対応する検察庁の検察官が指揮する（472条）。

逮捕・勾留などの自由を奪う処分が執行された後に無罪判決を受けた者は，憲法40条に基づき制定された刑事補償法によって国に**刑事補償**を求めることができる（刑補1条）が，この刑事補償の請求は，無罪判決の確定した日から3年以内に，無罪の裁判をした裁判所になされなければならない（刑補6条，7条）。もちろん，これとは別に，公務員の違法行為による損害を国家に賠償させる国家賠償も求めることができる（刑補5条）が，国家賠償が認められることはなく，刑事補償が認められるに過ぎないのが現実である。また，無罪判決の確定によって，元被告人が刑事補償を得たとしても，支援者以外の周囲の者から真に無罪と評価されるわけでは必ずしもなく，被告人とされた「烙印」を容易には拭い去れないのも，日本の刑事司法が歴史的に抱えている問題の一つである。[*11]

内容的確定力を構成するもう一つの効力である，拘束力の根拠については，確定裁判を，当該事件について当てはめられた実体法，すなわち，具体的規範であり，その内部的効力が執行力，外部的効力が拘束力であるとする具体的規範説と，拘束力を訴訟制度に不可欠な効力と位置づける訴訟法説との争いがあるが，訴訟法説が通説とされている。

4-3　一事不再理効

有罪・無罪の確定判決を受けたことがもたらす効力には，**一事不再理効**がある。これは，憲法39条に基づくもので，有罪・無罪の確定判決を受けた事件について再度訴追されないことをいい，一事不再理に反する訴追がなされた事件にはついては免訴判決が言い渡される（337条1号）。

この一事不再理効の根拠については，これを確定裁判の拘束力に伴う遮断効と解する確定力説と，憲法39条を「何人も同じ犯行について，二度以上罪の有無に関する裁判を受ける危険に曝されるべきものではない」（最大判昭25年9月27日刑集4巻9号1805頁参照）という二重の危険禁止を定めたものとする解釈に立脚した二重の危険説とがある。

有罪・無罪の確定判決から生じる一事不再理効は，略式命令（470条）などの実体裁判にも認められるが，形式裁判には一事不再理効は認められないとするのが判例（最大判昭28年12月9日刑集7巻12号2415頁参照）であり，通説もこれに従っている。なお，少年事件における，家庭裁判所による保護処分決定や検察官が審判に関与した事件についての不処分決定にも一事不再理効が認められている（少年法46条1項・2項）。他方で，判例は，少年法が明文をおいていない，審判不開始決定（最大判昭40年4月28日刑集19巻3号240頁参照）や一般の不処分決定（最決平3年3月29日刑集45巻3号158頁参照）にはこれを認めていないが，疑問である。[*12]

一事不再理効により再訴が及ばない客観的範囲は，判例・通説によれば，公訴事実の同一性（第7章**4-2**参照）のある範囲全体と解されている（最判昭33年5月6日刑集12巻7号1297頁参照）。したがって，ある刑事事件について起訴され実体判決があった場合，この事件と公訴事実が同一である事件についても一事不再理効が及ぶことになる。

一事不再理効は一罪全体に及ぶが，常習一罪や包括一罪など時間的に継続する犯罪の中の一部について確定判決があった場合，判例・通説によれば，この確定判決後の行為は別途訴追できると解されている（最大判昭24年5月18日刑集3巻6号796頁参照）。したがって，一事不再理効が及ぶ時間的範囲にも限界があることになる。

5●――歴史からみた日本の刑事判決の課題

5-1　歴史からみた日本の刑事判決の課題

近代刑事法原則に照らせば，日本の刑事手続における有罪・無罪といった実体判決にも，当然，利益原則が妥当しなければならない。すでにみたように，近代以前には，被告人に不利益な顕著な証拠があるが有罪証明には不十分だと考えられた場合に法定刑よりも軽い刑が科された**嫌疑刑**や，有罪判決に十分な確証がない場合になお有力な嫌疑がある場合に言い渡された仮放免などが，罪なき者を処罰する人権侵害をもたらしてきた。つまり，こうした悲惨な人権侵害を避けるために，利益原則は貫徹されるようになったのである。

日本国憲法は，その39条が不利益再審を明文で禁じていることからも明らかなように，誤った有罪判決を可能な限り避けることを通して，被告人への人権侵害を防止しようとしている。このような日本国憲法の姿勢に鑑みれば，憲法31条が要請する刑事手続における適正手続保障の内容の一つとして，利益原則の貫徹があげられるべきことになる。そこから，有罪判決には，被告人が罪を犯したことにつき合理的な疑いが残らない程度に，証拠によって事実が証明されていることが求められる。色に例えると，有罪判決は，裁判所が取り調べた証拠とその証明力・信用性の評価によって，被告人が罪を犯したことにつき，裁判官・裁判員の心証が真っ黒な場合のものでなければならないはずなのである。したがって，大部分は真っ黒であっても，どうしても消せない灰色の点が１点でも残れば，被告人は無罪とされなければならないということになる。

しかし，日本の刑事裁判では，評決が多数決で決するため，裁判官や裁判員の心証に合理的な疑いが残ったので無罪だとの意見が評議において出されたとしても，その数が少数であれば，評決は有罪となってしまう。これは，近代刑事法の原理に照らすと大きな問題であるといわねばならない。つまり，日本の刑事司法には，制度上，利益原則は未定着なのである。

したがって，被告人が罪を犯したことに疑いが残るとしても，日本の刑事裁判では被告人は有罪とされ，処罰されることになる。重大な事件の被告人が無実を訴え続けた事案で，被告人が有罪であることの理由説明が十分になされていないときに，量刑が必ずしも処断刑の中で最も重いものではない場合も見受けられるが，それは，まさに現代の嫌疑刑といわなければならない。

確かに，近時は，日本型の枠内とはいえ，司法改革の一環で，被疑者国選弁護制度の拡大や，被疑者取調べの可視化が進んだこともあいまって，被疑者・被告人の自白が得られない事例も散見される。しかし，自白が得られない事件が起訴される場合には，被告人が罪を犯したことを間接的にしか証明する力がない，いくつかの情況証拠から，一気に，被告人が罪を犯したと事実認定する**推認**が横行しているようにも見受けられる[*13]。しかも，大多数の有罪判決の判決書は，無罪判決のそれに比べると，分量が薄いことが一般的であるために，判決書において推認の合理性や相当性についての理由は十分に説明されないままで済まされてしまう。言い換えると，不合理な推認の積み重ねに基づく有罪判決が言い渡される危険性はきわめて高い。それは，暴力団の組長が組織的殺人の共謀共同正犯として起訴された事件について，きわめて多くの推認を繰り返して有罪とした上で，死刑判決を言い渡す（福岡地判令３年８月24日判時2517号84頁）という極端な形で現実化したということもできよう。このような有罪判決が暴力団の組長だから許されるはずはなく，これに最高裁のお墨付きが与えられようものなら，共謀共同正犯と同様に，あらゆる類型の有罪判決に拡大していくことが強く危惧される。

こうした日本の有罪判決は，利益原則に照らした場合，被告人が罪を犯したことに疑いを残したままのものであり，しかも，判決において，その有罪の理由を詳細に説明せず，先の死刑判決に典型的にみられるように，たとえ多くの頁を割いて説明したとしても，実は，裁判官による主張の繰り返しに過ぎないものであるという点で，二重の意味で誤ったものといわなければならない。

5-2　日本の刑事判決に求められるもの

日本の有罪判決においては，裁判官の自由心証主義（第9章2参照）は，証拠説明が法律上義務づけられていないことと，それを機能させるはずの諸制度が機能しないことがあいまって，裁判官が好き勝手に有罪判決を書くためのツールに堕しているといわざるをえない。

したがって，すでに指摘したように，利益原則に照らして二重の意味で誤っている日本の有罪判決を変えていくことが求められる以上，この刑事訴訟法に基づく自由心証主義を，文字通り裁判官に好き勝手な「自由」を与えるものと解してはならない。むしろ，誤った有罪判決を可能な限りで防ぐ方向での諸制度を機能させるとともに，自由心証主義を，被告人・弁護人の提起する疑問への真摯な応答義務を課すものへと新たに解していく必要がある[*14]。

すでにみたように，有罪判決において必須とされる，罪となるべき事実の認定に当たって，治安維持法違反事件以降の日本の有罪判決にみられる，事実を評価にすりかえることによって「事実」にしてしまうという逆転を許さないようにすることも必要不可欠である。そのためには，罪となるべき事実と評価を明確に区別し，罪となるべき事実は必ず評価に先立つようにさせる実践的・理論的営為もなされねばならない。

近時，自白のない事件についての有罪判決に散見されるようになった多数の推認についても，誤った推認による冤罪を防ぐために，推認が許される場合をより限定していくことが，実践面と理論面において求められる。

最後に，裁判員制度が始まって10年以上が経過したが，裁判員を含む合議体による有罪判決を通して，裁判員裁判がむしろ有罪判決における事実認定過程のブラックボックス化を進める結果となっていないのかを検証することも，日本の有罪判決を変えていく上で必要な取組みと考えられる。

＊1　白取祐司『一事不再理の研究』日本評論社，1986年，43頁参照。

＊2　平野龍一『刑事訴訟法』有斐閣，1958年，278頁。

＊3　松尾浩也編『刑事訴訟法Ⅱ』有斐閣，1992年，364頁参照。

＊4　田宮裕『刑事訴訟法』有斐閣，1996年，429頁参照。

＊5　松尾浩也『刑事訴訟法　下〔新版補正第2版〕』弘文堂，1999年，127頁。

＊6　内田博文『日本刑法学のあゆみと課題』日本評論社，2008年，212頁以下参照。

＊7　治安維持法下の罪となるべき事実のこうした傾向については，内田博文『治安維持法の教訓―権利運動の制限と憲法改正』みすず書房，2016年，515頁参照。

＊8　中川孝博『合理的疑いを超えた証明―刑事裁判における証明基準の機能』現代人文社，2003年，104頁。

＊9　裁判所のウェブサイトにある，「手続案内」における「刑事関係について」をクリックすると，判決謄本1頁につき60円が必要であることが記載されている。https://www.courts.go.jp/hiroshima-h/vc-files/hiroshima-h/file/202018.pdf（2022年8月31日最終確認）。

＊10　上口裕『刑事訴訟法〔第5版〕』成文堂，2021年，459頁参照。

＊11　いわゆる「みどり荘事件」について第一審の無期懲役判決が控訴審で破棄されて，無罪が確定した冤罪被害者の方にとっての社会復帰には様々な困難があったことについては，シンポジウム「冤罪被害者と犯罪被害者を結ぶ」熊本法学153号，2021年，48-49頁参照。

＊12　武内謙治『少年法講義』日本評論社，2015年，371頁参照。

＊13　このような状況をふまえて，推認を規制しようとする論考として，豊崎七絵「間接事実の証明・レベルと推認の規制」浅田和茂ほか編『人権の刑事法学―村井敏邦先生古稀記念論文集』日本評論社，2011年，697頁以下などがある。

＊14　内田，前掲注（＊7）514頁参照。

（岡田行雄）

第11章

上訴・再審

◉ Introduction

日本における訴訟は上下三審級を設ける三審制度を採用している。この審級間において，下級審の裁判に対する上級審への不服申立の機会が設けられている。これを上訴という。さらに，確定判決に対しても，非常救済手段がおかれている。これらは，法令の解釈適用の誤りや誤った有罪判決を是正するものでもあるが，冤罪の救済という役割が特に強く期待されるべきものである。本章ではこれらの救済手段が，誤判救済の役割を果たしうるかという観点から，その制度と運用の諸問題を検討する。

1 ●—— 誤判救済の難しさ

1-1 誤判とその是正

刑事裁判の理念の一つに「無辜の不処罰」があげられる。誤って無実の者を処罰する不正義は絶対に避けるべきである。しかし，人間の行う裁判である以上，最初から一切の間違いを防ぐことはやはり難しい。

合理的な自由心証による適正な事実認定の担保の一つとして，現行刑事訴訟法は上訴と再審を用意している。上訴が未確定の裁判に対する不服申立であって上級裁判所の司法的救済を求めるのに対し，再審は非常上告とともに確定判決に対する救済制度である。上訴には控訴，上告，抗告がある。非常救済手続には再審と非常上告がある。再審が有罪判決の事実認定の誤りを正すものであるのに対し，非常上告は確定判決における法令違反を是正するものである。

再審と控訴・上告（場合により抗告も）は究極的には冤罪救済機能を果たすことも期待される。控訴・上告は申立期間に制限があり１回の申立しかできない。再審には時期的制限はない。死後再審も可能である。

これらの救済手段を最初の原判決（上級審に対する第１審や非常救済手続に対する原確定判決）と比較すると，最初の審理が十分で誤判が稀ならば上訴・再審の要件は厳しくてよく，条件がこれと逆ならば上訴・再審は必要不可欠で要件は寛いという制度も考えられるかもしれないが，少なくとも最初の審理で誤りを完全に防ぐことは困難である上に，実際に戦後も冤罪事件がなくならない現実に鑑みれば，救済手段の必要性を過少に評価することはできない。

このような事情は裁判員制度導入によっても変わっていない。誤判が戦前から強固に形成され続けている自白獲得を中核とする構造的なものであるということが依然として克服されていないからである。

1-2 戦前から変わらない誤判救済の困難性

すでに本書で言及されている通り，戦前の刑事裁判では**人権蹂躙**が大きな問題とされた。「人権蹂躙」とは，国家権力が憲法の保障する基本的人権を侵犯することである。1876年改定律例改正以降，法制上の拷問廃止にもかかわらず，現実は異なった。人権蹂躙は主としては，明治30年代から同40年代にかけてと，明治末期から大正前半期にかけて，刑事手続に関する社会問題として大きく問題となり，その後も折々に指摘された。前者は裁判官による量刑の峻厳化と刑の執行猶予の適用の減少，違警罪即決例が問題視され，未決勾留日数不算入や素行調書の杜撰さ，聴取書のみでの誤れる断罪，検事局の不法検挙，警察官の拷問等が批判された。後者は，政府高官，政治家，会社重役の人権が贈収賄事件において検事によって侵害されていると批判されたものである。その後も1934年以降度々帝国議会でも取り上げられて政府が追及されたのが，結果として検察官僚により時の斎藤実内閣を倒壊した帝人株売買にまつわる大蔵省幹部との贈収賄事件が捏造された**帝人事件**であり，被疑者取調における暴行を含む多くの虐待が批判された。過酷な人権蹂躙は，治安維持法制定後のその展開によって拡大し，戦時治安体制が確立されていくこととなった。[*1] 先の2010年にようやく刑事補償の決定で実質的に無罪を肯認した**横浜事件**は，最もこの問題性を反映しているといえようか。共産党を再建しようとしたと捏造された事件であり，拷問死も引き起こした事件である。

自白に過度に重きをおき，その追及に躊躇しないやり方は冤罪の歴史において一貫している。いわゆる厚労省事件をきっかけとして2011年検察の在り方検討会議を経て2013年１月法制審議会新時代の刑事司法制度特別部会「時代に即した新たな刑事司法制度の基本構想」において取調べの「過度の」依存を改める方向性が打ち出され，取調過程の録画拡大を含む刑事訴訟法改正も行われたが，構造的問題としての誤判問題の解決からほど遠い。

捜査機関に対する犯人検挙の社会的圧力が強まる中で，捜査における誤った見込みに基づき，（拷問を含む?）強力な自白追及とそのための身柄拘束（人質司法）によって，捜査段階での自白を調書化し，被告人に自白を維持させ，裁判官に法廷での反証よりも自白調書を重用（調書裁判主義）させ，利益証拠よりも不利益自白重視による有罪心証形成（自白偏重主義）を促進するよう，一方で自白獲得のための権限を捜査機関に集中し，他方で相手側関与者の権限を制約する，そのような構造が戦前から歴史的な形成されてきたものであることが確認できよう。[*2] 裁判員制度が導入されたことによる調書裁判主義への影響等を見極める必要はあるものの，抜本的改善には今も至っていないといえようか。誤判救済制度としての上訴・再審は，このような構造的な誤判を救済できるものでなければならない。

2●—— 誤判救済と上訴

2-1　陪審制度と控訴院・大審院の創設

上訴制度が整備[*3]された1872年の司法職務定制以降，審級制度としては二審制かつ審理を全面的にやり直す覆審制であった。1875年４月立憲政体の詔勅（太政官布告第五八号）により元老院と**大審院**が設置され，同年５月大審院職制章程により大審院は「刑事ノ上告ヲ受」（１條）けるとされたが，「控訴ハ……刑事ニ及バズ」（２條）とされていた。

1880年の治罪法では，当初ボアソナード案にあった陪審制が削除されたにもかかわらず，陪審を前提として重罪裁判所の裁判に対する控訴を許さず，違警罪裁判所の裁判に対して軽罪裁判所に，軽罪裁判所の第１審裁判に対して控訴裁判所に控訴することができる旨の規定がおかれた。ボアソナードは陪審裁判を前提とした限定的な控訴審（軽罪控訴可に対して重罪は陪審を前提に上告のみ）を構想していたという。重罪か否かでの異なる取扱いは，1890年の旧々刑訴法で取り除かれた。1922年の旧刑訴法は，控訴審について覆審の趣旨を徹底したほか，上告理由について，法令違背のほかに一定の条件の下での量刑不当，事実誤認に拡大したほか，職権調査や破棄自判を可能とした。また，同じ年に治安維持法も制定されていることに留意すべきではあるが，1925年には陪審法が被告人の選択制など制度として不十分ながらもようやく制定に至っている。

しかし，旧刑訴法制定後も1934年には岡田啓介内閣における小原直司法大臣による，いわゆる「司法改善」論において，大審院の事実審理の廃止等が論点とされ，司法制度調査会1936年の「事実審理の改正に関する答申」では上告審での手続規定の簡略化が提案され，その後の1941年改正治安維持法による控訴の制限や指定弁護人制度のほか，同年の国防保安法，1942年裁判所構成法戦時特例と同年の戦時刑事特別法による一定の犯罪についての弁護制限と上訴の縮小や簡素化へ至る。戦争遂行のため，1943年には陪審法も停止された。これらの一連の過程において手続合理化を超えた検察権限の強化等への志向が看取される。戦後憲法改正に伴い刑事訴訟法が改正されるが，一見形を変えつつも，戦後もこのような問題性は克服されずに残り続けている。

2-2　検察官上訴と二重の危険

上訴は被告人のみならず，検察官もすることができる（351条）。上告審が違憲審査，法令解釈の統一，被告人の具体的救済を担うとすれば，控訴審は訴訟手続の法令違反（379条），法令適用の誤り（380条），量刑不当（381条），事実誤認（382条）を審査し，さらに再審事由も含んでいる（383条）ことからも，原判決の瑕疵をかなり広範囲に審査することが期待されている。これらの上訴は検察官と被告人（351条）のほか，被告人の明示の意思に反しない限りで弁護人も申し立てることができる（355条）。

検察官が上訴権者に含まれていることから，無罪判決に対する検察官上訴ができる。いったん手続上の負担ないし苦痛を負った被告人に対して再度の負担等を課すことになり，「同一の犯罪について，重ねて刑事上の責任を問はれない」と憲法39条が規定する**二重の危険の禁止**に反しないのか。最高裁はこの場合の危険について，第１審から上訴審まで継続する１個の危険と捉えているが，いったん下された無罪判断の重みを軽視してはいないか。二重危険禁止は英米陪審裁判由来とのことから，職業裁判官の裁判とは異なるとの見解に対しても，被告人からみた手続負担という面では陪審とそれほど異ならないといえまいか。裁判員裁判導入で強調された迅速裁判の要請にも反する。

また，日本の場合，二重の危険が確定力と結びつけられ，裁判が確定しなければ二重の危険は発生しないとされているために，上訴と再審は質的に異なるものとされることにより，上訴の誤判救済機能についての意識が乏しい。

さらに根本的に疑問なのは，いったん生じた「合理的疑い」が消えてしまうことである。上訴審での更なる有罪立証活動を許すのは，現行の控訴審が誤りの有無の審査と理解されていることと矛盾し，また有罪方向での裁判所の負担増になってしまう。検察官上訴が存在することで，裁判官も上級審で覆されることを恐れて，無罪判断に消極的になってしまうことはないか。

少なくとも控訴審の運用を見た場合，1審の有罪判決を破棄する割合よりも，1審の無罪判決を破棄する割合の方が高いというのが日本の現実である。控訴審の近年の現実として，統計上控訴審による破棄の圧倒的多数は検察官側の請求（40～65％）であり，被告人側の請求による破棄率は著しく低い（10％前後）ことが示されている。申立理由で圧倒的に多いのは量刑不当である（ただし事実誤認も4分の1を占める）としても，控訴審が事実誤認による誤った有罪判断を是正するための誤判救済機能をもっと発揮してもよいのではないか。

2-3　不利益変更禁止原則と破棄判決の拘束力

被告人が控訴し，または被告人のため控訴した事件については，原判決の刑より重い刑を言い渡すことはできない（402条）。上告についても同様である（414条）。これを不利益変更禁止原則という。

被告人に上訴をためらわせないようにという政策的な理由に基づくものと理解されている。これに対し，職権主義的な訴訟に対するブレーキとして設けられたもので，当事者主義のもとでは不服申立の限度で裁判するためという主張もなされる。被告人の救済の側面を指摘する見解もある。いずれにしても，刑が重くなるのでなければ，被告人に不利益な事実の認定自体は可能なことになってしまう。そこで科刑上一罪の一部有罪部分に対する被告人控訴について，無罪部分の職権調査が許されないことを攻防対象から外れたとする議論がなされ，最高裁もこれを肯定する（後述の攻防対象論）。上述の通り，二重の危険が確定力と結びつけられているために，そもそも不利益上訴そのものは禁止されていない点も注意が必要である。

上級審の判断の制約として破棄判決の拘束力がある。裁判所法4条は上級審の裁判における判断はその事件について下級審の裁判所を拘束すると定めている。上級審と下級審の間を行ったり来たりの繰返しを防ぐため政策的に裁判所法によって設けられたものとの理解と，破棄判決に対して上訴せずに下級審の戻ったためにその判断について生じた一種の確定力との理解がある。拘束力は事実上の判断にも及ぶ（最判昭43年10月25日刑集22巻11号961頁・八海三次上告審）。

2-4　控訴審構造論

無辜の不処罰の観点からは事実誤認の審査が重要である。事実審理の在り方に関して控訴審構造論が議論される。事実審理の方式については，覆審，続審，事後審という3つの型ないしモデルがありうる。戦前の控訴審は，第1審と同じように審理を全面的にやり直す覆審であった。[*4] これに対して，第1審の判決直前の状態に戻り，原審の手続・資料を引き継いで，さらに新たな証拠を加えて事件の審理を行う方式を続審という。これらに対して**事後（審査）審**とは，原判決の当否，つまり原判決に瑕疵がないかを審査する方式である。事後審の特徴は，あくまで「見直し」型の方式であって，自ら事件について判断するのではなく，原判決の当否を判断するにとどまる点といわれている。この戦前から戦後の変化の理由については，第1審の当事者主義化と直接主義の徹底のほか，最高裁の憲法審化による負担軽減のため控訴審を法律審化しつつ，事実点については審査審として控訴審の役割分担を構想したとの趣旨の指摘[*5]もある。とはいえ，事実の審査を担う以上，その存在意義として被告人の救済が強調されるべきである。先に触れた被告人側の申し立てによる破棄率の低さからも冤罪救済機能が果たされているとは言い難い。検察官のための事後審査になってしまっている。事後審論は1審の有罪判決の「見直し」に当たって被告人に大きな制約を強いることになっている。他方，続審論も1審の無罪判決の「見直し」に当たって被告人に不当な防御権の行使を強いることになろう。

戦後の刑訴法改正の際，日本側の立法関係者の問題意識の中心は訴訟経済にあったようでもある。当初の議論においては，陪審を前提に限定的な続審論も議論されていた。しかし，伝聞法則採用と関連して，控訴審でも第1審公判調書を証拠とすることに被告人から異議があれば，供述録取書の利用に証人尋問を要求する覆審の議論もあったものの，「第1審集中主義」と合わさった控訴裁判所の負担軽減のための制限的な事後審へと議論は収斂した。

当時の議論においては，戦後混乱期における犯罪増加と予算不足を含む国情により，控訴裁判所の負担軽減の要求が日本政府側からはかなり強かったようである。当時の最高裁の認識として，「今後日本の国力が回復すれば，陪審制度になると思う。そうすれば事実審は一回でよくなる。現在の最高裁判所は行政事務も行っており極めて負担過重になっている。これを軽減するためにもこの案を考えたのである。この様な理由で事実審は一審としたのであるが，然し誤があることは考え得るから別の方法で救済の道を開くことにした。特別の場合には，控訴審にも事実審を認めた。」というものであった。[*6] これが控訴審の構造を決めたという。

そうであれば事後審での誤判救済機能の強化が議論されるべきであったが，当事者の事実取調請求権（393条1項）という限定的な規定にとどまった。このように誤判救済機能が限定的であれば，「上訴権は国民の基本的権利たる裁判を受ける権利の主要部分」であるから，「代償なくして剥奪制限せられたものは，速やかに相当な代償を供するか，それができなければこれを返還し旧に復する外はない。この場合の相当な代償とは約束せられた一審の充実であり，それはおそらく陪審制度の採用にまでおよばねばならぬであろうが，果たしてそれが可能であろうか。不可能ではないとしても，その早急な実現の望みがない以上，上訴権を再び拡張する外はない[*7]」との指摘が早くからなされていた。

さて，控訴審での事後審査について，控訴裁判所が自ら心証を形成して原審の心証と比較するのか否かが特に裁判員制度創設以前には論点となっていた。記録中心の控訴審による事実誤認の「審査」は，心証の比較にならざるをえないのではないかとの議論である。しかし，記録を見ただけで被告人の不利益に控訴審が証拠評価を変更することはできないが，控訴審の記録の精査によって原審が合理的疑いの発生を見逃したとの評価は可能なこともありえよう。

2009年から裁判員制度が実際に運用されているが，上訴についての変更はない。むしろ，国民が加わって審理した裁判員裁判の判断を，職業裁判官のみの控訴審によって翻すことに慎重な議論が多いようであり，導入当初は裁判員裁判の控訴審での破棄率が低かったという。事後審性がより強調される傾向にあるといえようか。誤判救済の現実よりも事後審か続審かといった表面的な議論の影響がここでもみられる。

司法への国民参加は権力監視として無辜の不処罰を促進するために構想され

るべきである。国民参加を合理的疑い発生のチェックの一つと位置づけるならば，有罪判断に対するさらなるチェックとして，第1審の職業裁判官と共同の裁判員裁判に対し，原判決の瑕疵を理由に控訴審が有罪判決を破棄することにも合理性があろう。

2-5　控訴審の諸問題

控訴は第1審の判決から14日以内に第1審裁判所に申し立て（373条）たのち，控訴趣意書を控訴裁判所に提出する（376条）。控訴理由は刑訴法により限定列挙されている。まず，訴訟手続の法令違反は，公開すべき裁判を非公開で行った場合などのように，判決への影響の有無を問わず控訴理由となる絶対的控訴理由（377条，378条）と，その違反が判決に影響を及ぼすことが明らかである場合たる相対的控訴理由（379～383条）とがある。問題となるのは「審理不尽」である。審理不尽とは，裁判所の基本的な審理義務の違反である。審理不尽という独立の控訴理由が法に明文で規定されているのではない。裁判所の訴因変更命令のような明文の職権審理義務以外の一般的な審理不尽は認めないのが通説といわれている。判決文では事実誤認とあわせて審理不尽との用いることが多いことから，事実誤認だけで足りるとの見解もある。

控訴理由として以上ほか，法令適用の誤り，量刑不当，事実誤認，弁論終結後の事情変更と限定列挙ながら広範な事由が定められている。法で定めた事由に制限されているが，他方で控訴裁判所は控訴趣意書に包含された事項は調査しなければならない。また，判決後の事情変更を除き，すべての控訴理由について職権調査も可能である。

この点について，先述の攻防対象論という議論がある。原審が1つの罪の内の一部（ただし，それ自体が1個の犯罪として成立しうるもの）について無罪を言い渡し，被告人のみが控訴した場合に，控訴審裁判所は被告人が控訴しなかった無罪部分について職権調査により有罪判断をすることが可能かという問題である。最高裁の判例は，この場合には「当事者間においては攻防の対象からはずされたものとみることができる」として，これを否定している（最決昭46年3月24日刑集25巻2号293頁・新島ミサイル基地事件）。

控訴審裁判所の調査にあたって，事実の取調がどの範囲まで行いうるかについても議論のあるところである。法はその調査のために必要がある場合に当事者の請求または職権で調査ができるとし，特に事実誤認と量刑不当に関して，やむをえない事由によって取調請求できなかった証拠によって証明できる事実や，弁論終結後の事情についての疎明（前者については取調請求できなかった旨を含む）があったものについては，証明のために欠くことのできない場合には取調べが必要的となる（393条1項）。この規定は，戦後の刑訴法改正経過の最終段階である衆議院司法委員会の過程で修正案として取り入れられたものが基となった規定である。

加えて，控訴審が1審の事実認定を正しく「見直す」ためには，1審の事実認定が検証可能なものでなければならない。しかし，法の規定は証拠の標目の挙示にとどまる。証拠評価の理由こそが示されるべきである。自由心証主義から，客観性ないし間主観性の確保は個々の裁判合議体の裁量に委ねられ，常に確保されているという保障はないからである。有罪判決の「見直し」に当たって，この点の瑕疵は致命的である。

2-6　上告審の諸問題

上告とは，判決に対する最高裁判所への上訴をいう。通常の上告は，控訴審の判決に対するものである。上告申立人は理由を明示した上告趣意書を提出する（407条）が，被告人の召喚は不要とされている（409条）。なお，法令解釈の統一のために上告理由がない場合でも上訴権者の申し立てにより最高裁が自ら事件を受理する上告受理の制度（406条）や，1審の判決に対して控訴を省略する飛躍上告（規254条）も存在するが，後述の職権破棄事由の活用により，ほとんど利用されていないという。上告手続の多くについて，控訴審の規定が準用される（414条）が，上告に理由がないことが明らかな場合は弁論を経ないで上告を棄却することが可能である（408条）。旧刑訴法は，大審院に法令違反以外の①重大な事実の誤認，②刑の量定の甚だしい不当，③再審開始事由に上告理由を旧々刑訴法より拡大し，破棄移送を廃して自ら審理しての判決を原則にしたが，その後の縮小簡素化についてはすでに述べた通りである。

戦後，日本国憲法81条により，最高裁判所は違憲立法審査権を有する終審裁判所とされたが，これは「憲法の番人」「人権の砦」の役割が期待されているからである。刑訴法405条の規定する上告理由には，この憲法違反のほか判例違反をも上告理由として，法令解釈の統一の役割も期待されている。

ただし，上告審も純粋な法律審とまではいえず，むしろ個別の事案の具体的な救済も期待されている。なぜなら，405条の事由がない場合でも，411条により，法令違反，量刑不当，事実誤認，再審事由の存在，判決後の刑の廃止・変更・大赦を理由に，職権で原判決を破棄できるからである。ただし，法はこの場合には，原判決を破棄しなければ著しく正義に反するときとの要件を設けており，これは「**著反正義**」と呼ばれている。旧刑訴法にはなかった要件であり，戦後の現行法で設けられた新たな制限である。

そこで，最高裁による具体的救済を例外的な機能との位置づけるべきかというと，少なくとも大きな役割を期待されているというべきであろう。なぜ最高裁に違憲審査権が与えられているかというと，単に抽象的な憲法解釈統一のみを期待されているのではなく，具体的事件の救済のために憲法違反を正すためであろう。このように考えるならば，違憲立法審査権，法令解釈の統一，具体的救済を並列に並べてみてもあまり意味がない。著反正義を口実に，被告人の救済に消極的であってはならない。憲法判断も含め，単に現状を追認して合憲判断のお墨付きを与えるに過ぎないようなことにならないよう，人権の砦として積極的な姿勢が求められよう。

具体的救済との関係では，特に死刑事件については，弁論を開き，上告を棄却する場合でも職権判断を示すといわれている[*8]が，手続の保障として未だ不十分である。死刑の重大性に鑑みれば，特別多数決の採用や必要的上訴といった制度の不存在を，憲法および国際人権法との関係で検討してみる必要もあろう。

過去に死刑判決に対する控訴取下げの無効が争われた事案が存在する。被告人にとっての死刑判決の衝撃に鑑みれば，取下げを無効とすべき場合があろうが，最高裁は意思能力ないし訴訟能力の有無によって判断しているように見受けられ，取下無効の判断は極度に限定されている（最決平7年6月28日刑集49巻6号785頁。なお。かつての下級審判例として東京高決昭51年12月16日高刑29巻4号667頁は「不自然」としつつも取下げを肯定）。特に，死刑判決後の弁護人不在下での公訴取下げの有効性が争われた事例もあるが，裁判所は憲法37条3項の弁護人依頼権は判決確定まで間断なく保障するものでないとして，取下無効の訴えを退けている（福岡高決平13年9月10日判時1767号142頁）。根本的な解決としては，死刑判決に対する**必要的上訴制度**の導入しかありえないのではなかろうか。本書

第12章でその内容が言及されている通り，国際人権の水準から大きく立ち遅れている分野といえよう。死刑事件での特別な適正手続（スーパー・デュー・プロセス）の保障は喫緊の課題である。

最高裁の事実認定に対する態度は，2010年前後に最高裁が原審の有罪判決を破棄・差戻したり，破棄自判して無罪判決を言い渡すケースが目につくようになって注目された。例えば，被告人が下級審で１年10月の実刑判決を受けた強制わいせつ被告事件（満員電車における痴漢行為）について，刑訴法411条３号の「判決に影響を及ぼすべき重大な事実の誤認があり，原判決を破棄しなければ著しく正義に反すると認められる場合」を適用して，職権により破棄自判して無罪判決を下した（最判平21年４月14日刑集63巻４号331頁）。最高裁（とりわけ最高事務総局経験者の最高裁判事）が自ら是正に乗り出さなければならないほど，下級審の事実認定が劣化しているということであろうか。同様に事実認定適正化の動きは1990年代にも指摘されたことがある。裁判員との関連も含め，最高裁の今後の事実認定に関する動向に特に注視する必要があろう。

上告審の判決に対して10日以内に限り判決訂正の申立てが可能であり，申立てなくこの期間が徒過するか，あるいは申立てがあれば訂正の判決なり棄却決定なりによって決着した時にようやく確定することとなる。

2-7 抗　　告

控訴と上告が判決についての不服申し立て手段であるのに対して，決定については抗告という不服申立手段がある。抗告には高等裁判所が管轄する一般抗告と最高裁判所が管轄する特別抗告がある。

特別抗告は405条の憲法違反・判例違反を理由とするもので，提起期間は５日間である。

一般抗告には，その提起期間が３日間（422条）であり法律上にその旨の規定がある場合にのみ可能な即時抗告と，即時抗告が可能な場合を除いて裁判所の決定に対して提起しうる通常抗告がある（419条）。通常抗告は実益のある限り時期の制限はない（421条）。

そのほか，高等裁判所の決定に対しては抗告できない（428条１項）が，この決定に対して高等裁判所に異議の申立が可能な場合があり（同２項），その際には抗告の規定が準用される（同３項）。

なお，裁判官の裁判（命令）に対する不服申立（429条）および捜査機関の処分に対する不服申立（430条）は準抗告と呼称されている。前者は特に起訴前の勾留を争う場合に，後者は接見指定を争う場合などに，防御のための重要な武器として積極的に活用されるべきものでもある。

3●—— 誤判救済と再審

3-1 再審制度の基本理念

誤った確定有罪判決に対し再審が設けられている。確定判決に対する是正という意味で例外的な制度である。ただし，容易に確定力を破ると法的安定性が保てないと理解すると実体的真実主義と法的安定性との対立場面ととらえることになり，真犯人の出現など強力な理由がある場合のみに再審により救済される局面が縮小してしまう。

刑事裁判における実体的真実とは，犯人を明らかにする積極的真実ばかりでなく，**無辜の不処罰**という消極的真実の側面もあり，適正手続に重きをおく日本国憲法では後者の真実が特に重要である。再審制度も端的に無辜の不処罰のための制度だと理解すべきである。

なぜなら無罪判決に対する再審が廃止されたからである。**不利益再審**の廃止である。憲法39条が二重処罰を明文で禁止したため戦後の新刑事訴訟法は不利益再審を廃止した。不利益再審が廃止された以上，再審は端的に無辜の不処罰のための制度して生まれ変わったのである。

このような理解は，戦後の再審が「開かずの門」と呼ばれていた厳しい運用に対し，無辜の不処罰の制度として再審を再定位することにより厳しい運用状況を打開しようとしての立論ともいえる。1975年最高裁白鳥決定と，それに続く翌年の最高裁財田川決定は，このような理解の正しさを示したともいえる。

ただし，日本型刑事手続を改めるというように最高裁が方向転換する中で白鳥決定が出されたということでは決してない。そのことはその後の多くの再審拒否事例からもうかがわれる。この時期，最高裁が「迅速な審理」をさらに推進し，「事実認定の適正化」と図るとともに，捜査における強制処分法定主義や令状主義を緩和する判例を出していたことを見逃してはならない。日本型刑事手続の温存を図る上で再審の扉を少し開けておく必要に迫られたとでもいえようか。その後も相変わらず，裁判官による職権主義的な裁量的運用が目立つ。特に最高裁や検察庁においては顕著なくらい，再審無罪の成果が冤罪防止に活かされない。冤罪との主張がなされている多くの事案であくまで有罪が追求されている。

3-2　再審制度の歴史

再審制度の源としては，ローマ法における皇帝の「恩恵による回復」の制度との指摘[*9]もあるが，近代的な再審制度の立法化の起源は，1808年のナポレオン刑事訴訟法（以下，治罪法と称す）に求められようか。イングランドの影響を受け当時のフランスの治罪法は弾劾主義をとっていたが，同法443条は刑の言渡があった後，同一事件につきあらたな判決を以て他の被告人に対し刑の言渡しをした場合であって，その2個の刑の言渡が互に両立せず，その矛盾がいずれか一方の者の無実の証拠であるときに再審の請求ができるとされていて，原確定判決の手続的瑕疵（すなわち偽証拠）を理由とするいわゆる**ファルサ**と呼ばれる再審を認めるのみで，新事実を示す新証拠によるいわゆる**ノヴァ**による再審の規定はおいていなかった。その後1867年の改正では殺人罪について刑の言渡しがあった後，その殺人罪の被害者とされた者が生存していることを認めるに足りる充分な証拠物件が現われたとき，証言をした証人の1人が，被告人に対する刑の言渡しがあった後，被告人に対する偽証の罪によって訴追され，かつ刑の言渡しを受けたときになど，再審を拡大した。

フランス法の影響を受け，プロイセンによる統一前のドイツの諸邦では，矛盾する2つの判決の存在，殺人事件の被害者の生存の場合に代えて，包括的にノヴァが発見された場合に再審を認める規定をおいたいくつかの立法が誕生した。これを受け継いで1877年の統一ドイツ帝国の刑事訴訟法は，359条で文書の偽造・変造，承認または鑑定人の宣誓義務違反，判事らの職務上の義務違反による有罪言渡，刑事判決の理由となった民事判決の取消と並んで，無罪やより軽い処罰の理由となる「新しき事実又は証拠方法の提出ありたるとき」に元被告人の利益の再審を許すとともに，同362条で民事判決の無効を除き利益再審と同様の事由による被告人に不利益な再審をも規定した。

他方，フランスでは，1867年6月29日法の制定過程において，「新たな事実」を再審事由に加えるマルテル修正案が提出され実現はしなかったものの，フランス改正1895年６月８日法の成立によりノヴァによる再審を設けるに至っている。その後，1897年ピエール・ヴォー事件破棄院が「無実の単なる可能性」で足りるとの解釈を示し，1906年ドレフュス事件破棄院連合部判決がそれを追認した。当時フランスで大きな問題となったドレフュス事件は，ドイツに軍事機密を流したスパイだとして，ユダヤ人砲兵大尉のドレフュス大尉が1894年に軍法会議で反逆罪により終身禁錮流刑および軍職剥奪の有罪判決を受けた事件で，フランスでの反ユダヤ主義も背景にあった事案である。ドレフュス大尉は２度の再審を経てようやく1906年に原審判決が取り消されるに至ったが，再審要件たる新事実をかつての判例より緩やかに解するなど，再審を容易にするものであったという*10。

そうすると，仮にフランスはファルサによる利益再審，ドイツはノヴァによる不利益再審をも認める法制だとしても，被告人の利益の方向での救済の道を拡大している点で共通であったことが確認できる。特に，このようなフランスでのノヴァによる利益再審のみを認める法制度からは，確定力による制約の理論は成り立たないことがうかがわれよう。

3-3　日本における再審法改正の経過

日本で最初に法律上刑事再審制度が設けられたのは1867年の治罪法で，その439条は利益再審のみを定めていた。すなわち，「人ヲ殺シタル罪ニ付キ……現ニ生存シ又ハ犯罪前既ニ死去シタルノ確証アリタル時」「共犯ニ非スシテ別ニ刑ノ言渡ヲ受ケタル者アリタル時」「公正ノ証書ヲ以テ当時其場所ニ在ラサルコトヲ証明シタル時」「被告人ヲ陥害シタル罪ニ因リ刑ノ言渡ヲ受ケタル者アリタル時」「公正ノ証書ヲ以テ訴訟記録ニ偽造又ハ錯誤アルコトヲ証明シタル時」の５つの再審事由を規定していた。

日本の治罪法はその後，1890年に旧々刑訴法に改正されたが，６号に「判決ノ憑拠ト為リタル民事上ノ判決他ノ確定ト為リタル判決ヲ以テ廃棄若クハ破毀セラレタルトキ」が加えられたほかは，ほぼ同様の規定である。この６号の規定は，当時のドイツ刑事訴訟法の規定の影響である。ただし，当時すでにドイツ刑事訴訟法に定められていたノヴァ再審は旧々刑訴法に存在しなかった。

その後1922年にドイツ法を継受した旧刑訴法に改正された。同法485条は利益再審の事由として，６号で無罪やより軽い罪を言い渡すべき「明確ナル証拠ヲ新ニ発見シタルトキ」とのノヴァ再審を設けた。ファルサとしては，同条1号以下で，証拠書類または証拠物の偽造または変造の証明，証言・鑑定等の虚偽の証明，元被告人に対する誣告罪，憑拠となった裁判の確定判決による変更，判事・検察官の職務犯罪の証明等が規定された。それと同時に486条では，ノヴァ再審を除いて利益再審とほぼ同様の事由に加え，裁判内外で犯罪事実の陳述をしたときを不利益再審の事由とした。

旧々刑訴法下の再審が低調だったのは，利益再審のみ設けられつつも要件が厳格であったほか，戦前の国家の性質から刑罰権の運用が適正化していなかったことによるだろうか。後の旧刑訴法は一方で利益再審に加えて新たに不利益再審を導入するとともに，他方で利益再審にノヴァ再審を加えている。また，再審請求の管轄裁判所が上告裁判所から原裁判所に変更された。旧刑訴法は被告人の権利保障の若干の強化の面と捜査検察機関の権限の拡大強化（糺問主義的検察官司法）の二面性をもっていたことが指摘されている。人権蹂躙問題の激化という時代背景のもと，社会運動の高揚に対する対応として刑訴法改正をとらえれば，この二面性を理解しうるであろう。再審を実体的真実主義と法的安定性の対立・調和の制度とするとらえ方もこの時に定着したといえようか。旧刑訴法は，実体的真実に反してまで確定力を維持することは「法ノ威信ヲ失墜スル」から再審を許すものとし，再審を「實質的眞實要求」が「形式的確定力」に優るものとして理解する。不利益再審についても，その理由書が述べているように，「既ニ再審ノ制度ヲ設ケテ刑事判決ノ實質的眞實ニ適合セシメムカ爲ニ或範圍ニ於テ確定力維持ノ原則ニ例外ヲ設クルコトヲ必要トスル以上ハ獨リ之ヲ被告人ノ利益ノ爲ニスルノミナラス更ニ一歩ヲ進メテ其ノ不利益ニ歸スル場合ニモ亦之ヲ許スヲ適當トスヘシ」「蓋シ理論ヲ貫ケハ眞實ニ符号セサル判決ヲ更生スル必要ハ此ノ兩者ノ間ニ於テ毫モ之ヲ區別スヘキモノニ非サルヘシ」ととらえており，実体的真実主義，さらに必罰主義の要請ともいえよう。そのような旧再審法も，冤罪救済の機能を果たすことができなかった。

繰り返すと，日本は最初フランスの治罪法を継受して治罪法，旧々刑訴法のノヴァ再審をもたない再審を制定した後，ドイツ法を継受して利益再審と不利益再審を併せもつ旧刑訴法に改正した。戦後日本国憲法39条により，まず応急措置法により，続いて新刑訴法においても不利益再審を廃し，再審は利益再審のみとなった。憲法39条の制定によって戦後の新刑訴法では利益再審のみのノヴァ再審に改められた。とはいえ，戦後の新刑訴法制定直後の運用では再審は依然「開かずの門」であった。

3-4　戦後日本における再審制度

刑訴法施行直後からの冤罪問題について社会的に認識させたのが，1950年の**松川事件**第1審有罪判決であり，この事件はその後の広津和郎に始まる裁判批判といった支援運動だけでなく，その後の再審救援運動や学会の問題関心にも大きな影響を与えたという。さらに，1951に発生した**八海事件**の有罪判決に対する正木ひろし『裁判官』を初めとする八海裁判批判が冤罪問題を社会問題化した。再審についても，免田事件第三次請求に対する開始決定があったが，即時抗告審で取り消され，幻に終わった。その後，戦前にも3度の再審請求が退けられた**吉田巌窟王事件**で1960年，1962年に開始決定が下され確定し，翌年無罪判決が確定している。

吉田巌窟王事件は1913年の強盗殺人事件の共犯者2名が再審請求人を虚偽供述によって巻き込んだ事案である。5度目の再審請求が容れられ，最終的には無罪判決が確定した。開始決定は法435条2号の虚偽証言を理由とするもので，ファルサ再審についての判断ではあるが，虚偽の証明に関して，既存の証拠と新証拠（偽証の告白と詫び状）を総合評価するという判断方法を示した。この**総合評価**とは，再審が確定力を破る例外的な制度である以上，再審を許すには再審請求審において提出される新証拠がそれのみで誤りを証明するような強い証拠でなければならないという孤立評価説や，原裁判官の立場に身をおいて，旧証拠に対する心証を引き継いだ上で，新証拠を投入して有罪心証が動揺するかを判断するという心証引継説に対立する考え方として，再審理由の判断方法に関する総合評価説として論争されていた争点であったが，総合評価説が冤罪救済に有効であることを示したともいえよう。

日弁連人権擁護委員会は他にも，徳島，免田等の各事件に事件委員会を設置して，再審をめざした。特に徳島事件の再審拒否から，日弁連は1962年7月21日「刑事訴訟法中第四編（再審）中改正要綱」を理事会で採択したが，その理由中で「再審は一事不再理の原則に対する例外規定であるとか，或は確定判決の威信と法的安定性を阻害するとかという因習的危惧の残滓によるものか，又は英米法には再審に関する資料が乏しいことから再審にまで手が廻らなかったのか，それはいずれにしても，そのために再審制度につきその法条の解釈において旧態依然たる考え方の残っておることは否定できないのである」と分析し，さらに，1967年には「死刑の確定判決を受けたものに対する再審の臨時特例に関する法律案」が発表され，翌年法律案として国会に提出された。[*11]

しかし，結局法改正は実現せず，再審の「開かずの門」は固く，閉塞状況が続いていた。日弁連や学界は，前述の再審制度の理念転換の理論化や総合評価説の主張等を強力に行った。このような状況下で，1970年の最高裁**白鳥決定**（最決昭50年５月20日刑集29巻５号177頁以下）と翌年の**財田川決定**（最決昭51年10月12日刑集30巻９号1673頁以下）が出された。

白鳥事件は1952年に発生した共産党による警察官射殺事件として，その冤罪の可能性が強く指摘され，大きな救援運動が起こった事件であるが，1975年に最高裁は再審請求自体を退けたものの，①「明らかな証拠」とは，確定判決における事実認定につき合理的な疑いをいだかせ，その認定を覆すに足りる蓋然性のある証拠をいう，②明らかな証拠であるかどうかは，もし当の証拠が確定判決を下した裁判所の審理中に提出されていたとするならば，はたしてその確定判決においてなされたような事実認定に到達したであろうかどうかという観点から，当の証拠と他の全証拠と総合的に評価して判断すべき，③この判断に際しても，再審開始のためには確定判決における事実認定につき合理的な疑いを生ぜしめれば足りるという意味において，「疑わしいときは被告人の利益に」という刑事裁判における鉄則が適用されるものと解すべきであると判示した。

白鳥決定に続き，強盗殺人事件について冤罪の訴えがなされていた財田川事件について，1976年の最高裁財田川決定が出され，再審請求を棄却した原決定を最高裁が差し戻した。財田川事件では当初435条１号および７号を理由に再審請求がなされていたが，最高裁は職権で同条６号の再審事由につき原審が看過していると判示し，白鳥決定をさらに以下のように敷衍した。利益「原則を具体的に適用するにあたっては，確定判決が認定した犯罪事実の不存在が確実であるとの心証を得ることを必要とするものではなく，確定判決における事実認定の正当性についての疑いが合理的な理由に基づくものであることを必要とし，かつ，これをもつて足りると解すべきであるから，犯罪の証明が十分でないことが明らかになった場合にも右の原則があてはまるのである。そのことは，単なる思考上の推理による可能性にとどまることをもつて足れりとするものでもなく，また，再審請求をうけた裁判所が，特段の事情もないのに，みだりに判決裁判所の心証形成に介入することを是とするものでもないことは勿論である。」

財田川決定については，上記の最後のただし書の意味をめぐってその解釈に争いもあるところであるが，財田川決定の具体的な明白性判断をみると，旧証拠に関して最高裁自ら多くの疑問を提起しており，旧証拠の再評価を全面的に行っていることは否定できない。このような旧証拠の全面的な再評価を行い，新証拠との総合評価をすべきとの理解を全面的再評価説といい，これを採用すべきとする見解が多くの論者から主張された。

この白鳥・財田川決定を契機として，免田，財田川，松山，島田という**四大死刑再審事件**で再審が開始され，再審公判による無罪判決が確定して救済されることとなった。再審による誤判救済の流れが定着することが期待された。しかし，島田事件の救済以降，再審による誤判救済は，「逆流」と呼ばれることもあるほど，裁判所が救済を拒否する事案も相次ぎ，特にいったん再審開始決定が下されたものの，上級審で開始決定が取り消されることが，大崎事件，名張事件などで起きている。

その後，裁判員制度導入前後に，足利，布川，東電OLなどで再審無罪が確定したことから，受任した裁判所に左右されるという趣旨でこれを「再審格差」として批判し，近時では再審法改正が強く唱えられるようになっている。

近時の事案の特徴の一つとして，DNA型鑑定を用いた事案をあげることができようか。海外のイノセンスプロジェクトにおけるDNA鑑定による成果も紹介されている。ただし，他方で不確かな科学鑑定を口実にそれが自白追及の道具とされるなどの懸念もあろうし，実質上無罪証明を強いると同様の高度の負担を課していないかなどにも留意すべきである。

直近の動きとして，最決令2年12月22日LEX/DB 25571224・袴田事件（開始取消原決定）差戻決定およびその後の検察官即時抗告棄却決定により再審開始が確定し，無罪判決が現実味を増している袴田事件がある。逆に，最決令元年6月25日裁判所ウェブサイト・大崎事件再審開始取消・再審請求棄却決定は

「O鑑定を決定的な意味を持つ証拠であると過大に評価し，実質的な総合評価を行わずに結論を導いたもので，不合理であるといわざるを得ない」として第1審，第2審の再審開始の判断を最高裁で取り消すという稀有な事案も生じている。同事件は4度目の再審請求が最高裁で判断されることになっている。名張事件も救済を拒まれ続けている。依然として「開かずの門」を脱してはいないと評すべきであろう。

3-5　証拠構造論と明白性判断

前述の通り旧刑訴法でノヴァ再審が設けられ，戦後不利益再審が廃止された。現行の再審事由も，確定判決の基礎となった証拠の誤りを理由とするもの（435条1～5号，7号）のほか，新証拠を理由とするものも含まれる（同6号）。まず原確定判決を下した裁判所に再審を請求し（438条），請求を審理する裁判所が再審開始を決定（448条1項）して確定すれば，確定した判決を下した審級に従って公訴に関する公判が再度開始されることになる（451条1項）。再審請求は，有罪判決を受けた元被告人とその法定代理人らのほか，検察官も請求できる。元被告人が死亡等した場合には，配偶者や直系の親族および兄弟姉妹までは請求できる（439条）。請求の時期に制限はなく，刑の執行後も請求できる（441条）。取下げも可能だが，取り下げた場合には同一理由での再度の請求はできない（443条）。

多くの再審請求は435条6号の新証拠による請求である。最も激しく争われるのが，新証拠が無罪等を言い渡すべきことを証明する「明らかさ」，いわゆる新証拠の「明白性」である。白鳥決定に関して先に言及した通り，総合評価説によることが確認され，また財田川決定の具体的な明白性判断は旧証拠の全面的再評価を行っている。旧証拠の再評価の問題は，その「範囲」でる。例えばある旧証拠の証拠価値が原判決においては低く評価されていたのに，再審請求審裁判所がこれを高く評価したり（証明力のかさ上げ），あるいは有罪認定の柱となっていた証拠とそれを僅かに支えていた弱い証拠から成っていた原確定判決の構造を，僅かに支えていた証拠の方が強力で柱であったと再審請求審裁判所が変更すること（証拠構造の組み換え）は公判を開かずに新たな事実認定をしてしまうことになるので許されない。

これがなぜ許されないかを理解しうる理論として，証拠構造論が注目されよう。証拠構造とは原確定有罪判決の証拠的基礎のことである。ここが最初に明らかにされ，それを動かさないことが前提となる。例えば有罪判決の判断に至った複数の証拠のうち，供述開始直後の早い段階で自白がなされ，自白を支える自白に沿う物証としての凶器となった刃物が法廷に顕出されたが，こちらは血液等の付着が確認できず実際の凶器であったか疑わしい場合もあれば，逆に殺害を認める自白はあるが変遷があり自白内容の細部が客観的状況と齟齬の多い自白とともに，確かに自白に沿う凶器の刃物であり被害者の血痕の付着が認められるような強く信用しうる被告人所有の刃物が法廷に顕出された場合とでは，同じ有罪判断であっても証拠間の関係は異なっている。当然，請求人側の主張も，この証拠の関係によって新証拠の出し方が変わってくることとなろう。証拠構造論によれば明白性判断は原確定判決の有罪判断を支える証拠的基礎である証拠構造をまず確認することとなる。捜査過程を含めて縦断的立体的に証拠群の有機的連関を解明し，それを前提に旧証拠を再評価して有罪認定の質・強度を解明し，新証拠を加えて原判決の有罪認定が動揺するか否かを判断する[*12]という。このような考え方を証拠構造論と呼んでいる。

しかし，このような考え方は，再評価の先取りであって証拠構造分析を誤るとの批判がなされてもいる。そもそも本来の「正しい」証拠構造分析に誤りが疑われるとすれば，その誤りをどうやって防ぐことができるかということが次の課題となるべきであろう。他方，論理的には白鳥決定と証拠構造論による自由心証控制の限界の指摘，最高裁の棄却決定の判断を「裸の実体判断」とする指摘などもあり，請求審の現状を前提とすれば，証拠構造論の現実の有効性も検討されるべきであろう。

少なくとも証拠構造論がその役割を果たすためには，その前提として，原確定有罪判決における事実認定がいかなる証拠によって組み立てられているかが客観的に明らかとなっていなければならないが，その保障が存在しない。結果，請求人の主張するような証拠構造にはなっていないということを前提として無罪主張が退けられうる。最も有効な方策は，判決における証拠評価の理由の明示と証拠構造の明示を立法として要求することであろう。

3-6　再審請求審における諸問題

近時，「再審格差」への批判から立法による解決を求める声が強まっている。無辜の不処罰という基本原理からは再審法改正こそ真の司法「改革」の名に値するが，指摘されている請求審での証拠開示や開始決定に対する検察官上訴の禁止，再審開始決定の拘束力の問題，再審請求審および新たな再審公判における手続規定の整備のほかにも，前節の証拠構造の明示をはじめ，実現すべき課題は多い。

まず，刑訴法439条１項は冒頭１号に請求権者として検察官があげられているが，公益の代表者として検察官に冤罪救済の役割を果たさせる担保は何ら存在しない。再審請求審の証拠開示は心証形成ではなく無辜の不処罰が目的の証拠開示であるとの請求審の特性を顧みず，「当事者主義」を理由に検察官が証拠開示に大きな抵抗を示すことが批判されている。[*13] 請求権者に検察官があげられていることは，検察官には誤判救済の役割も法は期待しているとみるべきであり，その職業的義務があると理解すべきであろう。それが果たされない場合，代表訴訟などの制度化を考えざるをえないことになってしまう。検察権限の民主的コントロールの問題である。そうするとその先の課題もみえてこよう。

同項４号では，元被告人が死亡した死後再審の場合に，親族らによる請求を認めているが，それらの者が再審請求を担えない場合に，冤罪の不正義を正す方策を明らかにしていない。仮に親族が存在しない場合にでも冤罪の不正義を正すべきは刑罰権を独占する国家の最低限の義務であり，そうするとこの場合にも現行法からは検察官がこの役割を負うべきであろう。しかし，これも法的には可能であっても，そのような冤罪救済のための積極的な姿勢は，郵政事件後の検察改革の議論にもみられない。大逆事件の解明はなされるのだろうか。

このような冤罪救済の役割を検察官が負うことが期待できないのであれば，誤判救済について検察および裁判所とは独立の第三者機関を設ける必要性が増す。すでにイギリスの刑事再審委員会などが紹介されている。独立の第三者調査機関は無辜の不処罰という観点から積極的に設立を検討すべきものであろう。

また，量刑についても，刑訴法は量刑不当を再審事由にあげていないが，その不当性は死刑制度の存在によって増幅されている。死刑と無期は質的に大きな差があることは，すでに周知の事実であろう。解釈論として，量刑事実をも事実誤認で扱う事実に含ましめるという考え方も不可能ではなかろうが立法化が望ましい。また，法的事実・手続的事実の瑕疵も，既判力を生ぜしめる事実認定の基礎を崩すもので，これを事実誤認に含ましめることも立法論として検討してよい。法的事実と自然的事実の区別もそれほど自明とはいえない。

これらの欠陥や課題の解決は，無辜の不処罰の制度としての機能純化のために必要なことと思われるが，なお重要な欠陥は，冤罪事件における手続上の憲法違反について，何ら救済手段が存しないことである。しかも，そのような重大な手続違反と事実誤認は一見独立しているようにはみえるものの，完全に無関係とは言い難く，誤った手続が事実認定を誤らせることは大いにありうる。さすがに憲法違反の手続では判決自体の有効性の基礎は失われていよう。

再審と関連して，刑事補償の金額の増加，その告示を含めた名誉回復，さらには冤罪事件の国賠請求の要件緩和なども俎上に載せるべきである。

以上の通り，現行の再審法には多くの問題点がある。前述の通り，かつて国会に上程された再審特例法案は，法務省の強い反対で結局，廃案となってしまった。立法的な手当ての必要性は，ますます高まっている。年月の経過により新たな証拠を探すことや再審請求人を探すことが不可能に近い冤罪事件が今後ますます積み重なっていくからである。

他方，積み重なっていく冤罪事件を少しでも少なくすることが最重要の課題である。明らかとなった冤罪事件を貴重な教訓として生かすための，誤判原因の究明と，最終的には立法による防止策の構築がなされるべきである。しかし，弁護士会等の若干の作業を除いてこの点もほぼ放置されている。裁判員制度の導入は冤罪防止を主目的とするものではなかったし，形式的な一定の弁護権の制度的拡充にもかかわらず，弁護の質の向上により誤判防止に十分な効果を上げるところまでには至っていないといえようか。欧米では誤判が社会問題化したことにより国家が率先してその着手を促すことによる調査研究がなされ，それにより捜査段階における手続の法改正がなされていることと比較して，この点の取組みの遅れは，刑事裁判の未来を展望する際に致命的とすらいえよう。

このように問題をとらえると，欧米では国家の犯した誤判を是正し再発を防止する責任は国家にあるとされ，しかも日本のように司法権にとどまらないものもみられることを銘記すべきである。日本では国家の側にこのような意識は乏しい。もっぱら再審請求人らの負担で問題が処理されている。この点のパラダイムの転換を図ることも視野に入れられなければならない。[*14]

＊1　「人権蹂躙」の語については，瀧川幸辰編『刑事法学辞典〔増補版〕』有斐閣，再版，1962年，470頁［平場安治］参照。戦前の人権蹂躙問題の推移については，小田中聰樹『刑事訴訟法の歴史的分析』日本評論社，1976年，26頁以下，100頁注(3)を参照。また，帝人事件による人権蹂躙の問題化について，73頁以下を参照。小田中聰樹『刑事訴訟法の史的構造』有斐閣，1986年，73頁以下，團藤重光『刑法の近代的展開』弘文堂書房，1948年，115頁等を参照。なお，最初の審理とその救済制度との関係について，沢登佳人＝中川宇志「明治治罪法の精神」法政理論19巻3号，1987年，50頁参照。なお，後述する旧刑訴法の若干の人権保障と検察官司法の拡大強化の二面性につき，小田中，同書2頁，451頁以下参照。

＊2　横山晃一郎『誤判の構造』日本評論社，1985年，239頁以下等参照。

＊3　團藤，前掲注（＊1）参照。旧刑訴法の控訴審規定の改正につき，『刑事訴訟法案理由書』法曹会，1922年，242頁参照。また，その後の改正論議につき，松尾浩也「刑事訴訟法の制定過程(1)」法学協会雑誌91巻7号，1974年，1096頁。なお，それらの戦前の検察権限強化が戦後刑事手続の「生みの親」であるとの指摘として内田博文『治安維持法の教訓』みすず書房，2016年，456頁のほか，同『治安維持法と共謀罪』岩波書店，2017年，36頁参照。

＊4　ただし，戦前の旧刑訴法の覆審は，審判の範囲に関して第1審と異ならないのであって，原審と同じ証拠調べの繰り返しが行われるのではなかったことにつき，後藤昭『刑事控訴立法史の研究』成文堂，1987年，249頁。なお，以下の改正時の議論の経過について，241頁以下参照。

＊5　田宮裕『刑事訴訟法〔新版〕』有斐閣，1996年，462頁参照。

＊6　法務府検務局編『新刑事訴訟法制定資料（一）』1952年，123頁。

＊7　佐伯千仭『刑事裁判と人権』法律文化社，1957年，61頁。

＊8　龍岡資晃「上告審の権限と機能」ジュリスト増刊『刑事訴訟法の争点〔第3版〕』有斐閣，2002年，214頁以下。なお，死刑または無期判決の上訴放棄を360条の2が禁止するのも慎重を期すためである。福島至『基本講義　刑事訴訟法』新世社，2020年，281頁参照。

＊9　齊藤誠二『刑事再審制度の基本問題』多賀出版，1979年，13頁。

＊10　安倍治夫「フランス刑事再審における《新事実》の意味」法律時報37巻6号，1965年，26頁以下。白取祐司『フランスの刑事司法』日本評論社，2011年，315頁以下も参照。なお，同344頁では，1989年ゼネック法と呼ばれる再審改正法により，無実を証明できる新たな事実の証明が「有罪であることに疑いを生じさせる新たな事実」に緩和されているという。

＊11　この時期の改正論議につき，日本弁護士連合会編『再審』日本評論社，1977年，167頁，171-178頁参照。また，近時の改正への動きに言及するものとして，特集「いま再審は―再審事件の動向と再審法改正実現へ向けて」法と民主主義580号，2023年，2頁以下参照。

＊12　川崎英明『刑事再審と証拠構造論の展開』日本評論社，2003年，87頁以下。

＊13　指宿信『証拠開示と公正な裁判』現代人文社，2012年，185頁以下。

＊14　検察官が当事者主義を理由に証拠開示を拒否することについて，同上185頁以下参照。その他，再審法改正に向けた近時の具体的な諸提案を含むものとして，九州再審弁護団連絡会出版委員会編『緊急提言！刑事再審法改正と国会の責任』日本評論社，2017年，日本弁護士連合会人権擁護委員会編『21世紀の再審―えん罪被害者の速やかな救済のために』日本評論社，2021年。

（陶山二郎）

第12章

国際人権と刑事手続

◉ Introduction

本章のねらいは，**拷問等禁止条約**，正式には「拷問及び他の残虐な，非人道的な又は品位を傷つける取扱い又は刑罰に関する条約」(平成11年条約第6号) への日本国政府の対応などを中心に展開し，そのことによって拷問等の禁止やその背後にある「**人身の自由こそが人権の中核**」という理念や「**法の支配**」の普遍的価値について理解を深め，本書各章で指摘されてきた捜査 (第3章)，人質司法 (第4章)，黙秘権と弁護権 (第6章) など日本の刑事司法が抱える問題について，「**人権の国際化**」から考え直すというものである。拷問等禁止条約を含め，締約した条約への日本国政府の憲法上の遵守義務もあり (98条2項)，その意味で刑事司法上，重要な意味をもつはずであるが，従来の刑訴法の教科書ではほとんど触れられることはない。あえて本章で扱う理由である。

1 ● —— 日本の刑事司法を考え直す視点としての「世界」と「歴史」

1-1 「刑事人権の国際化」から考え直す必要性

ところで，本章で中心となる「刑事人権の国際化」を含めた「刑事司法の国際化」といえば，通常，その多くは国境を超えるサイバー犯罪 (第5章) やテロ・国際犯罪の捜査のような「犯罪処罰の国際化」を中心に展開される。これは，すでに指摘のように，刑事司法の「国際化」における**ダブル・スタンダード** (二重基準) といえる[*1]。すなわち，上記「犯罪処罰の国際化」のみの議論は，論者の意図は別として，「犯罪処罰」が意味する国家刑罰権の拡大のみを強調し，「国際化」のもう一つの側面でもある国家刑罰権を合理的・人道的に抑制する「刑事人権の国際化・普遍性」を指摘しない方向に議論を導くからである。

ここでいう「**刑事人権の普遍性**」とは，「人身の自由こそが基本的人権の中核である」という普遍的な視点であり，ここでいう「普遍的」とは日本を含めた世界に通用し，かつ歴史を超えた価値という意味である。そして，このような理念は日本国憲法も共有する。例えば，適正手続の保障（31条）や公務員による拷問や残虐の刑罰を「絶対に禁止する」（36条）規定である。

1-2　フランス人権宣言，世界人権宣言，日本国憲法の共通性

刑事人権における普遍性・国際性は，「はしがき」での指摘のように，以下3つの歴史的・法的文書と，その成立背景・前史からも明らかである。すなわち，**フランス人権宣言**，**世界人権宣言**そして日本国憲法である。これらはいずれも，その前史として刑事司法における凄惨な歴史を反省し，未来への教訓として「人身の自由が基本的人権の中核」との認識を前提としているといえる。

まず，18世紀のフランス人権宣言には，適正手続の保障（7条）や無罪推定（9条）などの規定がある。そこには前史として，政治犯も収容のバスティーユ監獄襲撃など象徴的事件があった。次に，第二次世界大戦後成立の世界人権宣言も拷問や非人道的な取扱いの禁止（5条）や無罪推定（11条）などを定める。その前文にも第二次世界大戦中の人権侵害への反省（前史）がある。いわく，人権の無視と軽侮が戦争など野蛮行為をもたらしたこと，最高の願望は，言論などの自由が享受され，恐怖と欠乏のない世界の到来であり，重要なのは法の支配による人権保護とされる。そして日本国憲法の前文にも前史としてのアジア・太平洋戦争における人権侵害への反省が明記される。これは，2012年発表の自由民主党の憲法改正草案の前文とは大きく異なるし，それゆえにか同草案36条の公務員の拷問や残虐な刑罰は，日本国憲法のような絶対禁止ではない。[*2] すなわち，自民党草案によれば，公務員による拷問も必要があれば許される。日本国憲法とのちがいは過去からの反省と未来への教訓の有無にある。

1-3　「法の支配」についての理解

上記世界人権宣言における「法の支配」は，悲惨な過去（前史）からの反省と未来への教訓に基づく。「法の支配」とは，憲法学によれば，憲法の目的である近代立憲主義と密接な関連があり，近代立憲主義とは，個人の権利・自由の確保のため，国家刑罰権を含めた国家権力を制限するものである。そして上記「法の支配」の条件として以下4つが示される。第1に，憲法が法律や命令よりも上位かつ最高規範であること（憲法97〜99条），政府締結の条約の誠実な遵守義務（98条2項）も含まれる。第2に，刑事司法も含めた人権保障（97条，11〜13条，31〜40条）である。第3に，憲法31条など法の内容・手続の公正を求める

適正手続保障であり，そして第4に，法の支配などの趣旨から権力の恣意的行使をコントロールする裁判所の役割への尊重（81条，41条）である。[*3]

ところが，本章で指摘するように，日本国政府，法務省，警察，裁判所そして研究者すら「法の支配」の観点に基づく日本の刑事司法を見直す視点は乏しい。その理由は，歴史への反省と過去への教訓に基づく普遍的な「法の支配」への理解や継受が乏しく，かつその普及が進んでいないためといえよう。

2●——拷問等禁止条約と拷問禁止委員会

2-1　拷問等禁止条約の普遍的な性格

上記のように刑事司法における拷問や非人道的な取扱いの禁止は，拷問等禁止条約のみならず，世界人権宣言や日本国憲法にも定められている歴史を超えた普遍的原理といえる。この視点から現在の日本の刑事司法はどうか，概観する。

2-2　拷問等禁止条約の内容，締約国の義務，拷問禁止委員会

以下，本章で扱う拷問等禁止条約について3つ説明する（以下，条約の条数のみ示す）。すなわち，(1)同条約対象である「拷問等」の定義・範囲，(2)日本を含めた条約締約国がすべき義務そして(3)締約国が定期的に提出する報告書を審査し，意見を述べる拷問禁止委員会についてである。

(1) 拷問等禁止条約における「拷問」とはなにか：「拷問」の定義について

条約の「拷問」の定義について，条約の「拷問」とは，身体的，精神的なものを含み，人に重い苦痛を故意に与える行為で，自白獲得などを目的とした公務員その他の公的資格がある者がなすものとされる（1条）。

(2) 拷問等禁止条約を締約した国の義務について

日本を含めた条約締約国の義務には，拷問（2条）または拷問に至らないが，公務員などによる，残虐で非人道的または品位を傷つける取扱いまたは刑罰（以下，非人道的扱い）をなくす義務（16条）がある。ほか4つの義務がある。

締約国の第1の義務は，拷問等を防止するため，立法・行政および司法上その他の効果的な措置をとることである。ここで特に注意すべきなのは，条約は立法のみならず，行政・司法など国家全体として拷問などを防止する義務を締約国に求めていることである。例えば，法令に「拷問禁止」と明記するのみな

らず，そのルールが，実際に司法官憲など公務員などに実施されること（運用）も求められる。この点は，以下の日本国政府の説明とは大きく異なる。

締約国の第2の義務は，拷問等を刑法上の犯罪とし，拷問の未遂，共謀（2人以上の意思連絡）または加担行為も犯罪とし，適切な刑罰を科すべき（4条）とする。締約国の第3の義務は，拷問や非人道的な扱いを受けたと申し出た者への迅速かつ公平な調査を求める権利，調査で不利益な扱いを受けない権利保障である（13条・16条）。拷問等の被害者の法的な救済，リハビリも含まれる（14条）。締約の第4の義務には，拷問によると認められる，いかなる供述も，拷問の犯罪を立証する以外には，訴訟手続において証拠としてはならないことを確保すること（15条）である。

⑶ 拷問禁止委員会について：締約国の報告書を審査し，意見する権限

拷問禁止委員会は，締約国が同条約を遵守しているかを調査・審査する専門家集団である（17条）。締約国は，同条約に基づく措置について報告を定期的（通常4年ごと）に提出し，同委員会が検討し，適切な意見を表明し，関係締約国に送付し，締約国は委員会に応答できる（19条，20条）。なお，同条約には，いわゆる**個人通報制度**もある（22条）が，日本国政府は同制度を認めていない。

2-3 拷問等禁止条約からみた日本と世界

以下，拷問禁止委員会から日本国政府への所見・勧告の内容と，それに対する日本国政府の回答について，本書各章で指摘されてきた捜査（第3章），人質司法（第4章），黙秘権と弁護権（第6章）などを中心に扱う。[*4] なお，拷問等禁止条約の成立までとその後の運用，拷問禁止委員会への情報提供などについては，刑事人権に関する**国際NGO**（非政府組織）の役割が非常に大きい。[*5]

2-4 拷問禁止委員会の所見と日本国政府の回答

全体的にいえば，拷問禁止委員会と日本国政府のやりとりは以下のように要約できる。すなわち，拷問禁止委員会は，憲法・刑訴法という立法・法制度はもちろん，捜査機関（行政）や裁判所（司法）なども含めた，三権全体としての刑事人権の保障を問題にしているのに対して，日本国政府は，主として警察・検察など捜査機関での対応のみを述べ，憲法や刑訴法の規定があることのみで条約の履行義務は果たしたとの回答を繰り返す，と。要するに，日本の刑事司法を拷問等禁止条約という理念から，より改善しようと求める拷問禁止委員会と，現状肯定と維持を基本とする日本国政府，法務省・警察という構図である。

2-5　国内法の整備の必要性

上記のように拷問等禁止条約１条に拷問の定義があり，その未遂，共謀なども含めた処罰化が繰り返し求められてきた〔前回最終見解パラ10で勧告済〕。

これに対して，日本国政府は，すでに刑法上に関連犯罪が存在しており，上記「拷問等」新設は不要と返答する〔政府回答2011・政府コメント2013〕。

拷問禁止委員会からは，日本国政府が，条約１条の拷問の全要素を網羅した定義を採用する措置をとっていないとの懸念が示された〔委員会所見7〕。

2-6　代用監獄制度と人質司法

(1) 捜査と身体拘束との機能分離，代用監獄制度，長期身体拘束について

拷問禁止委員会は，逮捕した被疑者を警察署内に勾留し，最大23日間の拘束ができる**代用監獄（収容）制度**の廃止と捜査と勾留（留置）の機能分離，つまり，判断機関の分離を繰り返し指摘する〔前回最終見解パラグラフ15の勧告〕。

これに対して，日本国政府は，警察で2007年の刑事収容法が定める捜査と留置の機能分離があり，以下３つの人権に配慮した処遇があるという。すなわち，①警察庁または警察本部職員の留置施設巡回制度，②留置施設視察委員会による視察と意見制度，③被留置者の不服申立制度である〔政府回答2011〕。とはいえ，これら３つの制度に違反した場合の法的制裁などはなく，政府がいうような「捜査と留置の機能分離」が徹底される制度設計といえるかは疑わしい。

拷問禁止委員会もこの点を勧告する。すなわち，法律上の捜査と留置の機能分離に留意しつつも，代用監獄制度の人権保護の欠如に懸念を表明し，前回勧告パラグラフ15を繰り返す。(a)捜査と留置の機能分離を確実にする立法，(d)代用監獄制度廃止の検討などである〔委員会所見パラグラフ10の懸念〕。

これに対して日本国政府は，上記と同旨の反論をする。すなわち，上記勧告(a)には，法律上の機能分離，留置施設視察委員会や不服申立制度，留置担当官への人権教育などもある，と〔政府コメント2013(a)2-4〕。

上記勧告(d)にも日本国政府は，現時点で代替収容制度の廃止は現実的でないとする。その理由は，被疑者逮捕後，可能な限り短期間で所要の捜査を遂げ，起訴または釈放の判断をするという迅速かつ適正な捜査遂行に不可欠であり，また弁護人，家族との面会にも資する，と〔政府コメント2013(d)11〕。

政府は，拷問禁止委員会から国際的な最低水準に合致するよう，身体拘束日数を削減するか（Q2(b)）との問いに，削減しないと答える。その理由は，刑訴法の規定は，人権保障を図り，事案の真相を解明する捜査を遂行するよう，逮捕，勾留など各段階で厳格な司法審査を求め，規定は適正かつ合理的だと〔政府回答2011〕。とはいえ，日本国政府回答には，なぜ司法審査が「厳格」といえるか，刑訴法がなぜ「適正かつ合理的」なのかの説明はなく，説得力に欠ける。

これに対して拷問禁止委員会も，最大23日間の警察留置施設への収容期間の短縮化を求める〔委員会所見パラグラフ10〕が，日本国政府のコメントは，上記と同じ，23日間は合理的と繰り返す〔政府コメント2013「5」〕のみである。

(2) いわゆる人質司法，自白獲得のための長期身体拘束について

拷問禁止委員会は，①公判前勾留について司法による効果的な監督がないこと，②刑事裁判における主として自白に基づく有罪判決数の多さへの懸念を出した〔Q3拷問禁止委員会最終見解パラグラフ16と自由権規約委員会最終見解パラグラフ5〕。いわゆる自白獲得のための人質司法論への批判といえる。

日本国政府は反論する。上記①には法令から反論する。いわく，刑訴法199条のように逮捕には被疑者が罪を犯したことを疑うに足りる相当な理由が必要で，かつ罪証隠滅や逃亡のおそれ等が認められる場合にのみ可能で裁判官は被疑者の人権に十分配慮し，その可否を判断する。上記②には，検察官は争いのない事案でも，裏付け証拠や客観証拠を十分に収集，有罪判決が得られる高度の見込みのある場合に限り起訴し，公判でも客観証拠に基づく十分な立証をし，「主に自白に基づいて」有罪判決は下されてはいない〔政府回答2011〕と。

これに対して拷問禁止委員会は，憲法38条2項，刑訴法319条1項と条約15条から，あらゆる事件で拷問と不当な取扱いで得られた自白が実務上，法廷で証拠能力が否定されることを確保するため，必要な手段を講じるべきとの前回勧告（パラ16）を繰り返し，具体的に以下を勧告した。取調べの時間的制限，その不遵守への制裁〔勧告(a)〕，自白に証拠の主要かつ中心的要素として依存する慣行を終わらせるための，捜査手法の改善〔勧告(b)〕である。

このような**自白中心主義**の是正を求めた勧告に日本国政府も反論する〔政府コメント2013〕。例えば，勧告(a)には，①取調べはやむをえない場合以外は，深夜または長時間を避ける旨の規定があり，②午後10時から翌日午前5時までの取調べや1日8時間超の取調べには警察本部長等の事前承認が必要で上記①②違反の場合，捜査に関与しない監督部門から取調べ中止などの措置がある〔勧告(a)に対するコメント13･14〕と。とはいえ，いずれも日本国政府から統計データや実例などの提出はなく，実効性があるかの説得性は乏しい。

日本の刑事司法の慣行が，「自白中心主義」ではないかとの勧告(b)にも，その指摘はあたらないと日本国政府は反論するが，その理由は上記と同旨である。すなわち，検察官の訴追時における自白を含む証拠への慎重な吟味を含めた「緻密な捜査」と有罪判決が得られる確信がある場合に限る起訴そして自白だけでは有罪の証拠としない刑訴法319条2項である。ほか刑訴法改正での取調べの録音・録画，捜査・公判協力型協議・合意そして刑事免責制度（column「協議合意制度と刑事免責制度」参照），通信傍受の合理化，DNA型鑑定などをあげる〔政府コメント2013の16-18〕。

2-7　弁護権の確保と取調べへの立会い

拷問禁止委員会からの逮捕など身体拘束下にある者への弁護権確保に対して，日本国政府は，国選弁護人制度など刑訴法の規定のみを繰り返す〔政府回答2011〕だけで，実際の運用についての実例やデータの説明はない。

これに対して，拷問禁止委員会から，逮捕から72時間は弁護士へのアクセスも制限されることへの懸念が出された〔委員会所見パラグラフ10〕が，日本国政府の反論も上記と同じもの〔政府コメント2013「7Q2(d)」〕である。

日本国政府は，取調べ段階への弁護人立会いについて，「慎重な検討が必要」とする。その理由は，「被疑者取調べは事案の真相を解明するために不可欠な手段」であり，取調官が被疑者と向き合い，「聴取・説得を通じて信頼関係を築き」，被疑者から「真実の供述をうる」。弁護人立会いにより，「事案の真相を解明するという取調べの本質的機能が阻害」されるとする〔政府回答2011〕。この反論は，下記のように法務省（検察官）の反論と同旨である。

拷問禁止委員会からは，弁護士から法的支援を受ける権利，自身の事件に関する警察の全記録にアクセスする権利，憲法や刑訴法の規定にかかわらず，実務上，自白に広く依拠し，休憩のない長時間取調べなどが懸念事項とされた〔委員会所見パラグラフ10の勧告(c)，同11の懸念(a)，懸念(c)〕。

これに対する日本国政府の反論は，上記回答とほぼ同旨だが，弁護人の取調べ記録へのアクセスは，必要かつ十分な制度が導入されたとする〔政府コメント2013〕。取調べ段階での被疑者の警察記録へのアクセス〔勧告(c)〕は，罪証隠滅を招くおそれなどから相当ではないとする〔政府コメント2013の「8」〕。

以上のように，日本国政府は，拷問禁止委員会からの勧告や懸念のほぼすべてに，憲法や刑訴法の規定の存在のみを理由に斥けているし，改善の姿勢すら見せていない。そのことは，現在まで繰り返され，続いていると言える。

3●—— 法務省・警察と研究者の「法の支配」への姿勢

上記のように，拷問禁止委員会の勧告に対する日本国政府の反論は，日本の刑事司法への現状肯定的な認識に基づき，「人身の自由こそ人権の中核」という普遍的価値に基づく刑事司法に対する絶えざる見直しという拷問禁止委員会の観点からは遠く，「法の支配」に基づく政府締約の条約の誠実な遵守にもほど遠い。とはいえ，残念ながら，同じような姿勢は，刑事司法の主な担い手といえる法務省（検察官）や裁判所そして一部研究者にすらみることができる。

3-1　法務省と警察の姿勢にみる日本的な「法の支配」

(1) 法務省（検察官）による人質司法論への批判について

ここで「**法務省（検察官）**」としたのは，法務省の中心的担い手が検察官であるという意味である。すでに第２章で指摘されているように，検察官は日本の刑事司法における重要な担い手である。とくに検察官の中でも検事総長になるようなエリート検察官たちは法務省の要職を歴任し，刑事司法のみならず，法制度・法政策にも大きな影響力を及ぼしている（第２章注＊8の岡本洋一論文参照）。

その法務省の「法の支配」に対する姿勢の一例として，「**人質司法**」論に対する反論を取り上げる。[*6] ここでいう，「人質司法」論とは，日本の刑事司法制度において，被疑者・被告人が犯罪の嫌疑を否認または黙秘する限り，長期間勾留し，保釈を容易に認めず，自白を迫るものとする。筆者も，このような「人質司法」論の理解は適切と考えるが，その先の結論が法務省とはまったく異なる。法務省は，そのような問題性は，日本には存在しないとの主張を展開する。

法務省は，日本では，被疑者・被告人の身体拘束について法律上，「厳格な要件と手続」が定められ，「人権保障に十分に配慮」し，不服申立制度もあり，身体拘束への司法審査も刑訴法に基づき，不必要な身体拘束はないとして，批判は当たらないとする（Q3/A3）。とはいえ，なにをもって「厳格」なのか，「人権保障に十分に配慮している」と言えないからの拷問禁止委員会の上記勧告ではないかなどの疑問は残る。法務省は，逮捕・勾留の計23日間という身体拘束期間が長期ではとの批判（Q4）にも不服申立や裁判所の司法審査もあり，必要かつ合理的と反論する（A4）。これは上記拷問禁止委員会への政府反論と同旨である。

また，日本の刑事司法では自白が不当に重視されているのではとの疑問や，長時間の被疑者取調べや自白強要への歯止めはあるのかという疑問（Q6）にも，法務省は，日本国政府の上記**2-6**(2)と同旨反論をする。要するに，憲法38条1項の不利益な供述の強要禁止，同2項の強制等の自白は証拠にできないとの規定，捜査機関から独立した裁判所が公正に判断し，被疑者に黙秘権や立会人なしに弁護人と接見する権利も認められている，一定の事件では被疑者取調べの録音・録画もある，と。とはいえ，その実効性を示すような統計データはない（A6）。自白しないと保釈が認められないのではとの質問（Q12）にも証拠隠滅のおそれがある場合などの除外事由でない限り，保釈は許される，犯行の否認や黙秘は，裁判官による証拠隠滅のおそれの有無や程度の一つの判断要素だが，否認や黙秘だけで直ちに証拠隠滅のおそれありとして，保釈を許さないとの運用ではない。それは，政府の会議での裁判官の発言や論文で触れられているという。とはいえ，具体的な会議名や論文名はなにも示されていない。

さらに被疑者取調べに弁護人立会いが認められない理由について（Q7/A7）も，法務省の回答は上記**2-7**の日本国政府の回答と同旨である。要するに，黙秘権や弁護人との接見交通権は憲法や刑訴法上に認められ，取調べ録音・録画もある，被疑者取調べに弁護人が立ち会うかは，専門家や実務家，有識者などで構成の法制審議会で約3年間の議論の結果，導入しないとされた経緯を説明する。その理由も，弁護人立会いを認めた場合，被疑者から十分な供述が得られず，「事案の真相」が解明されなくなるなど取調べの機能を大幅に減退させるおそれが大きく，被害者や事案の真相解明を望む国民の理解を得られないとする。以上の法務省の「人質司法論」への反論はほぼすべて，上記**2-6**(2)の拷問禁止委員会への日本国政府の反論と同旨のものと言える。

⑵ 警察による裁判所の判断への無視について：「法の支配」の第4条件

上記**1-3**の「法の支配」の4番目の条件として，「権力の恣意的行使をコントロールする裁判所への役割への尊重」を指摘した。ところが，捜査機関である警察は，憲法を尊重し擁護する義務のある公務員（憲99条）でありながら，自分たちが望まない裁判所の判断に従わないこともある。例えば，2003年に滋賀県で発生した殺人事件で逮捕・起訴そして有罪となった元被告人が，後に再審無罪となった，いわゆる**湖東記念病院事件**である（大津地判令2年3月31日判時2445号3頁，再審制度は第11章）。再審無罪となった元被告人が，滋賀県警の不当捜査を理由に損害賠償を求めた裁判で，同県警は確定した上記大津判決を完全に無視し，元被告人こそ患者を心肺停止に陥らせた犯人との書面を裁判所に提出し，批判を浴び，県警本部長が謝罪し，修正した。[*7]

とはいえ，このような姿勢は，同県警のみならず，警察庁トップも同じである。例えば，最高裁は，最決平元年3月14日刑集43巻3号283頁で，神奈川県警による日本共産党幹部への違法かつ組織的な電話盗聴を認定した（ただ，公務員職権濫用罪は不成立）。しかし，事件発覚当時（1987年）の警察庁長官・山田英雄は国会で繰り返し，「警察におきましては，過去においても現在においても電話盗聴ということは行っていない」と答弁し，裁判所の判断を全面否定し，後に政府も1999年の通信傍受法成立過程で同じ答弁を繰り返した。[*8]

要するに，日本の警察と政府は徹頭徹尾，自分たちにとって都合の悪い裁判所の判断には従わないという「法の支配」に反する姿勢を現在でも続けている。

3-2　裁判所の姿勢：再審無罪確定後の国家賠償請求の限定と条約軽視

とはいえ，その裁判所にも「法の番人」と言い難い姿勢はある。ここでは2つの例として，第1に，再審無罪確定後の国家賠償法（昭和22年法律第125号，以下，国賠法）における不当に狭い解釈と，第2に，拷問禁止委員会の勧告に，裁判所における条約解釈への法的効果を認めない姿勢を取りあげる。

第1の点について，再審無罪の確定後には，元被告人には憲法17条に基づく国賠法1条1項による損害賠償請求ができる。しかし，裁判所は，結果的には間違っていた有罪判決を，再審無罪確定を理由にしては直ちに同法1条1項に基づく国家賠償請求を認めない。すなわち，同法1条1項の解釈として，「担当裁判官の悪意による事実誤認または法令解釈の歪曲がある場合にのみ」，違法として国家賠償請求を認める。というのも，裁判官による事実認定や法令解釈適用の誤りは，再審など不服申立制度で救済されるべきとする。いわゆる違法限定説であり，最判平２年７月20日民集44巻５号938頁も同旨である。もちろん，この解釈には，フィクションの世界ではともかく，裁判官が違法・不法な目的で裁判するとは非現実的との批判もある。憲法17条の趣旨からも，「(人権保障のための) 法の番人」としても疑わしい。さらにいえば，この説の提唱者は「西村宏一判事」，いわゆる司法官僚として福岡高裁長官まで上り詰めたエリート裁判官の若き日の論文である。[*9]

西村論文に対しては，２つの反論ができる。第１は，原理的な批判である。西村論文は，上記根拠の一つに裁判官の独立性の問題をあげる。が，憲法の趣旨からは本末転倒である。というのも，そもそも裁判官の独立 (憲76条１項) は，人権保障のために政府や行政機関からの独立を意味する。その「裁判官の独立」を根拠として無罪確定となった元被告人の救済を著しく制限するとは，憲法の趣旨と正反対の解釈である。西村論文は，国会議員の立法活動に国賠法による責任を認めることは困難とするが，これは執筆当時，約60年前の見解である。その後のハンセン病訴訟・熊本地判平13年５月11日判時1748号30頁以下では立法不作為も国賠法１条１項の違法評価もありうると判断された。したがって，最高裁を含め裁判所が，違法限定説を現在でも維持する説得性は乏しい。ここに最高裁以下，裁判所の「法の番人」らしからぬ姿勢がある。

また，刑事司法において拷問等禁止条約を引用して，国賠法上違法の評価をした裁判例は探しても見当たらない。自由権規約に関するものだけが，東京地判令元年10月２日 LEX/DB 25564040，東京高判令２年10月20日 LEX/DB 25571233 にあり，自由権規約は，原則，国内で直接適用され，裁判規範となりうるが，同条約に基づく自由権規約委員会の一般的意見は，条約解釈の指針ないし補足手段だが，裁判所など締約国内機関の条約解釈を法的に拘束する効力はないとする。この考えを拷問等禁止条約に引きつければ，裁判所は，上記拷問禁止委員会の勧告に法的に拘束されないこととなる。

3-3　研究者の姿勢と学問の自由：「精密司法論」と宿命論？

以上のように，「人身の自由こそ人権の中核」であり，拷問等禁止条約の普遍的な価値であるという認識は，日本の検察・警察，裁判所そして日本国政府にも浸透してはいない。その一因は研究者にもある。例えば，主な刑訴法の教科書の「事項索引」には，「拷問等禁止条約」や「人質司法」などは見当たらない。筆者が探した限り，「人質司法」について論じた教科書は1冊だけであった。[*10] とはいえ，かつての天動説が否定されたように，圧倒的多数が正しいとは限らない。また学界の国際的な批判への情報感度の低さにも驚く。その意味でいえば，たとえ，否定的な反応でも，日本国政府や法務省は「人質司法論」に反論している時点で，研究者よりも国際的な情報感度は高いといえようか。

このように現実を傍観するどころか，学界においては，検察官を中心とする日本の刑事司法を歴史的に積極的に説明し，正当化する考えもある。第3章で指摘された**精密司法論**である。これは，上記日本国政府や法務省が繰り返し，日本の刑事司法における長期身体拘束を正当化し，弁護人立会いを認めない理由に「**事案の真相**」究明をあげていたことと関連がある。[*11] この精密司法論に対しては第3章で指摘されたように，日本の刑事司法における歴史の連続性のみを強調し，日本国憲法における法の支配，刑事人権の普遍的価値を軽視したものとの批判が可能である。さらに「精密司法論」の「歴史的な根拠」も，法制史の知見からは疑わしいとの指摘もある。[*12] さらに「精密司法」論への批判として2つ指摘される。すなわち，第1に，この「精密」さが，もっぱら捜査・訴追側である警察・検察からの処罰関心からのみの「犯罪事実への綿密さ」を意味すること，第2に，「精密司法論」の「精密」という表現が，論者の意図とは関係なく，肯定的イメージのみを先行させ，本書各章で指摘の日本の刑事司法の問題点を考察の対象外とし，「一種の宿命論」に陥らせる危険性である。[*13]

本来，研究者の役割は一見「岩盤」のようにみえる日本の刑事司法に対しても拷問等禁止条約や拷問禁止委員会の勧告のような「現実とは異なる理念」を説得的に唱え，現実を変える道筋を示すことにある。そしてそれこそが，戦前日本の刑事司法における人権侵害の歴史からの反省もふまえ，日本国憲法26条に「学問の自由」が定められた現代的意義といえよう。[*14] このような「学問の自由」の趣旨を考えれば，今こそ刑事司法の専門家としての研究者たちの存在理由が問われ，個々の研究者の勇気と知的誠実さが問われる時代といえよう。

＊1　内田博文「刑事法の『国際化』について」刑法雑誌37巻1号，1997年，1頁。

＊2　https://constitution.jimin.jp/document/draft/（2022年12月30日最終アクセス）

＊3　芦部信喜『憲法〔第7版〕』岩波書店，2019年，13-15頁。

＊4　以下，執筆当時に確認できた最新のものである。

・拷問の禁止に関する委員会の総括所見（仮訳）（以下，委員会所見2013）https://www.mofa.go.jp/mofaj/files/000020880.pdf（2022年12月30日最終アクセス，以下同じ）

・拷問等禁止条約 第2回政府報告に関する拷問禁止委員会からの質問に対する日本政府回答（仮訳）2011年7月（以下，「政府回答2011」）https://www.mofa.go.jp/mofaj/gaiko/gomon/pdfs/houkoku_02.pdf

・（和文仮訳）拷問禁止委員会の総括所見（CAT/C/JPN/委員会総括所見/2）に対する日本政府コメント（以下，「政府コメント2013」と略）https://www.mofa.go.jp/mofaj/files/000087943.pdf

＊5　今井直監修／アムネスティインターナショナル日本支部編『拷問等禁止条約―NGOが創った国際基準』現代人文社，2000年，4頁以下。簡便なものとして，今井直「拷問等禁止条約の意義，その運用の実際，ヨーロッパ拷問禁止条約との異同について」https://www.jca.apc.org/cpr/nl14/imai.html（2022年12月30日最終アクセス）がある。

＊6　「法務省：我が国の刑事司法について，国内外からの様々なご指摘やご疑問にお答えします。」https://www.moj.go.jp/hisho/kouhou/20200120QandA.html（2022年12月30日最終アクセス）。

＊7　読売新聞2021年9月28日付（大阪版夕刊）「無罪否定　県警本部長が謝罪 滋賀県元看護助手訴訟『表現　不十分な点』」。

＊8　1987年5月7日第108回国会・参議院予算委員会6号号公式Web版の上田耕一郎議員への答弁，同年7月14日第109回国会・衆議院予算委員会3号公式Web版での正森成二議員への答弁。第142回国会質問の一覧の17・30・58の保坂展人議員の質問と政府答弁。https://www.shugiin.go.jp/internet/itdb_shitsumona.nsf/html/shitsumon/kaiji142_l.htm（2022年12月30日最終アクセス）。

＊9　深見敏正（東京高裁部総括判事-執筆当時）『国家賠償訴訟〔改訂版〕』青林書院，2021年，101-104頁。西村宏一（最高裁民事局第2課長-執筆当時）「裁判官の職務活動と国家賠償」判例タイムズ150号，1963年，84頁以下。なお，「西村宏一」の名は，西川伸一『増補改訂版　裁判官幹部人事の研究』五月書房新社，2020年，274頁の基礎資料A19No.1，279頁の基礎資料B5No.2，297頁の基礎資料D6No.2にある。

＊10　白取佑司『刑事訴訟法〔第10版〕』日本評論社，2021年，286頁。

＊11　松尾浩也『刑事訴訟法（上）〔新版〕』弘文堂，1999年，15-16頁，168-169頁，169頁註＊＊，同『刑事訴訟の理論』有斐閣，2012年，30頁，199頁，319-320頁。

＊12　大平祐一「第Ⅱ部　第1章『日本的特色』の歴史的探求について―『精密司法』と江戸幕府の刑事手続について」大平ほか編著『「日本型社会」論の射程』文理閣，2005年，63頁以下，68頁〔表一〕，71-83頁。

＊13　小田中聰樹『現代司法と刑事訴訟の改革課題』日本評論社，1995年，296-304頁。

＊14　内田博文「歴史に学ぶ学問への弾圧と戦争体制」法と民主主義554号，2020年，24頁。

（岡本洋一）

事項索引

た　行

な　行

は　行

ま　行

や　行

ら　行

執筆者紹介

（＊は編者）

宮本　弘典（みやもと・ひろのり）　序　章

1958年生．中央大学大学院法学研究科博士後期課程単位取得退学
関東学院大学法学部教授
〔主要業績〕
『国家刑罰権正統化戦略の歴史と地平』編集工房朔，2009年
『刑罰権イデオロギーの位相と古層』社会評論社，2021年

＊内田　博文（うちだ・ひろふみ）　第１章

1946年生．京都大学大学院法学研究科修士課程修了
九州大学名誉教授／国立ハンセン病資料館館長
〔主要業績〕
『医事法と患者・医療従事者の権利』みすず書房，2021年
『治安維持法と共謀罪』岩波書店，2017年

櫻庭　　総（さくらば・おさむ）　第２章

1980年生．九州大学大学院法学府博士後期課程修了／博士（法学）
山口大学経済学部教授
〔主要業績〕
『ドイツにおける民衆扇動罪と過去の克服』福村出版，2012年
『ヘイトスピーチ規制の最前線と法理の考察』法律文化社，2021年，分担執筆

＊春日　　勉（かすが・つとむ）　第３章・第５章

1969年生．九州大学大学院法学研究院博士後期課程単位取得退学
神戸学院大学法学部教授
〔主要業績〕
『「保釈」―その理論と実務』法律文化社，2013年，分担執筆
『“スルー・ケア”とコミィニティーの役割―カナダの犯罪者社会統合論を参考にして』神戸学院法学 43巻４号，2019年

内山真由美（うちやま・まゆみ）　第４章

1982年生．九州大学大学院法学府博士後期課程単位取得退学
佐賀大学経済学部准教授
〔主要業績〕
『〈市民〉と刑事法〔第５版〕―わたしとあなたのための生きた刑事法入門』日本評論社，2022年，分担執筆
『日本の医療を切りひらく医事法―歴史から「あるべき医療」を考える』現代人文社，2022年，共著

陶山　二郎（すやま・じろう）　第６章・第11章
1967年生．九州大学大学院法学研究科博士後期課程単位取得退学
茨城大学人文社会科学部准教授
〔主要業績〕
「戦前日本における刑事再審理論の検討」茨城大学政経学会雑誌第81号，2012年
「いわゆる『高知白バイ事件』における目撃供述の信用性分析」茨城大学人文学部紀要（社会科学論集）61号，2016年

森尾　　亮（もりお・あきら）　第７章・column
1967年生．九州大学大学院法学研究科博士後期課程単位取得退学
久留米大学法学部教授
〔主要業績〕
『人間回復の刑事法学』日本評論社，2010年，編著
『犯罪の証明なき有罪判決―23件の暗黒裁判』九州大学出版会，2022年，分担執筆

福永　俊輔（ふくなが・しゅんすけ）　第８章
1979年生．九州大学大学院法学府博士後期課程単位取得退学
西南学院大学法学部教授
〔主要業績〕
「共犯現象における因果性と関与区分について―承継的共犯を素材に」西南学院大学法学論集55巻４号，2023年
「傷害罪の承継的共同正犯と刑法207条」西南学院大学法学論集54巻３＝４号，2022年

＊**大場　史朗**（おおば・しろう）　第９章
1983年生．神戸学院大学大学院法学研究科博士後期課程修了／博士（法学）
大阪経済法科大学法学部教授
〔主要業績〕
『〈市民〉と刑事法〔第５版〕―わたしとあなたのための生きた刑事法入門』日本評論社，2022年，分担執筆
『犯罪の証明なき有罪判決―23件の暗黒裁判』九州大学出版会，2022年，分担執筆

岡田　行雄（おかだ・ゆきお）　第10章
1969年生．九州大学大学院法学研究科博士後期課程単位取得退学
熊本大学大学院人文社会科学研究部（法学系）教授
〔主要業績〕
『少年司法における科学主義』日本評論社，2012年
『非行少年の被害に向き合おう！』現代人文社，2023年，編著

岡本　洋一（おかもと・よういち）　第12章
1972年生．関東学院大学大学院法学研究科博士課程修了／法学博士
熊本大学大学院人文社会科学研究部（法学系）准教授
〔主要業績〕
『近代国家と組織犯罪―近代ドイツ・日本における歴史的考察を通じて』成文堂，2017年
『日本の医療を切りひらく医事法―歴史から「あるべき医療」を考える』現代人文社，2022年，共著

省察 刑事訴訟法
──歴史から学ぶ構造と本質

2023年10月25日　初版第1刷発行

編　者　内田博文・春日　勉
　　　　大場史朗

発行者　畑　　光

発行所　株式会社 法律文化社

〒603-8053
京都市北区上賀茂岩ヶ垣内町71
電話 075(791)7131　FAX 075(721)8400
https://www.hou-bun.com/

印刷：亜細亜印刷㈱／製本：㈲坂井製本所
装幀：仁井谷伴子

ISBN 978-4-589-04283-5